공자에게
사람됨을 배우고

조조에게
일하는 법을 배우다

向孔子学做人,跟曹操学做事
Copyright © 2016 by 陈墨
All rights reserved
Korean copyright © 2018 by Jungmin MEDIA.
Korean language edition arranged with 北京紫云文心图书有限公司
Through EntersKorea Co., Ltd.

이 책의 한국어판 저작권은 ㈜엔터스코리아를 통한 저작권자와의 독점 계약으로
정민미디어가 소유합니다.
신 저작권법에 의하여 한국 내에서 보호를 받는 저작물이므로
무단 전재와 무단 복제를 금합니다.

나를 다루는 인성의 道, 세상을 다루는 처세의 道

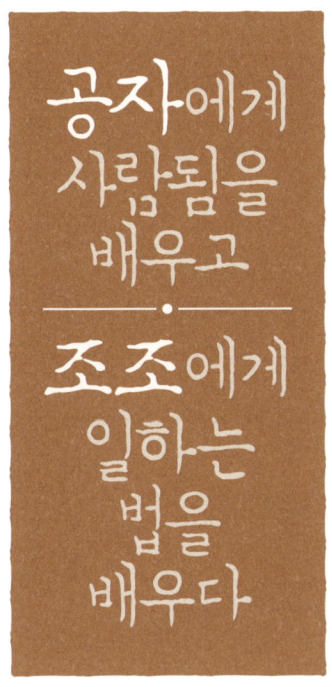

공자에게 사람됨을 배우고
·
조조에게 일하는 법을 배우다

• 천모 지음 | 홍민경 옮김 •

정민 미디어

차례

공자에게 배우는 사람됨의 도

- 010 성신, 말을 했으면 반드시 지켜야 한다
- 014 효도, 모든 선행 중 효가 으뜸이다
- 019 과오, 잘못을 알면 반드시 바로잡아야 한다
- 023 포부, 누구도 나의 뜻을 꺾을 수 없다
- 027 친구, 좋은 벗을 곁에 둘 줄 알아야 한다
- 032 관용, 모든 것을 품는 최고의 경지다
- 037 나만 옳다는 생각을 버려라
- 044 도가 같지 않으면 서로 도모할 수 없다
- 048 화합하는 데 충실하라
- 053 중용을 실천하라
- 058 지혜로운 자는 유언비어에 현혹되지 않는다
- 063 흰소리를 피하고, 한 번 뱉은 말은 지켜라
- 069 급할수록 돌아가고, 작은 이익을 탐하지 마라
- 074 맡은 바 소임을 다하라
- 078 세상을 바꾸기 전에 나부터 바꿔라
- 082 물처럼 정이 넘치고, 산처럼 근심이 없는 삶을 살라
- 087 어차피 겪어야 할 고생이라면 차라리 즐겨라

091 환경을 바꾸기에 앞서 자신을 먼저 바꾸라
096 즐거움은 자신의 선택에 달려 있다
100 멀리 내다보고 준비하지 않으면 필시 우환이 따른다
105 예가 아니면 행하지 마라
110 근주자적, 근묵자흑
116 날씨가 추워진 뒤에야 소나무와 잣나무의 푸름을 알 수 있다
122 모든 영역의 전문가가 되어야 한다
128 작은 승리는 지혜로 얻고, 큰 승리는 덕으로 얻는다
136 자신의 잘못을 책망하되, 타인의 잘못을 공격하지 마라
141 군자는 남의 좋은 점을 이루게 해주고, 나쁜 점을 조장하지 않는다
146 배움을 게을리하지 않는 것이 성공의 지름길이다
152 배움에는 나이가 없다
156 말보다 실천이 앞서는 겸손한 사람이 되라
160 꾸준히 노력하는 사람 앞에 장사 없다
166 융통성 있게 행동하라
172 하루 세 번 반성하라
178 겸허는 미덕이다
183 작은 일을 참지 못하면 큰일을 도모할 수 없다
187 자리가 없음을 걱정하기 전, 그 위치에 설 자격이 있는지 돌아보라
193 감사하는 법을 배워라

조조에게 배우는 처세의 도

200 왕이 되어 허울뿐인 천자를 끼고 천하를 호령하다
203 능글능신의 귀재가 되라
208 물러서고 나아갈 때를 아는 능력을 키워라
214 머리를 숙일 줄 아는 것도 삶의 지혜다
218 규율에 얽매이지 않아야 큰일을 할 수 있다
223 자기표현을 잘하는 것도 경쟁력이다
228 대담하게 생각하고 과감히 행동하라
234 사람 노릇도 열정이 필요하다
239 천하를 우습게 보는 기백과 자신감을 가져라
245 가고자 하는 길은 혼자 힘으로 걸어가라
251 자신에게 엄격하고, 솔선수범하라
256 위기의 순간에도 의연하라
261 조직의 단결력을 끌어내라
267 정해진 틀에서 벗어나 오로지 능력만 보고 등용하라
272 문을 활짝 열고 모든 것을 받아들여라
277 협소한 관계에서 벗어나 다양한 사람과 폭넓은 인연을 맺어라
281 완벽한 환경과 대우로 인재를 사로잡아라
287 큰 것에 착안하되, 작은 것부터 시작하라

293 멀리 내다보고 후계자를 선발하라
300 가지고 싶다면 먼저 주어야 한다
304 승리를 위해 교묘한 속임수도 불사하라
309 사업 발전에 영향을 주는 불리한 요소와 절대 타협하지 마라
312 상벌을 분명히 하라
318 유연하고 다양한 관리 스타일
321 사람을 쓸 때 의심하고, 의심스러운 사람도 등용하라
327 늑대와 춤을 추려면 먼저 늑대가 되어야 한다
333 절대 후환을 남기지 마라
338 거침없이 거절하라
343 긍정의 힘으로 역경을 버텨내라

공자에게 배우는
사람됨의 도

성신,
말을 했으면 반드시 지켜야 한다

자 왈
子曰

인 이 무 신   부 지 기 가 야
人而無信, 不知其可也.

대 거 무 예   소 거 무 월   기 하 이 행 지 재
大車無輗, 小車無軏, 其何以行之哉?

공자가 말했다.
"사람으로 태어나 신의가 없으면 그 사람됨을 알 수 없다. 큰 수레에 예(수레 끌채의 마구리와 멍에를 고정하는 쐐기)가 없고, 작은 수레에 월(수레의 끌채 맨 끝의 가로 댄 나무를 고정하는 쐐기)이 없다면 그것이 어찌 움직이겠느냐?"

프랑스 작가 몰리에르는 말했다.
"약속을 지키는 일이 재산을 지키는 것보다 훨씬 중요하다."
세상을 살아가는 동안 성실하게 신뢰와 의리를 쌓아가는 일은 무형의 재산을 만드는 과정이기도 하다. 이는 유형의 재산과 비교도 되지 않을 만큼 귀한 가치를 지니고 있으므로 인생을 살아가는 데 반드시 필요하다.

말에 믿음이 있고, 그 말을 성실히 지킬 줄 안다는 것은 사람됨을 이루는 가장 중요한 덕목이다. 공자(孔子)는 "사람으로 태어나 신의가 없으면

그 사람됨을 알 수 없다"라고 말했다. 이 가르침은 지난 수천 년 동안 전해지며 후세에 지대한 영향을 미쳤다. 예로부터 지금까지 '성신(誠信)'은 국경과 이념을 초월해 누구나 숭상하며 사람됨의 근간으로 삼은 핵심 덕목이었다. 청나라 학자 고염무(顧炎武)는 성신에 대한 자신의 뜻을 시에 담아내기도 했다.

'약속을 황금처럼 귀히 여기며 사는 게 나의 천성이거늘, 풍진세상을 만났다 하여 어찌 신의를 저버릴 수 있겠는가.'

동한 시대, 여남군 출신의 장소(張劭)와 산양군 출신의 범식(范式)은 도성 낙양에서 함께 동문수학하며 깊은 우정을 나눴다. 어느덧 그들은 학업을 모두 끝내고 작별의 순간을 맞았다. 장소는 골목 어귀에 선 채 헤어지기 아쉬운 마음을 못내 감추지 못했다.

"오늘 이렇게 헤어지면 어느 세월에 또 만날 수 있을는지……."

그는 차마 말을 잇지 못한 채 눈시울을 붉혔다. 범식이 그의 손을 잡으며 위로했다.

"너무 마음 아파하지 말게나. 이 년 뒤 가을이 오면 내 반드시 자네 집으로 갈 것이니 그때 보면 되지 않겠는가."

2년 후 두 사람이 약속한 그날이 되자, 장소는 어머니에게 오랜 벗 범식이 멀리서 찾아오니 술과 음식을 준비해달라고 부탁했다. 그의 어머니는 아들의 벗이 과연 천 리 길을 마다하지 않고 찾아올지 솔직히 믿음이 가지 않았다. 게다가 당시 도로 상황과 교통 수단을 감안할 때 그가 제시간에 맞춰 오는 것은 사실상 불가능에 가까웠다. 하지만 장소는 확고한 믿음을 갖고 어머니를 안심시켰다.

"어머니, 너무 걱정 마세요. 그는 정직하고, 약속을 목숨보다 소중히 여기는 벗이니 분명 제때에 올 것입니다."

과연 장소의 말대로 범식은 약속했던 바로 그날 찾아왔다. 오랜 벗을 다시 만나게 되니 그 반가움은 배가 되고 둘 사이의 우정은 더욱 깊어졌다. 장소의 어머니 역시 약속을 지키는 범식의 사람 됨됨이에 절로 고개를 끄덕이며 감탄했다.

"세상에 어찌 이렇게 약속을 잘 지키는 이가 있을꼬!"

세월이 흘러, 중병에 걸린 장소가 세상을 떠났다. 장례를 치르던 날, 장지에 도착한 관이 꼼짝도 하지 않아 마을 사람들은 하관을 하지 못해 안절부절못했다. 그때 저 멀리서 누군가가 백마를 부려 하얀 휘장이 달린 수레를 전속력으로 몰고 왔다. 그는 통곡하고 있었다. 장소의 어머니는 순간 그가 누구인지 단번에 알아챘다.

"범식이로구나!"

범식이 장지에 도착해 관을 묶어놓은 끈을 직접 잡자 꼼짝도 하지 않던 관이 그제야 움직이기 시작했다. 범식은 하관 후 땅을 치며 통곡으로 벗과 마지막 인사를 나눴다.

"가게! 원백(元伯), 생사의 길을 되돌릴 수 없으니 이제 자네와 영원한 이별을 고하네!"

그곳에 있던 사람들은 모두 눈시울을 붉혔다. 그들은 지금까지 살면서 범식처럼 진심을 다해 벗을 사귀고, 신의를 지키는 이를 본 적이 없다고 입을 모았다.

신의를 바탕으로 한 이들의 우정은 오늘날에도 그 빛을 잃지 않은 채 미담처럼 전해지고 있다.

현대 사회에서 사람됨의 가장 중요한 원칙 역시 성신일 것이다. 성신의 미명을 얻으려면 실족(失足)하지 않고, 실색(失色)하지 않고, 무엇보다 실언(失言)하지 않아야 한다.

발걸음과 얼굴빛을 꾸미고 미사여구를 남발하는 것은 상대에게 잘 보이기 위한 이기심에서 나온 것이니 진심일 수 없다. 진심이 없는 관계는 오래가지 못한다. 조금 더 얻겠다고 이해득실을 따지면 그만큼 잃게 마련이다. 더불어 관계의 손상 내지 단절의 차원에서 더 안 좋은 결과를 낳는다. 이런 점에서 성신은 가장 으뜸으로 갖춰야 할 사람됨의 덕목이다.

사실, 지금처럼 고도로 발달한 정보화 시대에서 누군가의 인성에 대한 평가는 한순간 빛의 속도로 퍼져나갈 수 있다. 그런 만큼, 신의를 지키는 것은 가장 귀한 무형의 자산이자 자기 뜻을 세우고 이름과 가치를 알리는 근본 덕목임을 명심하라.

인생의 나침반

성실히 신용을 지키는 사람은 마음이 선량하고 도량이 넓으며 양심에 한 점 부끄러움이 없다. 그렇기 때문에 자신이 생각한 바를 반드시 이룬다.

효도,
모든 선행 중 효가 으뜸이다

<small>자 왈</small>
子曰,

<small>제 자 입 즉 효   출 즉 제   근 이 신</small>
弟子入則孝, 出則悌, 謹而信,
<small>범 애 중 이 친 인   행 유 여 력   즉 이 학 문</small>
汎愛衆而親仁. 行有餘力, 則以學文.

공자가 말했다.
"젊은이는 집에 들어가면 부모님께 효를 다하고, 밖으로 나가면 어른을 공경하며, 말을 근엄하고 믿음직스럽게 하고, 널리 사람을 아끼고, 어진 사람을 가까이해야 한다. 이렇게 하고도 여력이 생기면 학문에 힘쓰라."

『효경(孝經)』은 '효(孝)'란 하늘의 도리이고 땅의 올바른 도의이며 백성의 행실이다'라고 했고, 루쉰은 "불효하는 사람이 세상에서 가장 악하다"라고 했다. 이처럼 효는 하늘과 땅의 올바른 도리이자 사람됨의 근간이다. 따라서 효를 행하지 못하는 자에게 사람됨의 근본은 더 이상 존재하지 않는다.

모든 선행 중 효가 으뜸이다. 효는 원래 세상의 모든 사람을 아끼고 공경하며 천하의 마음을 따르는 아름다운 덕행을 일컬었다. 그러다 훗날 마음을 다해 부모를 봉양하고, 부모의 뜻에 순종하는 것으로 그 의미가 한정되었다. 옛 성현들은 말했다.

"천하의 수천수만 가지 경전보다 효와 의(義)가 가장 우선시되어야 한다."

효는 사람의 타고난 천성이다. 그런 만큼 효심으로 하늘을 감동시켰던 이야기들은 상고 시대부터 수없이 전해지고 있다.

상고 시대의 순(舜) 황제는 효심이 지극히 깊었다. 전해지는 이야기에 따르면 그의 아버지 고수(瞽叟)와 계모 그리고 이복동생 상(象)이 수차례 그를 죽이려고 했다. 순이 곡식 창고 지붕을 수리할 때 그들은 사다리를 치우고 창고에 불을 질러 그를 죽이려 했는데, 순은 삿갓 두 개를 펼치며 지붕 위에서 뛰어내려 극적으로 위기를 모면했다. 또 순이 우물을 파고 있을 때 그의 아버지와 동생이 흙과 돌을 쏟아붓자, 순은 얼른 옆으로 구멍을 파 가까스로 기어 나왔다. 그럼에도 그는 두 사람을 전혀 원망하지 않았고, 전과 다름없이 아버지를 공경하고 동생을 아꼈다. 그의 효심은 결국 하늘을 감동시켜 훗날 순이 역산에서 농사를 지을 때 코끼리가 밭을 갈아주고, 새들이 발톱으로 김을 매주었다고 한다.

요(堯) 임금은 순의 효심이 지극하고, 정사를 처리하는 능력이 뛰어나다는 소문을 듣고 자신의 두 딸 아황(娥皇)과 여영(女英)을 그에게 시집보냈다. 그 후에도 요 임금은 여러 해에 걸쳐 그를 시험하고 관찰한 후 자신의 제위를 이을 인물로, 그만한 적임자가 없다고 판단했다. 천자의 자리에 등극한 후에도 순은 아버지를 찾아가 여전히 효를 다했고, 동생 상을 제후로 봉했다.

순이 부모를 효로써 대하고 형제를 자애로써 대한 마음은 받은 만큼 돌려주는 인간의 보편적이면서 편협한 마음을 뛰어넘는 경지였다. 그것은 하늘과 땅을 감동시키기에 충분할 만큼 큰 사랑이었다.

춘추 시대 당시, 공자는 널리 제자를 받아들였다. 이를 기점으로 공자의 학설 중 효에 관한 사상이 그의 말과 행동을 거쳐 제자들을 통해 세상에 전파되었다.

증삼(曾參)은 춘추 시대 노나라 사람으로, 공자가 매우 아끼고 자랑스러워하던 제자였다. 사람들은 그를 '증자(曾子)'라 불렀고, 유독 효심이 깊어 다들 그를 효의 상징처럼 여겼다. 증삼은 아주 가난한 어린 시절을 보냈고, 살림에 보탬이 되기 위해 늘 산에 가서 땔감을 해왔다.

어느 날 그가 여느 때처럼 산에 땔감을 구하러 갔을 때 집에 손님이 찾아왔다. 그의 어머니는 마땅히 대접할 만한 것이 없자 난감한 표정으로 손가락을 깨물었다. 그때 산에서 나무를 하던 증삼은 돌연 마음이 찢어지게 아팠다. 그는 왠지 어머니가 자신을 찾는 것만 같아 땔감을 지고 서둘러 귀가하여 무슨 일인지 물었다.

"집에 손님이 갑자기 찾아와 나도 모르게 손가락을 깨물었는데 그 마음이 네게 전해진 게로구나."

그제야 증삼은 손님을 찾아뵙고 예로써 대접했다.

중유(仲由)의 자는 자로(子路)이고, 춘추 시대 노나라 사람이자 공자가 아끼는 제자 중 하나였다. 그는 성격이 솔직하고 용감하며 효자였다. 중유 역시 가난한 어린 시절을 보냈다. 그는, 자신은 거의 매일 들풀로 배를 채우면서도 부모님을 위해서라면 백 리 떨어진 곳까지 걸어가 쌀을 빌려 와 밥을 지었다.

부모님이 세상을 떠난 후 그는 높은 관직에 올라 사신으로서 초나라에 가게 되었다. 그때 그를 따르던 마차만 백 대였고, 싣고 간 식량만 해도 육만 석이 넘었다. 비단 방석 위에 앉은 그는 상다리가 휘어질 정도로 차려진 음식을 보자 부모님 생각에 절로 한숨이 흘러나왔다.

"지금 이토록 남부럽지 않게 살고 있으면 뭐 하겠는가? 먼 길을 걸어가 쌀을 빌려서라도 부모님을 봉양했던 그 시절이 그립구나."

공자는 그의 효심을 전해 들은 후 그를 칭찬하며 말했다.

"부모님이 살아 계실 때도 온 힘을 다해 모시더니, 돌아가신 뒤에도 마음으로 섬기는구나!"

어머니가 손가락을 깨무는 마음을 함께 느끼며 가슴 아파하고, 백 리를 걸어가서라도 쌀을 빌려 와 부모를 봉양하는 효 이야기는 사람들을 감동시키기에 충분하다. 예나 지금이나 효는 인간의 가장 기본적 덕목이자 도리이기 때문이다. 그렇지만 안타깝게도 이미 많은 사람이 이 미덕을 철저히 외면하고 있다. 심지어 어떤 이는 사람으로서 도저히 이해할 수 없는 패륜을 저지르기도 한다.

2009년 12월 25일, 인터넷 게임에 빠진 한 소년이 끔찍한 살인을 저질렀다. 그동안 부모는 소년에게 게임을 그만하라 수없이 타일렀지만 아무 소용이 없었고, 결국 인터넷 연결선을 끊어버렸다. 끔찍한 비극은 그 직후 벌어졌다. 소년은 이성을 잃은 채 아버지를 도끼로 내리찍었고, 비명을 듣고 달려온 어머니에게도 도끼를 휘둘렀다. 그렇게 아버지는 목숨을 잃었고 어머니는 두 다리를 잃어버렸다.

이 사건은 사회적 공분을 불러일으켰고, 이미 효와 불효의 범주를 뛰어넘어 도덕의 상실로 이어지는 심각한 사회 문제로 회자되었다. 오늘날 각종 유혹과 다양한 가치관 속에서 인간의 마음은 세태에 휩쓸려 변해가고 있다. 효를 포함한 전통 미덕들도 사람들의 뇌리에서 서서히 사라지고 변질돼버렸다. 이는 우리가 깊이 반성해야 하는 심각한 사회 현상이다.

　옛말에 세상 모든 부모의 마음이 가련하다고 했다. 부모들이 한마음으로 바라는 소원은 가정의 행복과 가족의 건강, 그리고 자식이 세상에서 떳떳이 성실하게 자기 몫을 다하는 것이다. 자식이 부모의 이런 바람을 저버리지 않는 것이야말로 부모에게 하는 가장 큰 위로이자 효도이다.

　우리는 '집에 들어가면 효를 행하고, 밖에 나가면 공경하라'라고 했던 공자의 가르침대로 매 순간 언행을 살피고 반성해야 한다.

인생의 나침반
공자는 말했다.
"부모님이 살아 계실 때는 먼 곳으로의 여행을 삼가고, 부득이 멀리 떠나야 할 때는 반드시 가는 곳을 알려야 한다."

과오,
잘못을 알면 반드시 바로잡아야 한다

자 왈
子曰

과 이 불 개　시 위 과 의
過而不改, 是謂過矣.

공자가 말했다.
"허물이 있어도 이를 고치지 않으면 그것이 바로 잘못이니라."

중국 전 총리 저우언라이는 "누구나 실수할 수 있지만 똑같은 실수를 반복해서는 안 된다"라고 했다. 실수를 두려워할 필요는 없으며, 잘못을 알고 고칠 줄 안다면 이보다 더 큰 선(善)은 없다. 다만, 똑같은 잘못을 반복하는 것은 그 어떤 약으로도 고칠 수 없는 불치병이다.

사람은 누구나 잘못을 저지를 수 있다. 하지만 잘못을 알고도 고치지 않는다면 이는 심각한 잘못이다. 이 도리를 일깨워주기 위해 공자는 솔선수범하며 제자들을 가르쳤다.

공자가 제나라로 갔을 때, 경공(景公)만 알현한 채 애써 안영(晏嬰)을 만나지 않았다. 자공(子貢)이 선뜻 이해가 가지 않아 공자에게 물었다.

"스승님, 제나라까지 와서 왜 경공만 알현하고 재상은 찾아뵙지 않는 것입니까?"

공자가 대답했다.

"안영은 영공(靈公), 장공(莊公), 경공에게 연이어 중용되어 막강한 권력을 잡은 인물이 아니더냐? 그는 세 임금을 섬기는 동안 순탄한 삶을 살았으니 그 사람됨이 의심스러운 자이다. 어쩌면 누구의 눈에도 나지 않을 만큼 교활하게 처세하였을지도 모르지. 그래서 나는 그를 만나고 싶지 않구나."

안영은 공자의 말을 전해 들은 후 이렇게 반박했다.

"나는 한마음으로 세 임금을 섬겼고, 삼대에 걸친 제나라 임금의 성지를 충심으로 받들어 이행했소. 또한 제나라의 안정과 부강을 위해 전력을 다했소. 그러다 보니 세 임금을 섬기는 내내 재상의 자리를 지킬 수 있었던 것이오. 지금 공자는 나 안영의 진면목을 보지 않은 채 나를 교활한 처세술로 출세하고 권세에 영합하는 인물로 폄하하고 있으니 참으로 안타까울 뿐이고…… 처음에는 그의 말이 귀하고 가치 있다 여겼으나, 지금은 그 말의 진위가 의심스러울 뿐이며……."

공자는 안영의 말을 전해 듣고 나서야 비로소 자신의 잘못을 깨닫고 후회하며 말했다.

"내가 안자(晏子)에 대해 정확히 알지 못한 채 그를 험담하는 잘못을 저질렀구나. 이것은 나의 잘못이다. 듣자 하니 군자는 실수를 저지른 적이 있는 사람을 친구로 삼을 수 있고, 자신보다 못한 이를 스승으로 모신다고 했다. 나는 안자에게 실언을 했고, 안자가 나를 비난하는 것은 당연하다. 이제 나는 그를 스승으로 모실 것이다!"

그 후 공자는 재자(宰子)를 먼저 제나라 재상 집으로 보내 안영에게 사죄의 뜻을 전했다. 그런 연후에 직접 그의 집을 방문해 사과했다. 안영은 말했다.

"성현의 길을 가는 이도 실수를 저지를 수 있소. 그러나 잘못을 알고 고치는 일은 아무나 하는 것이 아니오. 공자는 이런 일을 해냈으니 과연 성현이라 할 만하오!"

잘못을 아는 일보다 그것을 고치기 위해 노력하는 게 더 중요하다. 공자는 스스로 실천을 통해 자신의 이론을 설파했으니 안영의 말처럼 그는 진정한 성현이라 할 만하다.

자신의 잘못을 어떻게 대면하는지는 인생의 큰 방향을 결정짓는 요인이다. 잘못을 하고도 모른 체하고, 그 후로도 계속 똑같은 잘못을 반복한다면 더 이상의 발전을 기대할 수 없다.

콜게이트 비누를 팔던 젊은 영업자가 있었다. 그는 사람들의 지적을 늘 귀담아들었고 적극적으로 그들의 의견을 구했다. 그가 콜게이트에서 영업자로 일을 시작했을 때만 해도 하루 실적은 형편없었다. 그는 이런 식으로 가다간 회사에서 잘릴지도 모른다는 위기감에 휩싸였다. 그는 문제점을 곰곰이 따져본 후 자신이 파는 제품의 품질과 가격에 아무런 문제가 없음을 확신했다. 즉, 문제는 자기 자신에게 있다는 결론이었다. 이후 그는 영업 실패를 할 때마다 패인을 따져보았다. 때로는 조금 전에 만난 고객 사장을 다시 찾아가 조언을 구하기도 했다.

"제가 또다시 온 건 비누를 팔기 위해서가 아닙니다. 영업하는 데에서 저한테 무슨 문제가 있는지 의견을 여쭙고자 합니다. 저에게 어떤 문제가 있는지 알려주시겠습니까? 사장님은 저보다 경험이 풍부하고 성공한 사업가이시니 제 문제점을 잘 간파하셨으리라 생각했습니다. 그러니 주저하지 마시고 솔직히 알려주십시오. 사장님의 말씀은 제가 이 일을 하는 데 큰 도움이 될 것 같습니다."

그는 매 순간 자신의 문제점을 정면으로 마주했고, 이런 태도 덕분에 더 나은 영업자로 거듭났다. 훗날 이 젊은 영업자는 세계 최대 비누 제조 회사인 콜게이트의 사장 자리까지 올라갔다. 그가 바로 E. H. 리틀이다.

전혀 실수하지 않고 사는 사람은 세상 어디에도 없다. 그런데 왜 누군가는 성공적인 삶을 살고, 또 누군가는 성공과 동떨어진 길을 걷게 되는 것일까? 사실 그 답은 간단하다. 반복하는 실수로부터 깨달음을 얻지 못한 채 제자리걸음을 하기 때문이다.

공자는 제자 안회를 칭찬하며, "그는 노여움을 옮기지 않고, 같은 잘못을 재차 저지르지 않는다"라고 했다. '같은 잘못을 재차 저지르지 않는다'라는 말은 공자가 매우 중시한 사람됨의 덕목이다. 잘못을 저지르는 것을 두려워하지 않고, 그로부터 깨달음을 얻으며, 제때 그 잘못을 고칠 때 나쁜 일도 좋은 일로 바꿀 수 있다.

인생의 나침반

『논어(論語)』에 이르기를, '지나간 일은 되돌릴 수 없으나 반면에 앞으로 다가올 일은 쫓을 수 있다'라고 했다. 우리는 지난 잘못을 통해 깨달음을 얻고, 더 이상 똑같은 실수를 저지르지 않도록 주의해야 한다. 그렇게 할 때 내일 발전하는 자신과 마주할 수 있다.

포부,
누구도 나의 뜻을 꺾을 수 없다

_{자 왈}
子曰
_{삼 군 가 탈 수 야   필 부 불 가 탈 지 야}
三軍可奪帥也, 匹夫不可奪志也.

공자가 말했다.
"삼군의 장수는 빼앗을 수 있지만 한 사나이의 강한 뜻은 빼앗을 수 없다."

파스퇴르는 '목표', '일', '성공'을 인간이 살아가는 데 꼭 필요한 3대 요소라고 했다. 이 중 가장 우선해야 할 것은 목표를 세우는 일이다. 원대한 목표, 꿈이 없다면 일을 하더라도 방향을 잃게 되고, 기대했던 성공도 영원히 이룰 수 없을 것이다.

공자가 말한 '지(志)'의 의미를 좀 더 확대 해석하자면 '지향(志向)', '이상(理想)', '목표'라고 할 수 있다. 삶의 목표가 얼마나 확고하고 원대한지에 따라 그 사람의 성공 여부가 결정된다.

인생을 살면서 목표가 없다면, 그것은 흡사 어둠 속에서 먼 길을 떠나는 것과 다를 바 없다. 그래서 인생에는 목표가 있어야 한다. 평생의 목표, 한 시기의 목표, 한 단계의 목표, 한 해의 목표, 한 달의 목표, 한 주의 목표, 하루의 목표……. 한 사람이 추구하는 목표가 높을수록 발전 속도가 빨라지고 사회에도 도움된다. 귀한 뜻을 세우고 굳은 의지로 노력한다면 결국 시간이 흐른 뒤 그 뜻을 이룰 것이다.

한 남자가 있었다. 그의 키는 160센티미터도 되지 않았지만 미국 경제 잡지 〈비즈니스위크〉는 그를 '사이버 제국의 지배자'라는 최고의 찬사로 추어올렸다.

사실, 그의 영향력은 빌 게이츠나 야후의 CEO 양즈위안만 못했다. 하지만 그도 말했듯, 네트워크 시장을 이끄는 제국에서 그가 차지한 몫은 두 사람을 훨씬 뛰어넘었다. 그는 세계 억만장자 대열에 이름을 올릴 만큼 재력가가 되었지만 여전히 전 세계 시장을 손에 넣겠다는 야심찬 꿈을 꾸고 있다. 그는 창업 후 20년도 안 되는 시간 안에 누구도 필적할 수 없는 재계의 거물이자 사이버 제국의 지배자로 떠올랐다. 그는 혼자 그 제국을 즐기는 것이 아니라 더 많은 사람이 첨단 정보를 누리도록 자신의 지혜와 재능을 쏟아붓고 있다.

그는 바로 소프트뱅크 그룹 창업주이자 네트워크 산업 분야에서 독보적 영역을 구축한 재일 한국인 3세 손정의다. 그는 어떻게 해서 이토록 엄청난 성공을 거둘 수 있었을까? 결론부터 말하자면 원대한 포부와 구체적인 목표, 그리고 한 치의 흔들림도 없는 추진력 덕분이었다. 손정의는 가진 것 하나 없던 열아홉 살 때 자신의 인생 목표를 세웠다.

'30세 전에 한 분야에서 인정을 받고 나의 존재를 세상에 알린다! 40세 전에 1천억 엔의 자산을 모은다! 50세 전에 주력 사업을 만들어 그 분야의 1인자가 된다! 60세 전에 내 사업을 업계 최고의 반열에 올려놓는다!

70세 전에 후계자를 발굴해 기업을 물려준다!'

이것은 전무후무할 만큼 웅대한 포부이자 원대한 인생 계획이라고 할 만하다. 더 놀라운 사실은 지금까지도 그의 인생 계획이 그때 정한 시간표대로 하나하나 실현되고 있다는 것이다. 만약 젊은 시절 그의 포부가 이렇게 원대하거나 구체적이지 않았다면 어땠을까? 아마도 지금의 성공을 거두기란 힘들었을 것이다.

위대한 포부는 그에 걸맞은 목표를 낳고, 그 목표는 위대한 인물을 만드는 원동력이 된다.

20세기 초, 미국 젊은이 프랭클린 루스벨트는 대통령이 되겠다는 인생 목표를 세웠고, 그 목표를 향해 쉼 없이 달려갔다. 1910년 그는 뉴욕 상원의원에 당선되었고, 1913년 해군성 차관에 임명되었으며, 1920년 민주당 부통령 후보에 올랐다. 그렇게 승승장구하던 그는 1921년 39세 때 두 다리를 못 쓰게 되는 소아마비에 걸렸다. 모두가 루스벨트의 정치 생명은 끝났으며 정계 복귀는 불가능하다고 믿었다. 그러나 그는 좌절하거나 자신의 꿈을 포기하지 않았다. 도리어 그는 꿈을 향해 더 악착같이 성큼성큼 나아갔다.

그는 재활 훈련을 통해 기필코 두 다리로 걷겠다는 새로운 목표를 잡았다. 그리고 자신의 의지를 다잡기 위해 가족들을 모두 불러놓고 훈련하는 걸 지켜보게 했다. 뼈를 깎는 고통 속에 땀이 비 오듯 쏟아졌지만 고작 방금 걸음마를 뗀 어린아이 수준에서 벗어날 수 없었다. 훗날 그의 아내는 그때를 떠올리며 말했다.

"그 모습을 보는데 날카로운 칼로 심장을 후비는 것처럼 고통스러웠어요. 다들 그를 말렸지만 그 사람은 끝까지 자기 의지를 꺾지 않더군요."

7년간 이어진 고통스러운 재활 과정을 거쳐 그는 마침내 스스로 일어설 수 있게 되었다. 비록 한 시간 이상 서 있는 것은 무리였지만 홀로 서서 대중 연설을 할 정도는 되었다.

노력은 배신하지 않는다는 말처럼 1928년 루스벨트는 뉴욕 주지사가 되었고, 1933년 미국 제32대 대통령에 당선되었다. 젊은 시절에 세웠던 원대한 꿈이 마침내 실현된 것이다.

루스벨트는 '한 사나이의 강한 뜻은 빼앗을 수 없다'고 했던 공자의 말을 직접 몸으로 실천해 보여주었다. 비록 중도에 예기치 못한 인생의 큰 시련을 겪기도 했지만, 이 또한 그의 꿈을 꺾지 못했고 도리어 새로운 기적을 만들어내는 밑거름이 되었다.

인생의 나침반

우리는 포부와 목표를 통해 자신의 마음속에 희망 등불을 밝혀야 한다. 이 빛이 좌절로 어두워진 길을 밝혀주고, 더 먼 곳의 빛을 보게 해주며, 그곳을 향해 지치지 않고 나아가도록 힘을 줄 것이다.

친구, 좋은 벗을 곁에 둘 줄 알아야 한다

<small>자 왈</small>
子曰

<small>익자삼우　손자삼우　우직　우량　우다문　익의</small>
益者三友, 損者三友 友直, 友諒, 友多聞, 益矣.
<small>우편벽　우선유　우편녕　손의</small>
友便辟, 友善柔, 友便佞, 損矣.

공자가 말했다.
"유익한 벗이 세 종류 있고, 해가 되는 벗이 세 종류 있다. 벗이 정직하고 성실하고 보고 들은 것이 많으면 유익하고, 벗이 편협하고 아부를 잘하고 말을 잘 둘러대면 해롭다."

'아는 사람이 천하에 가득하다고 한들 마음을 알아주는 이가 몇이나 되겠는가?'

이는 명나라 시대의 문학가 풍몽룡(馮夢龍)의 말이다. 이 말만 봐도 진정한 친구가 얼마나 귀한 존재인지 미루어 짐작할 수 있다. 맹자(孟子)는 '사람이 서로를 안다는 것은 그 귀함이 마음을 아는 데 있다'라고 했다. 이처럼 벗을 사귀는 일은 쉬운 일이 아니다. 누구나 친구가 될 수 있는 것은 아니라는 말이다. 벗을 사귈 때는 아무리 신중을 기해도 지나치지 않으니, 좋은 교우관계의 정도(正道)를 알고 실천해 나아가야 한다.

벗을 사귀는 도에 관해 공자는 유익한 벗과 유해한 벗 각각 세 종류를 들어 우리에게 벗을 고르는 아주 좋은 기준을 제시해주었다. '유익한 벗'에 해당하는 사람은 진정한 벗으로 사귈 가치가 충분하다.

동한 시대의 사람 순거백(荀巨伯)은 어느 날 천 리 밖에 살고 있는 친구가 중병에 걸렸다는 서신을 받았다. 그는 친구의 불행에 마음 아파하며 먼 길을 마다하지 않고 밤낮없이 달려 친구가 사는 마을에 도착했다. 하지만 마을은 오랑캐에게 포위되어 들어갈 수 없었다. 그는 목숨을 걸고 성안으로 몰래 들어가 친구를 만났다. 친구는 순거백을 보자 감격에 겨워 눈물을 흘렸다. 하지만 이내 걱정이 앞섰다.

"자네가 이리 찾아와주다니 정말 고맙네. 하지만 오랑캐가 성을 포위한 상태라 조만간 성이 그들에게 함락될 것이네. 나야 곧 죽을 몸이니 아무 상관없지만 자네까지 여기 남아서 험한 꼴을 당해서야 쓰겠나? 성을 빠져나가려면 지금밖에 기회가 없으니 어서 이곳을 뜨게!"

그러자 순거백은 버럭 화를 냈다.

"그게 무슨 소린가! 벗은 기쁨을 함께 나누고, 어려운 일도 함께 견뎌내야 하거늘, 지금 위험이 닥쳤으니 나더러 자네를 버리고 도망치라는 겐가? 어찌 나더러 의를 버리면서까지 목숨을 부지하라고 하는가?"

순거백은 친구 곁을 끝까지 지켰고, 얼마 후 오랑캐가 성을 함락해 친구의 집까지 쳐들어왔다. 그들은 한 치의 흔들림도 없이 앉아 있던 순거백을 내려다보며 소리쳤다.

"우리 대군이 온 성을 휩쓸고 있는데 대체 어떤 놈이기에 달아나지도 않고 이곳에 남아 있는 것이냐?"

순거백이 침착하게 대답했다.

"그대들이 오해한 것이오. 나는 이 성 사람이 아니라 단지 이곳에 사는 벗의 병문안을 왔을 뿐이오. 지금 내 벗이 중병에 걸려 목숨이 위태롭거늘 내 어찌 벗을 혼자 두고 도망갈 수 있겠소? 만약 누군가를 죽여야 한다면 차라리 나를 죽이시오! 고통스럽게 병마와 싸우며 살날이 얼마 남지 않은 내 벗의 목숨만은 부디 살려주시오."

오랑캐들은 놀란 나머지 한동안 아무 말도 하지 못했다. 한참 후 오랑캐의 우두머리가 입을 열었다.

"저자를 보니 우리가 도의를 모르는 파렴치한이 된 것 같구나. 우리 같은 자들이 어찌 저리 숭고한 정신을 가진 사람이 살고 있는 나라를 어지럽힐 수 있단 말이냐! 모두 철수하라!"

오랑캐들은 그 즉시 철수했고, 성은 다시 평화를 찾았다.

진정한 벗은 단지 좋을 때만 곁에 있어주는 것이 아니라 위기가 닥쳤을 때조차도 곁을 지키며 구해줄 수 있는 존재다. 순거백이 바로 그런 벗이었다. 친구를 위해 자신의 생명조차 내걸 수 있는 사람이라면 어느 누가 그를 벗 삼지 않겠는가?

그렇지만 현실에서 순거백 같은 깊은 우정의 표본을 찾기란 거의 어렵다. 게다가 어떤 친구를 사귀고, 어떤 친구를 멀리해야 하는지를 두고 명확한 답을 아는 사람도 그리 많지 않다. 대부분의 사람이 그저 자기 의지대로 벗을 사귈 뿐이다. 어떤 이는 온갖 종류의 사람을 닥치는 대로 사귀는 데서 즐거움을 찾는다. 또 어떤 사람은 벗을 사귀는 데 굉장히 까다로운 잣대를 가져다 댄다. 눈에 거슬리거나, 말이 안 통하거나, 관심 분야가 다르거나, 기분 나빴던 경험이 있으면 친구 대상에서 제외시키는 식이다. 하지만 이런 융통성 없고 편협한 생각은 결국 자신을 외롭게 만들고 만다.

사실 친구를 사귈 때 원칙대로 하든, 편하게 마음대로 사귀든 어느 것이 맞고 틀리다 할 수는 없다. 이는 개인 성향의 문제이기 때문이다. 다만, 우리가 더 이성적인 방식으로 친구를 사귄다면 우리의 인간관계는 분명 훨씬 건강하게 형성될 수 있다.

중국 정보통신업계의 신화로 불리는 신화두 그룹의 최고경영자 탕쥔은 친구를 사귈 때 한 가지 원칙을 고수하는데, 바로 동료와 절대 친구가 되지 않는 것이다. 그래서 그는 온라인게임 회사 성다에서 전문 경영인으로 일했던 4년 동안 최고경영자 천텐차오와의 관계에 명확히 선을 그었다.

"나는 천텐차오와 친구로 지낸 적이 단 한 번도 없습니다. 처음에는 그가 주말마다 골프를 치거나 차를 마시는 약속을 잡으려 했지만 모두 거절했죠. 나중에는 그도 더 이상 그런 제안을 하지 않았습니다."

탕쥔은 이런 점이 바로 중국 기업인들의 문제점이라고 지적했다. 그들은 민영기업에 일단 발을 들여놓으면 가장 먼저 사장과 좋은 관계를 만들고, 서로 잘 통하면 친구가 될 수 있다고 여긴다. 문제는 일단 친구관계로 얽히면 상호 격이 없어지면서 존중하는 마음조차 사라진다는 점이다. 게다가 어떤 문제를 처리할 때도 더 이상 예전처럼 마음이 편하지 않고, 이런저런 걸림돌이 생기고 만다. 이 때문에 탕쥔은 사장과 친구관계가 되는 것을 원천 봉쇄했다.

"지난 사 년 동안 나와 천텐차오는 사적인 교류가 전혀 없었습니다. 우리는 늘 어느 정도 거리를 유지했고, 서로를 존중했죠."

탕쥔은 정식으로 사표를 내고 나서야 사장의 손을 잡고 말했다.

"앞으로 좋은 친구가 되어드리겠습니다."

일과 우정 앞에서 탕쥔은 이성과 원칙을 고수했다. 세속적인 습관과 인성에 휩쓸리다 보면 원칙을 고수하는 것 자체가 불가능해지고, 동료와 친구 사이의 경계선이 허물어진다. 결국 단호한 결정을 내려야 할 때 인정에 발목이 잡혀 스스로 화를 자초하는 꼴이 되고 만다. 탕쥔은 이런 사태를 사전에 차단하기 위해 자신의 원칙을 철저히 고수했고, 그런 이성이 바로 그의 성공을 이끄는 견인차 역할을 했다.

물론 사람은 누구나 일을 할 때 자신만의 원칙을 가지고 있기에 일 속에서 인간관계를 맺을 때 무조건 탕쥔의 원칙을 따라야 한다고 강요할 수는 없다. 다만, 사회생활을 하는 와중에 친구를 사귈 때는 융통성이 어느 정도 필요하고, 그 틈새에서 좋은 벗을 곁에 둘 줄도 알아야 한다.

인생의 나침반

진정한 벗은 입으로만 우정을 이야기하지 않는다. 진정한 벗은 우정을 빌미로 그 어떤 것도 요구하지 않으며, 상대를 위해 자신이 해줄 수 있는 일이 무엇인지 고민한다.

관용,
모든 것을 품는 최고의 경지다

자공문왈
子貢問曰

유일언이 가이종신 행지자호
有一言而 可以終身 行之子乎?

자왈
子曰

기서호 기소불욕 물시어인
其恕乎 其所不欲 勿施於人.

자공이 물었다.
"사는 동안 귀감으로 삼고 행해야 할 일을 한 글자로 말씀하신다면 무엇이 있습니까?"
공자가 말했다.
"그것은 용서할 '서'이니라! 자기가 싫어하는 것을 남에게 요구하거나 시키지 말아야 한다."

옛말에 '장군의 이마에서 말을 부려 달릴 수 있고, 재상의 배 속에서 배를 저어 갈 수 있다'고 했다. 미륵불에 관한 한시(漢詩)에서도 '그 큰 배는 받아들이기 어려운 일도 모두 받아들일 수 있으며 항상 입을 벌리고 웃는다'고 했다. 이 말들에는 타인의 입장을 배려하고 낙관적인 마음으로 세상을 포용하는 사람이 되길 바라는 가르침이 담겨 있다.

서(恕)를 달리 표현하면 바로 '관용'이다. 관용은 한 사람의 도량, 즉 마음과 생각의 깊이에서부터 나온다. 도량은 그 사람의 기질을 결정하고,

이 기질이 타인과의 연으로 이어진다. 그리고 이런 인연은 더 넓은 세상으로 우리를 이끌어준다. 비록 도량은 타고나는 것이지만 후천적인 학습을 통해 만들어지기도 한다.

성현이 아닌 이상 누구라도 실수를 피해 갈 수 없다. 그렇기 때문에 우리는 관용으로 사람을 대하는 법을 배워야 한다. 그리고 자신은 물론 타인한테 지나치게 가혹한 잣대를 대서는 안 된다. 관용은 다른 사람에게도, 자신에게도 새로운 기회를 만들어준다. 동서고금을 통틀어 큰 뜻을 품고 나라를 위해 몸 바쳤던 위인들 중 도량이 넓지 않은 인물은 없었다. 바꿔 말해서, 사소한 일까지 들추어내며 용서와 관용을 베풀 줄 몰랐던 소인배들은 절대 큰 인물이 되지 못했다.

춘추 시대, 초나라 장왕(莊王)이 반란을 평정한 후 궁으로 신하들을 초대해 연회를 베풀었다. 산해진미가 차려지고 흥겨운 가무 속에서 분위기가 무르익어갔다. 장왕은 흥을 돋우기 위해 자신이 가장 총애하던 애첩 허희(許姬)와 맥희(麥姬)에게 말했다.

"가서 저들에게 술 한 잔씩 따르거라."

두 여인이 술자리를 돌며 술을 따르는데 갑자기 몰아친 거센 바람 때문에 연회장 등불이 모두 꺼져버렸다. 사위가 온통 깜깜해지자 신하 한 명이 그 기회를 틈타 허희의 손을 더듬었다. 허희는 그의 손을 뿌리치며 사내의 갓끈을 잡아당겨 끊어버렸다. 그런 후 얼른 왕에게 다가가 귓속말로 일러바쳤다.

"방금 어떤 사내가 어둠을 틈타 저를 희롱했어요. 제가 그자의 갓끈을 잡아뗐으니 어서 불을 밝혀 갓끈이 끊어진 자를 찾아내 큰 벌을 내려주세요."

왕은 즉시 명했다.

"내 오늘 이곳에 온 그대들과 진탕 마시고 즐길 생각이오. 자, 모두 당장 갓끈을 끊고 오늘만큼은 코가 삐뚤어질 때까지 마십시다. 만약 불을 밝혔을 때 갓끈을 끊지 않은 이가 있다면 이 연회를 즐길 마음이 없는 것이라고 생각하겠소."

잠시 후 불을 다시 밝혔을 때 갓끈이 멀쩡하게 붙어 있는 사람은 아무도 없었다.

그로부터 3년 후 초나라와 진(晉)나라 사이에 큰 전투가 벌어졌다. 그때 한 장수가 대군을 이끌고 다섯 차례나 앞장서서 싸운 끝에 기어코 대승을 거두었다. 장왕이 그에게 물었다.

"과인의 덕이 그리 높지 않고 그대에게 특별히 잘해준 것도 없는데 어찌 위험을 무릅쓴 것인가?"

갑옷에 혈흔이 낭자한 장수가 왕 앞에 엎드려 절을 올리며 말했다.

"삼 년 전 연회 자리에서 제가 지은 죄를 대왕께서 눈감아주시지 않았다면 저는 이미 오래전에 죽은 사람이옵니다. 소장은 그저 그날의 은혜를 이렇게라도 갚고 싶었습니다."

지금이야 남녀 사이에 손을 잡는 일이 죽음에 이를 정도의 죄는 아니지만 그 시대만 해도 남녀가 유별했다. 하물며 그 상대가 바로 왕이 가장 총애하는 애첩이었으니 스스로 무덤을 판 꼴이었다. 그렇지만 장왕은 신하에게 죄를 묻지 않았다. 사실, 그날 장왕의 관용은 다분히 전략적 계산에서 나온 행동이었다. 그는 애첩의 체면을 살리는 것과 정권을 공고히 해 패업을 이루는 것 사이에서 고민했고, 이내 후자를 택했다. 결과적으로 그의 관용은 그 자리에 있던 모든 이의 마음을 움직였다. 모든 신하가 그의 도량에 경의를 표하며 충성을 맹세하는 결정적 계기가 되었던 것이다.

이것이 바로 관용의 힘이다. 관용은 달콤함, 따스함, 친절함, 눈부심을 선사하는 햇살이다. 이런 햇살을 거부할 사람이 누가 있겠는가.

처칠은 제2차 세계대전이 끝난 직후 진행된 대선에서 낙선했다. 그는 명실상부 세계적인 정치가로서 낙선의 기록은 그의 정치 인생에 치명적인 오점이 될 수 있었다. 그러나 그는 담담하게 그 사실을 받아들이는 배포를 보여주었다. 당시 그가 자택에서 수영을 하고 있을 때 비서가 허겁지겁 달려왔다.

"안 좋은 소식입니다! 의원님이 낙선하셨습니다!"

처칠은 대수롭지 않다는 듯 웃어넘겼다.

"하하, 아주 잘된 일이군! 결국 우리가 승리했어! 지금까지 우리가 그토록 원했던 민주주의가 승리했으니 축하할 일 아닌가? 자, 거기 수건이나 좀 건네주게. 이제 그만 나가봐야겠네."

한번은 연회에서 여성 정치가 애스터 자작 부인이 처칠에게 다가가더니 그의 술잔을 가리키며 독설을 퍼부었다.

"내가 당신 아내라면 분명 그 술잔에 독을 탔을 거예요."

그녀의 도발에 처칠은 웃으며 담담히 말했다.

"내가 당신 남편이라면 그 독이 든 와인을 한 방울도 남김없이 마셔버릴 겁니다!"

처칠의 여유, 이성적인 포용과 관용은 누구도 감히 흉내 낼 수 없는 위대한 정치가의 품격이었다.

관용은 짙푸른 바다처럼 모든 강물을 받아들이지만 그 맑은 빛을 잃지 않는다. 관용은 광활한 창공처럼 천하를 품지만 원망과 분노를 담아두지 않는다. 관용은 눈부신 햇살이자 사람들에게 단비와 부드러운 바람을 선사하는 에너지이다.

우리는 복잡하게 얽힌 세상 속에서 매 순간 타인과 부대끼며 살 수밖에 없다. 그러니 갈등과 충돌을 피하기란 불가능하다. 이런 상황에서 원한으로 분기탱천하며 용서하지 않는다면 결국 서로에게 큰 상처를 남길 수밖에 없다. 그러나 인내와 양보의 도량을 갖게 되면 '한 발짝 물러서니 드넓은 창공이 펼쳐지고, 한순간을 참으니 바람과 파도가 가라앉는' 놀라운 경험을 하게 될 것이다.

혹자는 관용이 유약한 짓이라는 엄청난 착각을 한다. 사실, 유약하다고 착각하게 만드는 관용은 진정한 의미의 관용이 아니다. 진짜 관용은 인생에서 가장 얻기 힘든 도량이고, 고된 수행과 연마 없이는 도달하기 어려운 경지이다.

인생의 나침반

관용은 세상사의 희로애락을 포용하고 무슨 말을 들어도 깊이 이해하며 너그러운 마음으로 받아들이는 최고의 경지다. 관용이 있어야 비로소 아픈 상처가 빨리 아물 수 있을뿐더러 갈등 또한 해소할 수 있다.

나만 옳다는 생각을 버려라

_{자 왈}
子曰

_{자 절 사   무 의   무 필   무 고   무 아}
子絶四, 毋意, 毋必, 毋固, 毋我.

공자가 말했다.
"군자가 하지 말아야 할 네 가지가 있으니, 함부로 억측하지 말고, 자신만 옳다 생각하지 말고, 끝까지 고집부리지 말고, 자신을 내세우지 마라."

부처는 네 가지 상(相), 즉 무아상(無我相)·무인상(無人相)·무중생상(無衆生相)·무수자상(無壽者相)에 대해 설파했다. 여기서 말하는 '상'은 형상 혹은 현상이라고 할 수 있다. 그렇다면 이 말은 자아의 형상, 타인의 형상, 중생의 형상, 생명이 존재하는 시간의 형상이 없어야 한다는 의미로 해석할 수 있다. 이런 형상들이 의식을 구속하게 되면 집착과 이기심에서 벗어나기 힘들어진다. 다시 말해 이 네 가지 상에서 자유로워져야 부질없는 욕심과 집착이 사라진다. 따라서 내가 없는 '무아'의 경지까지는 아니더라도 지나친 자기중심적 생각에서는 벗어나야 한다.

군자에게 절대 있어서는 안 되는 '네 가지'는 사람됨을 위한 최고의 경지라 할 수 있다.

'무의'와 '무고'는 억측과 고집을 버리고 자신과 다른 의견과 관점을 귀담아들어야 한다는 의미를 담고 있다. 만약 다른 사람의 생각이 더 좋다면 자신의 관점을 과감히 내려놓을 줄 알아야 한다. 이것이 바로 사람됨의 길로 가는 열린 마음가짐이다.

'무의'의 경지에 올라야 비로소 도량이 넓고 큰 뜻을 품을 수 있다. 이런 경지에 오른 사람들은 타인의 장점을 받아들여 자신의 부족한 점을 보완하고 끊임없이 스스로를 발전시킨다. 또한 일을 행하기 전에 범인(凡人)들이 흔히 범할 수 있는 실수나 함정을 피해 가기 때문에 그만큼 수월히 성공을 이끌어낸다.

'무필'은 어떤 일이 자신의 생각대로 흘러가고 결론 나야 한다는 생각에서 자유로워지는 것이다. 우리는 내 생각을 만고불변의 진리처럼 믿거나 내세우지 말아야 한다. 최선을 다한 상황이라면 모든 것이 순리대로 흘러가도록 내버려두어야 한다. 세상에 '필연'은 존재하지 않고, 늘 변수는 존재하게 마련이다. 우리가 어떤 결과를 원한다고 해서 뜻대로 된다는 보장은 없다. 그러니 늘 유연하게 대처하는 자세를 체화해야 한다.

뜻대로 안 되는 것이 바로 인생이다. 그러니 일을 할 때도 너무 그 결과에 집착하며 자신의 생각만 고집해서는 안 된다.

선원 두 명이 탄 배가 거센 풍랑을 만나 표류하다 무인도까지 흘러갔다. 배가 해안가에 닿자 A는 잔뜩 인상을 찌푸리며 먹을 것도 없는 섬에 내려봤자 뭘 하겠느냐며 불만을 터뜨렸다. 반면, B는 새로운 세상에 대한 기대감을 드러내며 환호했다. 두 사람은 무인도를 돌아다니다 동굴을 하나 찾아냈다. B는 오늘 밤 잠을 편히 잘 수 있게 됐다며 좋아했지만, A는 동굴에 짐승이 숨어 있는 것은 아닌지 의심했다. 그날 밤 B는 간만에 단잠을 잤지만 A는 내일 일을 걱정하며 밤새 뒤척이느라 잠을 이루지 못했다.

다음 날, 두 사람은 먹을거리가 든 자루를 하나 발견했다. B는 너무 기뻐 덩실덩실 춤을 췄지만, A는 불도 없는데 어떻게 먹어야 할지를 걱정했다.

섬에는 마실 물이 없었고, 그들은 바닷물로 입술을 축이며 갈증을 해소할 수밖에 없었다. B는 "이곳에 왔으니 바닷물을 맛보는 것도 괜찮은 경험이 될 거야" 하며 그 상황을 긍정적으로 받아들였다. 하지만 A는 바닷물을 향해 치를 떨며 불평불만을 쏟아냈다.

식사를 마칠 때마다 B는 늘 만족스럽게 말했다.

"이렇게 하루를 또 살아냈어."

그러자 A는 한숨을 내쉬었다.

"남은 식량마저 다 떨어지면 그땐 어떻게 해야 할지……."

식량은 하루하루 줄어들었고, 결국 동이 나고 말았다. 다행히 무인도에 야생 과일이 조금 남아 있었다. 그들은 그 과일을 따서 돌아왔다. B가 안도하며 말했다.

"정말 운이 좋았어. 먹을 수 있는 과일을 찾았으니 말일세."

하지만 A는 울상이 된 채 말했다.

"지금까지 살면서 이렇게 재수 없던 적이 없었네. 하늘이 날 버리지 않은 이상 어떻게 이런 과일 나부랭이를 먹게 한단 말인가?"

결국 과일마저 모두 동이 났고, 그들은 더 이상 먹을 것을 찾지 못한 채 온종일 굶주려야 했다. 체력은 점점 바닥났고, 둘은 배고픔을 견뎌내며 어쩔 수 없이 휴식을 취했다. B가 말했다.

"잠자는 것 빼고 할 수 있는 일이 아무것도 없는 날이 올 줄은 꿈에도 몰랐네."

A는 절망스러운 표정으로 말했다.

"죽음이 우리를 향해 점점 다가오고 있어."

마지막 순간이 되었을 때 그들은 더 이상 견딜 힘조차 남아 있지 않았다. B가 말했다.

"드디어 모든 고통을 내려놓고 천국으로 갈 수 있게 되었군."

A가 말했다.

"나는 지옥에 가고 싶지 않네."

죽음이 닥쳤을 때 B의 얼굴에는 미소가 번져 있었고, A의 얼굴에는 슬픔과 고통이 가득 차 있었다.

결말은 같았지만 두 사람은 완전히 다른 인생을 살았다. B는 자신의 생명을 결코 경시하지 않았다. 도리어 그는 인생의 마지막 과정을 긍정적으로 받아들이며 그 순간을 즐겼다. 비록 죽음을 피할 수 없었지만 결과는 그에게 중요하지 않았다. 그는 죽는 순간까지도 행복했고, 이생에 대한 미련이나 후회를 남기지 않았다. 반면, A는 B와 완전히 상반되는 태도를 보였다. 불가능하다는 것을 알면서도 헛된 기대를 품었고, 얻을 수 없다는 것을 알면서도 욕심을 부렸다. 스스로를 괴롭히며 공포와 두려움 속에 자신을 가두었다. 하지만 순리를 따르지 않고 자신에게 주어진 상황을 부정적으로만 바라봤던 그 역시 죽음을 피할 수 없기는 마찬가지였다.

'무아'는 지나치게 자기중심적인 생각을 버리고, 타인의 입장에서 생각할 수 있어야 그들로부터 호감과 인정을 받을 수 있다는 의미다. 상대방의 존경을 받고 싶으면 먼저 남을 존경할 줄 알아야 한다. 대접을 받고 싶으면 나 먼저 상대방을 대접할 줄 알아야 한다. 그렇지만 이런 이치를 깨우치기란 그리 쉬운 일이 아니다. 사람은 누구나 자기중심적이고, 자신의 감정과 의지를 최우선으로 두며 욕망을 채워나간다. 타인은 안중에 없으며, 그들의 의견을 받아들이려고 하지 않는다. 그런 태도가 계속된다면 영원히 융합하지 못한 채 평행선을 달릴 수밖에 없다.

춘추 시대 제나라의 재상 안영이 초나라에 사신으로 가게 되었다. 그는 키가 아주 작고 못생겼지만 학식이 높고 임기응변이 뛰어났다. 초왕은 그의 작은 덩치를 놀림감으로 삼아 골탕을 먹이기로 했다. 초왕의 명에 따라 신하는 성문도 열지 않은 채 옆에 작은 문으로 들어오라고 했다. 안영은 개구멍을 보자마자 초왕의 의중을 알아채고 말했다.

"내가 '개나라'를 찾은 사신이라면 당연히 개구멍으로 들어갈 것이다. 그러나 나는 분명 초나라에 사신으로 온 것이니 어찌 개구멍으로 들어갈 수 있단 말인가. 이 구멍은 분명 개나 드나드는 곳인데 설마 초나라 사람들은 모두 개란 말인가?"

신하는 당황하여 성문을 활짝 열고는 안영을 맞이했다. 안영은 대문을 통과한 후 초왕을 알현했다. 초왕은 또 한 번 그를 모욕하며 비웃었다.

"제나라에는 참으로 사람이 없나 보오? 어찌 그대처럼 못난 사람을 보낸단 말이오?"

안영은 당당하게 초왕의 말을 받았다.

"제나라의 수도에는 칠천오백 채의 집이 있습니다. 사람들이 소매를 펼치면 해를 가려서 그늘이 만들어지고, 땀을 뿌리면 비가 되어 내리고, 거리를 돌아다닐라치면 어깨가 스치고 발꿈치가 서로 맞닿을 만큼 인구가 많습니다. 그런 나라에 어찌 사람이 없을 수 있겠는지요?"

초왕이 응수했다.

"참으로 이상하군. 그리 사람이 많다면서 어찌 그대 같은 인물을 보낸 것이지?"

"우리 제나라에는 사신을 파견할 때 한 가지 원칙이 있습니다. 상대 나라의 임금이 어질고 현명한 분이면 어진 이를 보내고 상대 나라의 임금이 어질지 못하면 그에 걸맞게 쓸모없고 못난 사신을 보내게 되어 있지요. 저 안영이 제나라에서 가장 쓸모없고 못났으니 당연히 초나라에 사신으로 보내진 것이겠지요."

초왕은 안영을 위해 연회를 베푼 자리에서도 또 한 번 모욕을 주려 했다. 연회의 분위기가 한창 무르익었을 때 무사 두 명이 포승줄에 묶인 죄인을 끌고 들어왔다. 왕이 무사들에게 물었다.

"그 죄인은 누구더냐?"

무사가 대답했다.

"제나라 사람인데 도둑질을 하다 붙잡혔습니다!"

왕은 안영을 힐끗 쳐다보며 비꼬는 말투로 물었다.

"제나라 사람들은 원래 이렇게 도둑질을 잘하나 보오?"

안영이 자리에서 일어나 정중히 대답했다.

"귤나무는 회남에서 나면 귤이 되고, 회북에서 나면 탱자가 됩니다. 그런데 잎의 모양은 비슷할지 몰라도 그 열매는 맛이 확연히 다릅니다. 그 이유는 바로 토질과 물이 다르기 때문이지요. 마찬가지로 제나라 사람이 제나라에 살 때는 도둑질이 무엇인지 모르고 살았는데 초나라에 와서 도둑질을 하는 걸 보면, 아무래도 초나라의 풍토가 좋지 않은 것 아니겠습니까?"

말문이 막힌 왕은 그저 웃었고, 결국 굴복했다.
"성인을 희롱하면 안 되거늘, 과인이 오히려 모욕을 자초했소."

초왕은 안영의 뛰어난 기지와 언변에 눌려 체면만 구겼을뿐더러 제나라와의 관계도 소원해지게 만들었다. 사람 사이의 관계 역시 마찬가지다. 한쪽이 지나치게 이기적으로 굴며 상대의 체면을 고려하지 않고 무례를 범한다면 그 관계는 깨질 수밖에 없다.

이처럼 좋은 사람이 되기 위해 우리가 하지 말아야 할 네 가지 원칙 '4무(四毋)'는 시대를 초월한 성인의 가르침이기도 하다. 만약 이 원칙을 잘 지켜가며 함부로 억측하지 말고, 자신만 옳다 믿지 말고, 끝까지 고집부리지 말고, 자신을 내세우는 것을 자제하며 유연한 태도로 관계를 형성해간다면 누구라도 채워지지 않는 욕심과 불안으로부터 자유로워질 것이다.

인생의 나침반

세상에서 나만 옳다는 생각으로 사는 것처럼 어리석은 처세술도 없다. 나와 다른 생각과 행동을 이해하고 존중하지 못한다면 인간관계는 절대 조화를 이룰 수 없다. 내 생각이 아무리 일리가 있고 옳아도 남에게 강요해서는 안 된다. 다른 생각을 가진 사람들의 의견 역시 존중할 줄 알아야 한다. 그래야 비로소 나만의 세상에서 벗어나 더 넓은 바깥세상을 향해 시야를 확장할 수 있다.

도가 같지 않으면
서로 도모할 수 없다

_{자 왈}
子曰

_{도 부 동   불 상 위 모}
道不同, 不相爲謀.

공자가 말했다.
"가는 길이 다르면 서로 더불어 일을 꾀하지 않는다."

백이(伯夷)·숙제(叔齊) 형제가 의를 지키며 수양산에서 굶어 죽었다. 사마천(司馬遷)은 공자의 말을 인용해 감탄하며 말했다.
"도가 같지 않으면 서로 도모할 수 없다. 정말 그들만의 뜻을 따랐구나!"
13세기 이탈리아의 시인 단테도 후세에 길이 남을 명언을 남겼다.
"자신의 길을 걷고, 사람들에게 말하라!"
사람은 각자 뜻이 있으니, 뜻이 다른 이와 함께 일을 도모하기란 힘들다. 이는 고금을 통틀어 변함이 없다.

'가는 길이 다르면 서로 더불어 일을 꾀하지 않는다'는 말의 원래 뜻은 관점과 주장이 서로 다르면 그 무엇도 함께 상의하지 말라는 것이다. 공자가 살았던 시대는 '온갖 꽃이 함께 피고, 많은 사람이 자신의 주장을 마음껏 펼친다'는 의미의 백화제방(百花齊放), 백가쟁명(百家爭鳴) 운동이 한창이던 시기였다. 당시 학파들은 자신의 '길'을 걷고, 저마다 자신의 관점이 가장 옳다고 여겼다. 이런 관념이 무르익을수록 타 학파를 배척하고, 심지어 다른 노선의 학파를 이단으로 보는 현상까지 생겨났다.

'가는 길이 다르면 서로 더불어 일을 꾀하지 않는다'는 공자의 말을 현재의 관점에서 재해석하자면 이렇다.

'가치관이 다른 사람은 상대의 견해를 인정하지 않고, 서로 말을 섞지 않으며, 함께 일을 도모하지 않는다.'

동한 시대 때 관녕(管寧)과 화흠(華歆)은 동문수학하던 좋은 벗이었다. 어느 날 두 사람이 함께 밭에서 호미질을 하다가 땅속에 묻혀 있던 금을 발견했다. 관녕은 금을 기와조각처럼 여기며 거들떠보지 않은 채 계속 호미질을 했고, 화흠은 신이 나서 금을 집어 들고 이리저리 살펴본 후 한쪽에 내려놓았다.

또 한번은 두 사람이 한자리에 앉아 책을 읽던 도중 밖에서 고관대작이 행차하는 소리가 들려왔다. 관녕은 아무 일도 없다는 듯 계속 책을 읽었지만 화흠은 호기심을 억누르지 못한 채 밖으로 나가 그 행차를 구경하며 하염없이 부러워했다. 비록 사소한 일이었지만 관녕은 화흠이 자신과 의기투합하여 한길을 갈 만한 벗이 아니라고 확신하며 자리를 갈라 앉았다. 그 후 단 한 번도 화흠을 자신의 벗으로 여기지 않았다.

다소 극단적이긴 하지만 관녕의 처신은 '가는 길이 다르면 서로 더불어 일을 꾀하지 않는다'는 공자의 가르침을 행동으로 보여준 예라 할 수 있다. 물론 시대가 변했으니 공자의 가르침도 새로운 해석이 계속 가미되고 있다. 사람과 사람 사이의 협력이 더 중요해진 오늘날, 혼자의 힘만으로는 큰 성공을 거두기가 날로 힘들어지고 있다. 이런 상황에서 협력 파트너를 선택할 때 '가는 길이 다르면 서로 더불어 일을 꾀하지 않는다'는 가르침은 가장 기본적인 선택의 원칙으로 삼을 만하다.

누구와 함께하느냐에 따라 나의 미래가 결정되는 시대이다. 만약 당신이 의기투합할 수 있는 파트너를 찾아내기만 한다면 모든 일이 그야말로 술술 풀릴 것이다. 하지만 '서로 다른 길'을 바라보는 파트너를 만난다면 양쪽 모두 한마음으로 힘을 합치기 힘들뿐더러 가는 길마다 계속 걸림돌이 될 것이다.

사실, 창업뿐 아니라 현실 속에 존재하는 협력의 관계는 모두 공자가 말한 이치를 따른다. 서로 걸어가는 길이 같아야 공동의 목표와 꿈을 위해 기쁨과 슬픔을 나누며 그 과정을 견뎌낼 수 있다. 효율적이고 건강한 관계를 유지할 수 있음은 물론이다.

협력관계는 단순히 서로의 역량을 합치는 것에 그치지 않고, 상호 보완과 단결이 그 핵심을 이룬다. 그런 기반 위에서 추진력을 발휘해야 비로소 '1+1〉2'를 실현할 수 있다. 어쩌면 이것이야말로 성현의 사상을 통해 우리가 깨우쳐야 할 가장 큰 가르침이 아닐까 싶다.

인생의나침반

늘 함께한 사이라고 해서 같은 꿈을 꾸며 의기투합할 수 있는 것은 아니다. 함께 지내며 오랜 시간 친밀한 관계를 유지한 사이일지라도 상대에게 마음을 주지 않는 사람이 있는 반면, 안 지 얼마 안 됐지만 마치 오래 사귄 벗처럼 진심을 터놓고 대하는 사람도 있다.

의기투합하는 사람이라고 해서 꼭 영원히 함께하지는 않는다. 어떤 사람들은 설사 늘 함께한다 해도 이제까지 성의를 가지고 교제하거나 숨김없이 말한 적이 없을 것이다. 또 어떤 사람들은 막 서로 알았지만 오래 사귄 사람들처럼 서로 모든 비밀을 함께 공유한다.

화합하는 데 충실하라

유자왈
有子曰

예지용 화위귀
禮之用, 和爲貴.

선왕지도 사위미
先王之道, 斯爲美.

소대유지 유소불행
小大由之, 有所不行.

지화이화 불이예절지 역불가행야
知和而和, 不以禮節之, 亦不可行也.

유자가 말했다.
"예의 쓰임은 조화를 귀하게 여긴다. 선왕의 도는 이를 아름답게 여겨 작고 큰일을 할 때마다 모두 이를 따랐다. 하지만 행하지 못할 때가 있으니, 조화의 중요함을 알고 조화에만 신경을 쓴 나머지 예로써 조절하지 않는다면, 이 역시 행할 수 없는 것이다."

병법(兵法)은 말한다.
'하늘의 때는 땅의 이득만 못하고, 땅의 이득은 사람의 화합만 못하다.'
이처럼 '화(和)'는 전쟁의 승패를 좌우하는 관건이었다. 사람의 됨됨이나 인품을 말할 때도 '화'의 중요성은 더 말할 나위가 없다. '화'는 인간관계를 원활하게 만들 수 있고, 나아가 '사람의 마음이 모이면 태산을 옮길 수 있다'는 경지까지 가능케 한다.

'화'는 유가에서 특별히 지향하는 윤리이자 정치이자 사회적 원칙이다. 공자는 예를 실천할 때 조화를 가장 귀히 여겼다. 그러나 모든 일에 조화만을 강조하거나, 조화를 위한 조화로 흐르거나, 예법의 구속을 받지 않는 것도 옳지 않다. 다시 말해서 예가 규정한 신분의 등급 안에서 '화'를 따라야 한다.

공자의 제자가 '화'를 위해 이런 전제 조건을 붙인 이유는 당시 사회적 배경과 밀접히 얽혀 있다. 그때는 노예제 사회로 신분의 경계가 뚜렷했고, 계층 간의 구분과 대립이 엄격했다. 상류층에 속한 사람은 자신의 예절을 통해 우월한 지위를 드러내려 했고, 하층민들은 경외감을 품고 그들의 명령에 복종했다.

그러나 춘추 시대로 접어들면서 이런 사회관계는 깨지기 시작했다. 이때 유자가 '화위귀(和爲貴, 조화로움이 가장 중요하다)'를 외쳤고, 이와 동시에 단순히 '화'를 위한 '화'가 아닌 예로써 그것을 절제해야 한다고 주장했다. 이는 계층 간의 대립을 완화하고 안정된 사회질서를 실현하기 위해서였다.

'화위귀'의 사상은 당시뿐 아니라 후세에까지 지대한 영향을 미쳤다. 난세에 재상과 장군이 화합해야 나라를 지킬 수 있다는 의미의 '장상화(將相和)'라는 말이 있다. 지금은 평화로운 시대인데도 유가의 '화위귀' 사상이 더 주목받으며 국정운영의 덕목이 되고 있다. 바로 그 안에 평화, 태평, 평안의 의미가 담겨 있기 때문이다. 나라를 잘 관리하기 위해서는 나라 안이 아무런 분쟁 없이 태평하고, 나라 간에 전쟁 없이 '평화로운 발전'이 이루어져야 한다. 또한 '화위귀' 사상이 한 사람의 삶 속에 고스란히 녹아들기 위해서는 어릴 때부터 평화롭고 조화로운 삶을 귀히 여기는 가치관을 키워야 한다.

2008년 8월 8일 세계의 이목이 집중된 베이징 올림픽 개막식 공연에서 입체적으로 표현된 한자(漢字)들이 춤을 추듯 등장했다. 중국의 4대 발명품 중 하나인 활자 인쇄술을 표현한 것이다. 그 글자들은 고대의 활자 글자판 같기도 하고, 지금의 컴퓨터 자판 같기도 했다. 그리고 '활자 인쇄술' 공연 중 가장 인상 깊었던 장면은 춤을 추던 한자들 가운데 떠오른 화합할 '화' 자였다. 금문(金文, 청동기에 주조되거나 새겨진 글자)에서 전서체(篆書體), 그리고 지금의 간체자로 이어진 한자의 변천 과정은 한 나라의 유구한 문명 역사를 세계에 알리는 역할을 톡톡히 했다.

'화'는 한 나라의 근간을 이루는 중요한 요소이자 한 개인의 삶에도 깊이 간여하고 있다. 고금을 통틀어 '화'는 높은 뜻을 가진 사람과 어진 이들이 도달하고자 했던 경지다. 조화로움을 가장 귀히 여긴다면 화를 남에게 전가해서는 안 된다. 이 경지에 오르게 되면 적대감이 사라지고, 철천지원수라 해도 서로 보복하기 위해 날을 세우던 마음이 무뎌지며, 전쟁이 아닌 평화를 선택하고, 힘든 갈등을 겪었다 할지라도 서로 만나 웃으며 지난 원한을 풀 수 있다.

'화'는 한 나라에만 국한되는 사상이 아니다. 기업가들도 이를 자신의 경영 이념과 기업 정신으로 삼고 있다.
미국의 재래시장에서 한 화교의 가게가 유난히 장사가 잘되었다. 그러다 보니 다른 상인들이 모두 그를 질투했고, 바닥을 쓸 때마다 일부러 쓰레기를 그의 가게 앞으로 밀쳐놓았다. 이 화교 상인은 친절과 화합을 장사의 원칙으로 삼아왔기에 그들과 갈등을 빚지 않기 위해 애를 썼고, 화를 내기는커녕 도리어 쓰레기를 가게 옆으로 치웠다.

그의 가게 옆에서 장사하던 멕시코 상인이 며칠 동안 그를 지켜보다 도무지 이해가 안 갔기에 물었다.

"다들 쓰레기를 당신 가게 앞으로 밀쳐놓는데 화도 안 납니까?"

화교가 웃으며 대답했다.

"우리나라에서는 설을 쇨 때가 되면 집 쪽으로 빗자루질을 한답니다. 그래야 더 많은 돈이 들어온다는 미신이 있거든요. 요즘 매일같이 다들 내 가게에 돈을 쓸어 담아주려고 하는데 어찌 그걸 거절하겠습니까? 그쪽이 보기에도 내 장사가 갈수록 잘되는 것 같지 않습니까?"

그날 이후 그의 가게 앞에는 더 이상 쓰레기가 보이지 않았다.

이 화교는 '웃는 얼굴이 부를 가져다준다'는 이치를 누구보다 잘 알고 있었다. 조화로움이 가장 중요하다는 '화위귀' 사상이야말로 때와 장소, 국적과 사람을 구분하지 않는 처세 법칙이다.

예나 지금이나 '화'는 인간관계를 조화롭게 만드는 중요한 원칙이다. 사회가 복잡다단해지면서 사람 사이의 불협화음도 끊이지 않고 있다. 이런 불협화음은 의견 차이를 넘어 갈등을 빚고, 결국 분쟁으로 치닫게 된다. 특히 이익이 충돌하는 순간 그 싸움은 더 격해지고, 싸움의 방법과 양상도 다양하게 나타난다. 그렇지만 어떤 식의 분쟁이 일어나든 결국 상호 불필요한 손실을 피할 수 없다. 즉, '화'를 존중할 줄 알아야 비로소 진정한 화해 국면으로 연결될 수 있다.

다만, '화위귀'는 모든 사람이 하나로 뭉쳐 아무런 원칙 없이 타협하고 양보하는 것이 아니다. 조화롭고 발전적인 인간관계와 서로 도움을 주고받는 분위기, 그리고 타인과 자신에게 관대한 마음을 추구하는 것이다.

'화'의 목적은 함께 발전할 수 있는 좋은 환경을 만드는 것이고, 이는 모든 사람이 추구하는 목표이기도 하다. 화목한 가정을 만들면 주위에 온

기가 퍼지고, 평화로운 환경 속에 놓이면 누구나 근심 걱정 없이 일하며 먹고살 수 있고, 행복한 기운이 가득해지면 세상이 환해진다.

인생의 나침반

사사로운 욕심이 앞서면 곳곳에서 명예와 자리를 다투게 되니, 필연적으로 불화가 따르고 정도를 벗어나기 십상이다. 그러나 사사로운 마음을 뒤로하고 이해득실을 따지지 않는다면, '화'를 현실화하며 대의를 이룰 것이다.

중용을 실천하라

<small>자 왈</small>
子曰

<small>중 용 지 위 덕 야</small>
中庸之爲德也,

<small>기 지 의 호   민 선 구 의</small>
其至矣乎! 民鮮久矣.

공자가 말했다.
"중용의 덕이 이리도 지극하구나! 그런데 중용의 덕을 지닌 백성은 사라진 지 오래되었구나."

루쉰은 "중용은 중국인이 가장 숭상하는 덕목이지만 중용에 대해 가장 모르는 것도 중국인이다. 만약 중국인이 중용의 이치를 조금이라도 알았다면 중국 문제가 지금처럼 복잡해지지 않았을 것이다"라고 말했다. 루쉰의 비판은 정확했다. 사실, 중용의 정수를 제대로 알고 있는 사람은 그리 많지 않다. 중용은 매사에 중립을 지키며 요령 있게 처신하여 일신의 이익을 잘 지켜내는 것을 의미하지 않는다. 그것은 사람됨을 위해 반드시 따라야 할 영원히 퇴색하지 않을 최고의 덕행이자 지혜이다.

중용은 유가에서 중시하는 최고의 덕목이자 도덕적 기준이다. 공자가 생각하는 중용 역시 최고의 덕행이었다. 후세 유학자들은 어느 한쪽으로 치우치지 않는 것을 '중(中)', 변함없는 일상적인 것을 '용(庸)'이라고 이해했다. 한편 중용을 '중도(中道)'로 보기도 한다. 중도는 바로 대립하는 상대방과 균형을 유지하는 것을 의미한다. 또한 중용은 '중행(中行)'이라고도 불린다. 중행은 사람의 기질·습관·덕행이 모두 한쪽으로 치우치지 않고, 대립하는 상대방과 서로 견제하며 상호 보완하는 것이다. 요컨대 중용은 절충과 조화를 이루는 사상이다.

중용은 공자가 가장 중시했던 사상으로 늘 그의 말 속에 등장했다.

어느 날 자공이 공자에게 물었다.

"자장(子張)과 자하(子夏) 두 사람 중 누가 더 낫습니까?"

공자가 말했다.

"자장은 지나치고 자하는 미치지 못함이 있다."

자공이 또 물었다.

"그러면 자장이 자하보다 낫다는 말씀입니까?"

공자가 말했다.

"지나침과 미치지 못함은 같은 것이다."

공자의 눈에 지나침과 미치지 못함은 모두 좋지 않은 것이었다. 그래서 공자는 두 사람 모두 '과유불급(過猶不及, 지나친 것은 미치지 못한 것과 같다)'이라고 여겼다. 이 안에는 전형적인 중용 사상이 담겨 있다. 사실, 중용은 사람됨을 위한 법칙이고 아주 오래전부터 존재해왔다. 공자는 그것을 정리해 문장으로 이론을 세우고 후세에 전했을 뿐이다.

이윤(伊尹)은 상나라 재상이자 개국공신이지만 출신이 상당히 비천했다. 그는 상나라 탕왕의 아내가 시집올 때 데리고 온 노비였다. 요리를 잘했던 그는 곧바로 탕왕의 음식을 담당하게 되었다. 그는 비록 신분은 낮았지만 머리가 비상하고 치국의 이치에 밝았다. 그는 탕왕이 천하를 손에 넣기 위해 밤낮없이 정무에 몰두하자 그의 마음을 살 기회를 잡지 못할까 봐 걱정이 앞섰다. 그래서 그는 자신의 빼어난 요리 솜씨를 한껏 발휘해 탕왕의 마음을 끌어보기로 결심했다. 이윤은 음식을 만들 때 일부로 더 짜게 하거나, 아예 소금을 집어넣지 않아 왕의 노여움을 샀다. 그런 연후에는 다시 왕의 입맛에 딱 맞는 맛난 음식으로 탕왕을 흡족하게 만들었다. 드디어 어느 날 탕왕이 그의 요리 실력을 칭찬하며 물었다.

"보아하니 너의 요리 실력이 참으로 출중하더구나. 도대체 어찌 요리하기에 그리 맛이 있는 것이냐?"

이윤은 그 기회를 놓치지 않고 정중히 간언을 올렸다.

"대왕, 이 요리는 칭찬받을 만한 것이 못 되옵니다. 무릇 음식은 너무 짜거나 싱거워서는 안 됩니다. 재료가 잘 어우러지고 간이 잘 맞아야 먹었을 때도 입에 맞고 맛이 좋지요. 나라를 다스리는 이치도 이와 다르지 않습니다. 지나치게 조급해서도 안 되고, 나태해서도 아니 되지요. 시국의 발전에 어떻게 순응하고, 어떤 법도를 시행하느냐는 모두 형세의 관찰이 전제되어야 합니다. 이는 요리할 때 불의 화력을 적절히 맞춰가며 조절하는 것과 같은 이치입니다."

탕왕은 그의 말에 크게 감복했다.

훗날 맹자는 정치가 잘 다스려질 때나 나라가 어지러울 때나 항시 벼슬에 나아간 이가 바로 이윤이라고 평했다. 이윤은 관직에 나가 맡은 바 일을 능수능란하게 처리했는데, 이는 해야 할 것과 하지 말아야 할 것, 언제 무엇을 해야 하는지를 정확히 알고 있었기에 가능했다. 이것이 바로 중용을 따르는 전형적인 처세술이다.

현대 사회에서 '중용의 도'를 다시 제창하는 것에 대하여 누군가는 시대착오적이라고 말한다. 중용은 애매한 태도로 누구의 미움도 사지 않은 채 요령 있게 처신하는 철학 사상으로 간주되었고, 사람들의 비난과 비방에서 자유롭지 못했다. 사실, 중용 사상의 본뜻을 따져보자면 최상의 경지에 오른 덕행과 지혜를 의미한다.

공자가 생각하는 중용은 바로 '중화(中和)'다. 공자는 희로애락의 감정이 드러나지 않는 상태가 '중'이고, 그 감정이 발현되어 절도에 들어맞는 것이 '화'라고 했다. '중'은 천하 만물의 근본이고, '화'는 천하에 통용되는 원칙이다. 만약 중화의 경지에 도달할 수 있다면 천지의 모든 것이 각자 자리를 찾게 되고, 만물이 그 속에서 자연스레 자라나게 된다.

그렇기 때문에 모든 일이 '중'을 취하면 사람과 일이 조화를 이루는 최상의 방법이라 할 만하다. '중'은 어느 한쪽으로 치우치지 않는 것이다. '중'이 아니면 바로 설 수 없고, 바로 설 수 없다면 뿌리를 내릴 수 없고, 결국 그 생명은 오래갈 수 없다. 사람됨을 위한 처세의 핵심은 바로 가장 이상적인 경지와 최상의 상태를 의미하는 '중'을 추구하고, 화합에 도달하기 위해 주력하는 것이다. 다시 말해 진정한 사람 됨됨이를 갖추기 위해서는 너무 고압적이어서는 안 되고, 반대로 너무 비굴해서도 안 된다. 또한 자신을 지나치게 과시해서도, 세상에 이름을 알리지 않아서도 안 된다.

오늘날 시장경제의 거대한 흐름 속에서 중용 사상은 그것이 존재해야 할 이유가 더 확실해지고 있다. 지금을 살아가는 사람들은 눈앞의 이익에 급급하고, 외적인 것에 집착하고, 나아가 극단적으로 문제를 바라보기 때문이다. 그들은 만족, 성공, 부귀, 권력 등을 지나치게 갈망한다. 그러면서 공허, 실패, 빈곤이 언제 자신에게 찾아올지 몰라 전전긍긍한다. 사실, 이런 것들은 인생에서 언제든 나타날 수 있다. 세상에 영원히 변치 않는 것은 없고, 누구나 인생의 부침을 겪게 마련이다. 지금 뜻을 이뤘다고 해서 그 기쁨이 영원할 수 없고, 지금 실의에 빠졌다고 해서 영원히 그 상태에 머무르라는 법은 없다. 그렇기에 어느 한쪽으로 치우치지 않는 중용의 마음가짐이야말로 모두에게 필요하다. 중용의 보호를 받아야 비로소 '높은 곳에 올라가도 만족하지 못하고, 한 번 넘어지면 다시 일어서지 못하는' 그런 불안한 상태에서 벗어날 수 있다. 또한 더 단단해진 '중화'의 태도로 자기 인생을 대면할 것이고, 심리적 면역력을 높여 더 이상 상처받는 일도 사라질 것이다.

인생의 나침반

중용의 도는 어느 한쪽으로 치우치지 않는 것을 중시한다. 지나치거나 미치지 못하는 것은 모두 적절한 자리를 벗어났으니 옳다고 볼 수 없다. 그러므로 사람은 자신을 통제하여 언행과 감정을 적정선에서 조절할 줄 알아야 한다. 그렇게 할 때 모든 일이 순조로워진다.

지혜로운 자는
유언비어에 현혹되지 않는다

자 왈
子曰

도 청 이 도 설　덕 지 기 야
道聽而塗說, 德之棄也.

공자가 말했다.
"길에서 듣고 이내 길에서 옮겨 말하는 행위는 덕을 버리는 것이다."

소문을 듣기보다 눈으로 직접 보라는 말처럼, 모든 일은 직접 본 사실을 기준으로 삼아야 한다. 마오쩌둥도 "조사를 거치지 않은 사람에게 발언권은 없다"라고 했다. 소문에 대해서도 똑같이 신중한 태도를 유지해야 한다. 사실관계를 명확히 확인하기 전까지 섣불리 평가하고 판단하거나, 그 소문을 다시 다른 사람에게 옮겨서는 안 된다.

춘추 시대, 제나라의 모공(毛空)은 근거 없는 소문을 주워듣고 그것을 마치 실제로 본 것처럼 다른 사람에게 들려주는 것을 즐겼다.
한번은 모공이 오리와 고기에 관한 소문을 듣게 되었다. 그는 그 이야기가 너무 신기해서 곧바로 그의 친구 애자(艾子)에게 들려주었다.

"어떤 사람이 오리를 한 마리 키우는데, 글쎄 그 오리가 하루에 알을 백 개도 넘게 낳는대."

그는 애자가 못 믿겠다는 표정을 짓자 얼른 다른 이야기도 들려주었다.

"그날 하늘에서 엄청나게 큰 고기가 떨어졌는데, 길이가 서른 장(丈)이나 되고 넓이는 무려 열 장이나 됐다네."

애자가 실소하며 물었다.

"정말인가? 정말 그렇게 긴 고기가 있다고?"

모공이 얼른 말을 바꿨다.

"아마 스무 장쯤 됐을 거야."

애자는 여전히 시큰둥한 반응을 보였다. 그러자 모공이 다시 말을 바꿨다.

"그래, 길이는 열 장이 확실해."

애자가 또 물었다.

"방금 말한 오리는 누구 집에서 키우는 건데? 그 고기는 또 어디에 떨어졌다고 하던가?"

모공은 우물쭈물하다가 이내 이실직고했다.

"그게…… 나도 길을 가다 남들한테 들은 얘기라……."

이처럼 '근거 없는 풍문'을 통해 주워들은 소식은 사실을 증명할 길이 없으니, 얼마나 황당한가!

어느 날 공자의 제자 중 한 명이 죽을 끓이다가 더러운 게 냄비 속으로 떨어지는 것을 보았다. 그는 얼른 수저를 들고 그것을 건져내려 했다. 그러다 문득 죽 한 그릇, 밥 한 공기를 먹기까지 얼마나 많은 노고가 드는지 떠올라 차마 그것을 버리지 못한 채 먹어버렸다. 그때 우연히 그곳을 지나가던 공자가 그 광경을 보고 바로 질책했다. 공자는 제자가 밥을 훔

쳐 먹었다고 생각한 것이다. 하지만 이내 제자의 설명을 듣고는 섣불렀던 자신을 책망하며 크게 깨우쳤다.

"처음부터 끝까지 내가 두 눈으로 직접 본 일도 확실하지 않거늘, 길에서 주워들은 말은 오죽할까?"

눈으로 본 것이 전부 사실은 아니다. 그래서 인생의 여정에서 일과 사람에 대해 절대 함부로 왈가왈부해서는 안 된다. 늘 눈을 똑바로 뜨고 세상을 살피되, 함부로 믿거나 전하지 말아야 한다. 그럴 때 비로소 허상에 눈이 머는 것을 막을 수 있다.

더구나 소문은 자칫 인심을 흉흉하게 만들고, 심지어 그것을 진짜로 믿는 순간 일과 사람을 모두 망가뜨리는 파괴력을 가지고 있다. 인도에 이런 말이 전해진다.

"혀에는 뼈가 없지만 그 혀로 천만 개의 뼈를 부러뜨릴 수 있다."

이 말처럼 소문은 전파 과정에서 살이 붙고 형태가 변할뿐더러 마치 세포가 분열하듯 증식되어 퍼져나가며 그것이 지나간 자리를 초토화시킨다.

공자의 제자 증삼의 고향 비읍에는 그와 이름이 똑같은 사람이 살고 있었다. 어느 날 그 또 다른 증삼이 타지에서 사람을 죽였고, 얼마 후 '증삼이 사람을 죽였다'는 소문이 돌면서 마을이 한바탕 뒤집어졌다.

증삼의 어머니도 소문을 들었다. 하지만 증삼의 어머니는 그 소문을 믿지 않았다. 그녀는 공자의 제자로 들어간 착한 아들이 살인이라는 천인공노할 짓을 저지를 리 없다고 확신했다. 그녀는 이웃들에게 단호히 말했다.

"내 아들은 살인을 저지를 아이가 아니오."

얼마나 지났을까. 또 한 사람이 헐레벌떡 뛰어와 그녀에게 소리쳤다.

"증삼이 정말 사람을 죽였답니다!"

증삼의 어머니는 여전히 그 말을 한 귀로 듣고 흘리며 묵묵히 자기 할 일을 했다.

얼마 뒤, 또 다른 사람이 달려와 똑같은 소식을 그녀에게 전했다.

"증삼이 정말 살인을 저질렀답니다!"

증삼의 어머니는 연이어 사람들이 찾아와 증삼이 살인을 저질렀다고 말하자 한순간 심장이 내려앉았고, 결국 그 말을 믿을 수밖에 없었다. 그녀는 한참을 고심하다 행여 아들이 지은 죄에 연루되어 죽임을 당하게 될까 봐 하던 일을 멈추고 속히 집 밖으로 도망쳤다. 사람들의 혀에 굴복하여 결국 아들에 대한 믿음을 저버린 것이다. 훗날 시인 이백(李白)은 이 상황을 두고 한탄했다.

"증삼이 어찌 살인을 저지를까? 거짓말도 세 번이면 인자하던 어머니도 놀라게 되는구나!"

지금 같은 정보화 시대에 우리 주위에는 각종 정보가 넘쳐나고, 그 안에는 유용한 정보 못지않게 허위 정보도 많다. 근거 없는 소문의 파괴력은 실로 엄청나기 때문에 고의로 악성 소문을 만들어내는 사람은 심지어 법적 처벌을 면하기 어렵다.

길에서 떠도는 소문을 쉽게 믿어서도 안 될뿐더러 일부러 소문을 퍼뜨리는 행동은 더욱 금해야 한다. 지혜로운 자에게는 소문도 그 위세를 떨치지 못한다는 말처럼, 실생활에서도 소문을 함부로 믿거나 경거망동하지 않는 것이야말로 사람됨의 현명한 처세술이다.

인생의 나침반

프랑스 극작가 샹포르는 말했다.

"유언비어는 자꾸 달라붙으며 떨어지지 않는 말벌 같으니, 우리가 그것을 때려죽일 수 있다고 확신이 들기 전까지 절대 경거망동해서는 안 된다. 안 그러면 그것은 이전보다 더 맹렬하게 우리를 공격할 것이다."

요컨대 유언비어에 대처하는 최고의 방법은 바로 무시다.

흰소리를 피하고,
한 번 뱉은 말은 지켜라

_{자 왈}
子曰

_{기 언 지 불 작}　　_{칙 위 지 야 난}
其言之不怍,　則爲之也難.

공자가 말했다.
"말한 것을 부끄럽게 생각하지 않으면 그 말을 실행하는 일도 어렵다."

큰소리치는 사람치고 자신의 말을 지키는 이는 드물다. 그런 인물은 결국 신뢰마저 잃고 만다. 신중하고 믿음직한 사람이 되고 싶다면 절대 입을 가벼이 놀려서는 안 된다. 약속은 그 결과까지 생각해 조심스럽게 하고, 일단 입 밖으로 내뱉은 말은 무슨 일이 있어도 지켜야 한다.

공자는 수많은 제자를 거느렸지만 그의 가르침은 천편일률적이지 않았다. 그는 제자의 재능과 성향에 따라 그에 맞는 가르침을 행했고, 그 방법 또한 매우 다양했다. 스승과 제자 간의 가르침과 배움은 진부한 틀에 얽매이지 않았으며, 심도 깊은 대화와 학문적 교류가 이루어졌다. 공자의 수많은 이론과 주장 역시 이런 자유 토론을 통해 탄생했다.

한번은 공자가 제자들을 위해 '언행'을 언급하며 '언행의 관계'에 대해 가르침을 주었다.

"언행은 언어와 행동을 말한다. 언과 행의 관계에 대해 말하자면 가장 근본은 일을 민첩하게 하고 말을 신중히 하며, 말보다 행동이 앞서고, 일단 뱉은 말은 행동으로 옮기고, 흰소리나 도가 지나친 말을 하지 않는 것이다. 너희는 이 말을 어찌 생각하느냐?"

제자 자로가 대답했다.

"이 문제에 대해 이야기하자면 언행이 일치하지 않는 사람들이 분명 존재하지요. 제 고향에 변씨 성을 가진 형제가 삽니다. 형 변경(卞敬)은 부유한 집에서 하인들을 거느리며 살았지요. 그는 하인들이 일을 열심히 하도록 만들기 위해 이렇게 말했습니다. '너희가 열심히만 일을 해준다면 연말에 오십 냥씩 줄 것이다.' 그러자 하인들은 일 년 동안 죽을힘을 다해 일을 했습니다. 하지만 연말이 되었을 때 그들이 받은 돈은 고작 다섯 냥뿐이었지요. 아우 변무(卞武)는 허풍을 잘 떠는 사람입니다. 어느 날 그는 다른 마을에 사는 유(劉) 대감 집안에 혼담을 넣었습니다. '제가 사는 마을에서 저희 집 마당이 가장 넓습니다. 방문 앞에 서도 정원을 둘러싼 담장이 보이지 않을 정도지요. 댁의 따님을 제게 시집보내면 평생 부귀영화를 누리게 해줄 것입니다.' 유 대감은 확답을 주지 않은 채 몰래 그가 사는 마을을 찾아갔고, 그의 말이 모두 거짓임을 알게 되었습니다. 변무는 부모님이 돌아가신 후 유산으로 받은 재산을 모두 탕진했고, 가지고 있는 재산은 고작해야 방 세 칸짜리 집이 전부였습니다. 결국 허풍을 쳐서라도 혼인을 하려 했던 변무의 계획은 수포로 돌아갔지요."

자공이 숨을 고르며 말했다.

"어떤 사람들은 그럴듯한 말로 허풍을 치며 그 말에 책임을 지지 않습니다. 스승님은 이런 사람들을 어떻게 보시는지요?"

"큰소리를 치고도 부끄러움을 느끼지 못하는 사람이라면 그 말을 실천에 옮기는 일도 어려울 것이다."

성현의 말씀처럼 말하기에 앞서 신중하고 함부로 큰소리를 치지 않도록 주의할 필요가 있다. 일단 약속을 하게 되면 언행을 일치해야 하고, 그렇지 않으면 신뢰를 잃으니 얻는 것보다 잃는 게 더 많아진다.

위나라 문후(文侯)는 사냥터를 관리하는 우인(虞人)과 모월 모일에 함께 사냥을 하기로 약속했다.

두 사람이 약속한 그날, 문후는 궁에서 주연을 베풀어 대신들과 함께하며 가무를 즐겼다. 술자리가 한창 무르익었을 때 하늘에서 돌연 큰비가 내리기 시작했다. 그 순간 문후는 우인과의 약속을 떠올렸고, 곧바로 하인에게 말을 준비해 사냥 떠날 채비를 하라 일렀다. 그러자 대신들이 모두 그를 말리고 나섰다. 문후가 말했다.

"좀 전이 되어서야 오늘 우인과 사냥 약속이 있다는 것이 생각났지 뭔가. 게다가 만날 때까지 그곳에서 기다리기로 약속했으니 지금 당장 가봐야 하네."

대신들이 다시 그를 막아섰다.

"주공, 지금 폭우가 쏟아지고 있습니다. 설사 가신다 해도 우인이 와 있을 거라고 어찌 장담할 수 있겠는지요? 하물며 주공께서는 한 나라의 군주이시고, 그자는 신하 아니옵니까? 주공께서 안 가신다 해도 크게 문제될 게 없사옵니다. 그러니 부디 마음을 돌려주시옵소서."

문후는 대신들의 간곡한 청을 뒤로한 채 기어코 약속을 지키기 위해

문을 나섰다. 우인은 당연히 그를 기다리고 있었다. 그는 갑자기 비가 거세게 내리자 문후가 오지 않을 것이라 여기고 돌아갈 채비를 했다. 바로 그때 저 멀리서 문후가 말을 타고 질주해 오는 모습이 그의 눈에 들어왔다. 우인은 감동의 눈물을 흘리며 그의 앞으로 달려가 예를 행했다.

"주공, 이리 비가 내리는데 어찌 이곳까지 행차하신 것이옵니까?"

"내 그대와 약조를 하지 않았는가? 아무리 큰비가 내린다 해도 어길 수야 없지. 이런 일로 신의를 잃어서야 쓰겠는가?"

진정으로 신의를 지키는 것은 그리 간단한 일이 아니며, 진정한 의미의 군자만이 그 어떤 상황에서도 언행일치를 이룰 수 있다. 문후는 말 한마디로 이루지 못할 것이 없는 군주였다. 그러나 그는 자신의 권력을 믿고 신하와의 약속을 하찮게 여기는 어리석은 왕이 되지 않았다. 폭우가 쏟아지는 와중에도 약속을 지키기 위해 비를 뚫고 달려갔으니, 이것이야말로 진정한 '언행일치'다.

한 번 내뱉은 말은 쏟아진 물과 같아서 다시 주워 담을 수가 없다. 한 번 내뱉은 말은 네 필의 말이 아무리 빨리 달려도 따라잡을 수 없다고 했다. 입에서 나온 말은 어떤 상황에서도 끝까지 책임을 질 줄 알아야 한다.

물론 이런 이치를 깨닫고 실천하는 게 말처럼 쉬운 일은 아니다. 사실, 우리 주위에는 큰소리만 칠 줄 알지, 그 말을 어떻게 수습해야 할지 모르는 사람이 널렸다. 신용이 없다고 욕먹는 사람들을 보면 늘 빈말이나 흰소리를 해대며 습관적으로 약속을 해대지만 결국 모두 '공수표'일 뿐이다. 이런 식으로 신용을 잃고 사느니 차라리 빈말을 하지 말고 지킬 수 있는 약속만 하는 편이 더 사람답게 사는 길이다.

1999년 10월은 바이두의 창업을 앞둔 중요한 시점이었다. 당시 창업주 리엔훙은 창업 자금을 확보하기 위해 미국의 투자 회사와 협상을 진행 중이었는데, 긴박한 협상 테이블에서 그는 자신이 던진 한마디에 힘입어 마침내 투자 유치를 이끌어냈다.

협상 과정에서 한 투자자가 리엔훙에게 물었다.

"이 검색엔진을 만드는 데 기간이 얼마나 걸릴 것 같습니까?"

"육 개월이 필요합니다."

"우리가 투자를 더 하면 그 기간을 단축시킬 수 있겠습니까?"

"아니요."

창업자의 입장에서 투자자의 요구라면 앞뒤 안 가리고 들어줄 판에 하물며 투자금까지 더 주겠다고 하니 마다할 이유가 없었다. 하지만 리엔훙은 그의 제안을 단박에 거절하며 신중한 입장을 취했다. 리엔훙의 이런 태도는 도리어 투자자들을 안심시켰다. 그들은 절박한 상황에서도 허언하지 않고 자신의 일에 책임과 신중을 기하려 하는 이 젊은 중국인에게 더 믿음이 갔다.

사실, 리엔훙은 6개월의 기한을 약속했지만 결국 4개월 만에 투자자들 앞에 검색엔진을 선보였다. 훗날 바이두가 세상에 첫선을 보인 후 직원 대다수는 리엔훙에 대해 이렇게 평가했다.

"지킬 수 없는 약속을 하지 않고, 한 번 한 약속을 끝까지 지키는 신뢰할 만한 사람이다."

리엔훙은 지혜롭고 명석한 사람답게 투자자들의 달콤한 제안 앞에서도 무리한 약속을 하지 않았다. 그 결과 신뢰할 만한 사람이라는 인상을 남겼고, 실제 결과물 역시 여유롭게 마무리하여 투자자들을 실망시키지 않는 언행일치를 보여주었다.

이처럼 신뢰를 얻기 위해서는 말보다 행동으로 보여주어야 한다. 거듭 말하지만 공수표를 남발하느니, 차라리 약속을 하지 않는 편이 낫다!

인생의 나침반

공자는 말했다.
"군자는 말만 앞서고 행동하지 않는 것을 부끄러워한다."

급할수록 돌아가고, 작은 이익을 탐하지 마라

子曰
_{자 왈}

無欲速, 無見小利.
_{무 욕 속   무 견 소 리}

欲速則不達, 見小利則大事不成.
_{욕 속 즉 불 달   견 소 리 즉 대 사 불 성}

공자가 말했다.
"일을 하는 데에서 서두르지 말고 작은 이익을 탐하지 마라. 너무 서두르다 보면 원하는 바를 이룰 수 없고, 작은 이익을 탐하다 보면 큰일을 망친다."

이솝은 목표에 도달하고자 급하게 일을 하다 보면 결국 실패한다고 했다. 찰스 킹슬리도 세상을 일으키는 유일한 방법은 지금 하고 있는 일을 잘 처리하는 것이라고 했다. 그는 또 비현실적으로 이상만 높아서 걷지도 못하면서 날려고 하면 안 된다고 했다. 너무 서두르면서 '작은 이익'만 좇다 보면 결국 큰 낭패를 보게 된다.

"서두르지 말고 작은 이익을 탐하지 마라."
공자는 벼슬아치가 된 제자 자하에게 정치의 도를 가르치고자 이 말을 꺼냈다. 나랏일을 하는 사람이 맹목적으로 작은 이익만 좇고 서둘러 일을 이루려 한다면 결과적으로 아무것도 달성할 수 없다. 공자의 이 말은 오늘날 정치뿐 아니라 다양한 방면에서 광범위하게 적용된다.

　옛날에 송나라 사람이 남의 논에서 자라는 벼가 자기네 것보다 훨씬 잘 자란 것을 보고 마음이 조급해졌다. 그러던 어느 날 좋은 방법이 퍼뜩 떠올랐다. 그는 얼른 논으로 달려가 파릇파릇한 모종을 하나하나 손으로 뽑아 올려 키가 더 자란 것처럼 만들었다. 그는 기분 좋게 집으로 돌아와 가족들한테 자랑을 늘어놓았다.
　"오늘 하루 몸은 힘들어도 헛고생은 아니었어. 내 덕에 우리 논의 모가 쑥쑥 자랐거든."
　가족들은 그 말을 듣자마자 곧장 논으로 달려갔지만 논에 심어둔 모들은 이미 말라 죽어가고 있었다.
　『맹자·공손추(孟子·公孫丑)』의 '발묘조장(拔苗助長)'에 관한 일화 속에는 '일을 서두르면 도리어 아무것도 이룰 수 없다'는 이치가 잘 담겨 있다. 농부는 벼를 빨리 자라게 하기 위해 그 모를 뽑았다가 도리어 말려 죽였고 급기야 한 해 농사를 망쳐버렸다.
　'작은 이익'에 눈이 멀어 '큰 것'을 잃어버리는 이런 일은 우리가 살면서 저지르는 흔한 실수 중 하나다. 모든 사람의 잠재의식 속에는 작은 이익에 현혹되는 심리가 숨어 있다. 그러나 지혜로운 사람은 '작은 일을 참지 못하면 큰일을 망칠 수 있다'는 이치를 늘 가슴에 새기고, 마음속의 이런 부정적 심리를 어떻게 제어해야 하는지 잘 알고 있다. 반면, 지혜롭지 못한 사람은 내일의 이익을 재고 따지며 짧은 안목으로 눈앞의 작은 이익을 탐하는 데 온 신경을 쏟는다. 그들은 작은 이익을 얻었다고 기뻐하지만 그것을 위해 그 이상의 대가를 치렀음을 알지 못한다.
　춘추 시대 때, 진(晉)나라 대권을 거머쥔 권신 지백(知伯)은 위(衛)나라로 쳐들어갈 결심을 했다. 그는 적의 판단력을 마비시키기 위해 위나라와 우호관계를 맺고 싶다는 명분을 앞세워 준마 400필과 벽옥(碧玉) 하나를 선물로 보냈다. 위왕은 준마와 벽옥을 받아들고 기쁨을 감추지 못했고, 군신들도 모두 기뻐하며 축하 인사를 전했다. 그런데 왕의 가신인 남문자(南文子)만이 근심 어린 표정을 드러냈다. 위왕이 이상히 여기며 그에게 물었다.

"지백이 사신을 통해 이리 귀한 선물을 보냈는데, 그대는 어찌 그리 근심스러운 표정을 짓는 것인가?"

남문자가 대답했다.

"아뢰옵기 황송하오나 공이 없는데 상을 받거나, 아무런 도움을 주지 않고도 귀한 선물을 받는다면 그것이 도리어 독이 될 수 있으니 상대의 의도를 잘 따져보아야 하옵니다. 준마와 벽옥은 약소국이 강대국에게 선물로 바치는 것이 일반적이지요. 그런데 지금 대국이 이 선물을 자신들보다 약소한 우리에게 보냈습니다. 대왕, 이상하다는 생각이 안 드시는지요? 지백은 진나라의 권신이고, 일찌감치 천하를 집어삼키려는 야심을 품은 자이옵니다. 그런 자가 어찌 우리와 우호적인 관계를 맺으려 하겠는지요?"

"그 말은……."

위왕은 선뜻 판단이 서지 않았다.

"신이 보기에 지백은 분명 우리를 삼켜 자신의 세력을 확대하려 할 것입니다. 지금 대왕께서는 국경의 방비를 더 강화하셔야 하옵니다!"

얼마 후 과연 지백이 군사를 이끌고 위나라 국경까지 쳐들어갔지만 위나라 국경은 예전보다 훨씬 경비가 삼엄해져 있었다.

"위나라의 현인(賢人)이 우리의 계략을 미리 알아버렸구나!"

결국 그는 한숨을 내쉬며 발길을 돌릴 수밖에 없었다.

세상에 공짜는 없다. 만약 남문자가 작은 이익 앞에서 현명한 판단을 하지 못했다면 위왕은 자칫 나라를 잃었을지도 모른다. 작은 이익에 눈이 멀어 판단력이 흐려지는 순간 더 큰 이익을 잃게 되고, 위왕의 경우처럼 다른 목적을 품고 접근하는 자들에게 이용당할 가능성이 있다. 때로는 작은 이익을 취하려고 중도에 마각을 드러내다 결국 서로 '윈윈'할 수 있는 귀한 기회마저 잃기도 한다.

중국 주간지 〈산롄생활주간〉에 이런 기사가 실린 적이 있다. 1991년 첸 카이거 감독이 〈패왕별희〉를 제작해 국제 영화 무대에 진출할 계획을 세웠다. 처음에 그는 남주인공 역으로 '해외에서 지명도가 있는 영화 배우'를 캐스팅하려고 했다. 당시 중국계 영화배우 존 론이 캐스팅 일순위로 떠올랐다. 그렇지만 영화사가 정식 계약을 위해 존 론의 소속사와 수차례 접촉하는 과정에서 상대가 무리한 요구 조건을 내세웠다.

첫째, 크랭크인을 할 때 존 론이 어느 나라에서 영화 촬영을 하고 있을지 모르니 그를 위해 몇 개국 비행기 표를 동시에 예약해줄 것. 둘째, 존 론은 애완견 두 마리와 항상 함께 움직이기 때문에 애견 동반이 가능한 호텔을 마련해줄 것. 셋째, 경호원 2명, 가사 도우미 1명, 대사 지도 강사 1명, 중국어 지도 강사 1명, 헬스 트레이너 1명을 마련해줄 것. 넷째, 존 론은 매일 세수와 양치질을 할 때 외국 혹은 홍콩에서 공수한 생수를 사용하며, 음식과 음료도 마찬가지이므로 이 모든 것을 마련해줄 것. 다섯째, 캐러밴과 전용 테니스장과 수영장을 마련해줄 것. 이러한 다섯 가지 요구에 영화사의 캐스팅 담당자 다섯 명 중 네 명의 반대로 존 론의 캐스

팅은 불발되었다.

  중국 측에서 볼 때 존 론의 소속사는 터무니없이 높은 개런티와 계약 조건을 내걸었고, 결국 양측의 계약 성사는 불발되고 말았다. 존 론과 그의 소속사 역시 대나무 광주리에 물을 붓듯 아무런 성과도 거두지 못한 채 헛수고를 하고 말았다. 게다가 그들은 〈패왕별희〉라는 명작의 주인공이 될 절호의 기회까지 놓쳤으니 두 마리 토끼를 다 놓친 셈이 되었다. 존 론의 소속사가 내세운 계약 조건은 계약이 성사된 후 뒤따를 명성, 이익과 비교해볼 때 단지 아주 작은 눈앞의 '이익'에 불과했으니 이것이야말로 '소탐대실'의 전형적인 예라 할 만하다.

  지나치게 일의 속도에 집착하다 보면 원하는 속도에 도달하기는커녕 도리어 일을 망치기 쉽고, 작은 이익에 눈이 멀면 역시 큰 손해로 이어지게 마련이다. 따라서 자신에게 이런 결함이 있다면 고쳐야 할 것이고, 없다면 그런 잘못을 행여 범하지 않도록 매사 주의해야 할 것이다.

인생의 나침반

"작은 이익은 큰 이익을 해치고, 작은 화(禍)가 큰 화를 불러온다."
이는 북제(北齊)의 문학가 유주(劉晝)가 남긴 말이다.

맡은 바 소임을 다하라

<small>자 왈</small>
子曰

<small>삼 호 오 도 일 이 관 지</small>
參乎! 吾道一以貫之.

<small>증 자 왈</small>
曾子曰

<small>유</small>
唯!

<small>자 출 문 인 문 왈 하 위 야</small>
子出, 門人問曰 何謂也?

<small>증 자 왈</small>
曾子曰

<small>부 자 지 도 충 서 이 이 의</small>
夫子之道, 忠恕而已矣.

공자가 말했다.
"삼아, 나의 도는 하나로 꿰뚫어져 있느니라."
증자가 대답했다.
"네!"
공자가 나가자 문인들이 물었다.
"무슨 뜻입니까?"
증자가 대답했다.
"스승님의 도는 충과 서뿐입니다."

로마의 극작가 세네카는 "충성은 인간의 마음속에 있는 가장 성스런 선이다"라고 했다. 영국의 시인 존 밀턴은 "당신의 정절을 증명해 보이고 싶다면 먼저 당신이 얼마나 충성스러운 사람인지 밝혀야 한다"라고 했다. 이처럼 충성은 고금을 막론하고 모든 사람이 추앙하는 사람됨의 원칙이다.

충서(忠恕)는 유가 사상의 중요한 개념이자 공자 학설의 핵심 사상이다. 유가는 '인(仁)'에 관한 학설이고, 충서는 '인'을 이루는 방도라 할 만하다. '서'에 대해서는 앞서 언급한 적이 있으니, 여기서는 '충'에 집중하고자 한다.

조조(曹操)와의 싸움에서 패한 유비(劉備), 관우(關羽), 장비(張飛)는 뿔뿔이 흩어지게 됐다. 그중 관우는 조조의 군대에 포위되고 말았다. 조조는 관우의 재능과 용맹함에 매료되어 그를 무척 탐냈다. 조조는 장료(張遼)를 보내 관우를 설득하도록 시켰다. 관우는 유비와 한날한시에 죽기로 맹세하며 형제의 의를 맺은 각별한 사이였다. 하지만 관우는 자신이 목숨을 걸고 지켜야 할 두 형수를 위해 잠시 조조에게 투항하기로 결심하며 몇 가지 조건을 내걸었다. 첫째, 자신은 한나라에 투항하는 것이지, 조조에게 투항하는 것이 아니며, 둘째, 누구라도 두 형수의 손끝 하나 건드려서는 안 되고, 셋째, 유비의 소식을 듣게 되면 언제라도 형님을 찾아 떠나겠다는 것이었다. 조조는 이를 모두 수락했다.

조조는 인재를 탐하는 마음이 유난히 강해 관우를 얻기 위해서라면 못할 것이 없었다. 조조는 일단 관우를 곁에 두고 그를 서서히 자신의 사람으로 만들어 완전히 항복하게 만들 생각이었다. 이후 조조는 약속을 지키며 관우를 최고로 대우해주었다. 그는 한나라 수정후(壽亭侯)에 봉해졌고, 금은보화와 더불어 적토마를 하사받았다. 관우도 그에 걸맞은 보답을 하며 안량(顏良)과 문추(文醜)의 목을 벤 큰 공을 세웠다.

하지만 조조가 대사를 곧 이루려는 중차대한 순간, 관우는 유비의 소식을 듣게 되었고 곧장 조조에게 달려가 하직 인사를 하려 했다. 조조는 그를 피하며 만나주지 않았고, 결국 관우는 마지막 인사도 못한 채 조조를 떠났다.

관우는 '충성' 문화를 대표하는 중요한 인물이고, 후세 사람들은 그를 '충'을 행한 전형적 인물로 높이 평가했다. 설사 관우의 '충'이 과연 '진정한 충성'인지, 아니면 '미련한 충성'인지 논란은 있지만 충성이 사람됨의 미덕이라는 데 이의를 제기하는 사람은 없다.

충성스럽고 미더운 것만으로도 그는 이미 훌륭한 성품을 가지고 있는 셈이기 때문이다.

직장에서 충성은 더 주목해야 할 미덕이자 일종의 능력이다. 충성을 행하는 사람은 일을 즐길 줄 알지만, 그렇지 못한 사람은 일을 고역스러워한다. 충성하는 직원은 '대중을 위해 기꺼이 봉사하는 사람'처럼 늘 앞장서서 하나라도 더 일하려 하고 직무를 유기하는 일이 없다. 설령 일이 고되더라도 그들은 요령을 피우거나 포기하지 않으며, 사리사욕을 위해 공공의 이익을 희생시키지 않는다. 회사에 위기가 닥치거나 사장이 문제를 일으켰을 때도 그들은 앞뒤 가리지 않고 나서서 잘못된 부분을 바로잡기 위해 애쓴다. 이런 충성스러운 직원은 어디에 가더라도 빛을 발하고 모두의 주목을 받을 수밖에 없다.

아이아코카는 포드에 경영 위기가 닥쳤을 때 자신의 역량을 모두 불살라 대대적 개혁을 추진했고 결국 회사를 구해냈다. 하지만 포드의 사장 주니어 포드는 아이아코카에게 해고를 통보했다. 그럼에도 아이아코카는 회사를 떠나기 전까지 맡은 바 소임을 다했다.

"내가 이곳에 있는 동안은 회사를 위해 충성을 다하여 일할 의무가 있습니다."

훗날 포드를 떠난 후에도 그는 여전히 자신이 다녔던 회사를 자랑스럽게 생각했다.

"내가 어떤 회사를 위해 일하든 충성은 내가 지켜야 할 제일의 기본 원칙입니다. 나는 나의 회사와 직원들을 위해 충성할 의무가 있습니다. 어떤 경우라도 이 원칙은 변함이 없습니다."

아이아코카는 경영 능력으로 타인의 신뢰를 얻었고, 인간적 매력으로 사람들을 자기 편으로 만들었다.

충성하는 사람은 어디에 가든 사람들의 신뢰를 얻고, 성공 기회를 얻는다. 그들에게는 인간적 매력이 있고, 그것이 사람들의 마음을 굴복시키기 때문이다.

인생의 나침반

공자는 말했다.
"관직에 오르면 게으름을 피우지 않아야 하고 일을 할 때는 최선을 다해야 한다."

세상을 바꾸기 전에
나부터 바꿔라

_{자 왈}
子曰

_{구 정 기 신 의   어 종 정 호 하 유}
苟正其身矣, 於從政乎何有?

_{불 능 정 기 신   여 정 인 하}
不能正其身, 如正人何?

공자가 말했다.
"자기 자신의 행동을 바로잡는다면 정사를 돌보는 데 무슨 문제가 있겠느냐? 만약 자기 자신을 바로잡을 수 없다면 어찌 남을 바로잡을 수 있겠느냐?"

범화(范曄)의 『후한서(後漢書)』에 '몸으로 가르치니 따르고, 말로 가르치니 반항한다'는 대목이 나온다. 자신이 몸소 실천하며 모범을 보이면 자연히 따르는 이가 생기고, 그저 말로만 가르치려 들면 따지면서 다투는 이가 넘쳐난다. 그래서 자신을 바로잡지 못하면 남 또한 바로잡을 수 없는 법이다.

남에게 바른 말을 하기 전에 먼저 나부터 바꿔야 한다. 공자는 자기 자신을 바르게 하는 '정신(正身)'을 관리의 중요한 덕목으로 간주했다. 이 사상은 깊은 울림을 주는 말이다.

제나라 재상 안영은 백성들 사이에서 덕망이 높았으나 자신에게 무척 엄격했다. 그는 청렴결백을 실천하며 고기를 먹지 않고, 비단옷을 입지 않는 등 소박한 생활을 몸소 실천했다. 훗날 제나라 경공이 보다 못해 그에게 좋은 마차와 비단옷을 하사했지만 그는 단호히 거절했다. 경공이 그에게 새로 기와집을 지어주려 했지만 이 또한 정중히 사양했다.

춘추 시대에도 이런 인물이 있었다. 이리(李離)는 진(晉)나라 문공(文公)의 옥관이었다. 그는 아랫사람의 말만 듣고 판결을 잘못하여 억울한 사람을 죽게 만들었다. 이 사실이 알려진 후 이리는 모든 책임을 지고 자신을 옥에 가두어 스스로에게 사형 판결을 내렸다. 문공이 이를 알고 그를 말렸다.

"벼슬에는 귀천이 있고, 벌에는 경중이 있다 했소. 하물며 이 일은 그대의 아랫사람이 잘못하여 벌어진 일이니 그대의 죄가 될 수 없소."

이리가 말했다.

"신은 담당 부서의 장으로서 관리에게 직위를 양보하지도 않았고, 많은 녹봉을 받는다 하여 그 돈을 아랫사람들과 나눈 적도 없나이다. 그런 제가 지금 판결을 잘못 내려 사람을 죽이고도 그 죄를 아랫사람에게 넘긴다는 것은 말이 되지 않습니다."

그는 문공의 명을 따르지 않고 칼을 들어 스스로 목숨을 끊었다.

안영과 이리의 사람됨과 군자의 도는 약속이나 한 듯 딱 들어맞는다. 그들은 자신에게 엄격한 잣대를 댔고, 모든 일을 몸소 실천하며 사람들의 존경을 받았다.

오늘날 공자의 '남을 바로잡으려면 나부터 바로잡아야 한다'는 사상은 광범위하게 활용되는데, 특히 사회 지도층과 경영인들이 반드시 깨우쳐야 할 덕목으로 주목받고 있다.

　프랑스의 경영학자 앙리 파욜은 권력이 행해지는 곳에 책임이 따른다고 했다. 경영자가 직원을 잘 관리하려면 솔선수범해야 하고, 엄격한 잣대로 스스로를 통제하고 모든 일에 책임을 질 줄 알아야 한다. 일단 직원들에게 인정받으면 구성원 간에 강한 응집력이 생기며 일의 효율 또한 높아진다.

　일본 도시바의 CEO와 게이단렌 회장을 지낸 도코 도시오는 존경받는 기업인이었다. 그는 '남을 바로잡으려면 나부터 바로잡아야 한다'는 경영관을 중시했고, 이를 실천하기 위해 노력했다.

　1956년 도코 도시오는 도시바 회장으로 부임했다. 그가 부임했을 때 도시바는 인재가 넘쳐났지만 조직이 너무 방대하고 업무 처리 절차가 과하게 복잡했으며 관리가 원활하지 않았다. 직원들의 업무 태도는 방만하고, 회사의 경영 실적도 현상 유지만 되는 정도였다.

　도코 도시오는 부임 후 직원들에게 가장 먼저 이런 주문을 했다.

　"회사가 망하면 직원도 없습니다. 이제부터라도 직원들은 이전보다 머리를 세 배 더 사용하고, 중역들은 지금보다 열 배 이상 더 일하십시오. 나 역시 그 이상으로 일할 것입니다."

　도코 도시오는 솔선수범이야말로 가장 설득력 있는 리더십이라고 입버릇처럼 말했고, 그 말을 몸소 실천했다. 그는 매일 30분 일찍 출근해 한 시간 동안 직원들과 함께 회사 내 기존 문제와 대책을 논의했다. 그뿐만 아니라 도시바에 뿌리박힌 낭비 문제를 근절하기 위해 한 차례 참관 기회를 빌려 사장들의 경각심을 불러일으켰다.

　어느 날, 도시바의 사장 한 명이 20만 톤급 이테미츠마루 유조선을 참관하고 싶어 했다. 도코 도시오는 예전에 그곳을 참관한 적이 있었기 때문에 같이 가주겠노라 약속했다. 도코 도시오는 제시간에 약속 장소에 도착했고, 뒤이어 사장이 회사 차를 타고 나타났다. 사장은 먼저 도착한 회장을 보자마자 어쩔 줄 몰라 하며 사과했다.

"회장님, 오래 기다리게 해드려서 죄송합니다. 유조선까지는 회장님 차를 타고 움직일까요?"

도코 도시오가 무표정한 얼굴로 말했다.

"나는 회사 차를 타고 오지 않았으니 함께 전철을 타고 갑시다!"

사장은 순간 당황해서 쥐구멍이라도 들어가고 싶은 심정이었다. 사실, 이 모든 상황은 도코 도시오가 일부러 의도한 것이었다. 그는 회사의 자원 낭비를 근절하고 공사 구분을 확실히 하기 위해 일부러 전철을 타고 와 사장을 기다린 것이다. 이 소문은 회사 전체에 빠른 속도로 퍼져나가 경각심을 불러일으켰고, 지위 고하를 막론하고 누구도 함부로 회사 자원을 낭비하지 못했다. 도코 도시오의 솔선수범 덕에 도시바의 회사 상황과 분위기가 점차 긍정적 방향으로 전환되기 시작했다.

직원들의 변화를 이끌고 싶다면 관리자 자신이 먼저 본보기를 보여야 한다. 다수를 결집시키는 데 솔선수범만큼 강력한 힘은 없기 때문이다. 타인의 잘못을 바로잡고 싶다면 자신부터 바로 세워야 한다는 성현의 말처럼, 나부터 변화를 이끌어내야 한다.

인생의 나침반

군주가 올바르면 명령을 내리지 않아도 모든 일이 군주의 뜻에 따라 행해진다. 하지만 군주가 올바르지 않으면 명령을 내린다 해도 백성들이 군주의 뜻을 따르지 않는다.

물처럼 정이 넘치고,
산처럼 근심이 없는 삶을 살라

子曰
_{자 왈}

知者樂水, 仁者樂山.
_{지 자 요 수   인 자 요 산}

知者動, 仁者靜. 知者樂, 仁者壽.
_{지 자 동   인 자 정   지 자 락   인 자 수}

공자가 말했다.
"지혜로운 이는 물을 좋아하고, 어진 이는 산을 좋아하니, 지혜로운 이는 동적이고, 어지러운 이는 정적이며, 지혜로운 이는 즐겁고, 어진 이는 장수한다."

'술 취한 노인의 마음은 술에 있는 것이 아니라 산수의 아름다움에 있다. 산수의 즐거움을 마음으로 얻어서 술 속에 머물게 하는구나.'

이는 구양수(歐陽水)의 '취옹정기(醉翁亭記)'에 나오는 문구이다. 소음으로 가득 찬 도시의 콘크리트 숲속에서 사람들은 쉽게 행복해질 수 없다. 그렇다면 우리 역시 성현들처럼 자연에 마음을 의탁해보는 것도 삶의 즐거움을 찾는 또 하나의 길일 것이다. 시간을 내 산과 들을 거닐며 신선한 공기를 마시고 흙냄새와 풀냄새를 맡아보자. 드넓게 펼쳐진 푸른 초원을 바라보고, 새소리와 벌레 우는 소리, 계곡의 물 흐르는 소리에 귀를 기울여보자. 아마 평소와 다른 기분 좋은 느낌이 전해질 것이다.

공자는 똑똑한 사람은 물을 좋아하고, 어진 이는 산을 좋아한다고 여겼다. 그래서 똑똑한 사람은 물처럼 활달하고, 어진 사람은 산처럼 듬직하고 조용하다. 똑똑한 사람은 즐겁게 생활하고, 어진 사람은 명이 길다.

자장이 공자에게 물었다.
"왜 어진 이는 산을 좋아하는 것인지요?"
공자가 대답했다.
"산은 높고 크게 우뚝 솟아 있지 않느냐. 산에는 초목이 무성하고, 새와 짐승이 무리를 이뤄 살고 있고, 우리가 사는 데 필요한 모든 것이 산에서 나고 자란다. 우리가 사방에서 그것을 취해도 산은 모든 것을 아낌없이 주고, 또 그것이 사라진 적이 없느니라. 구름과 바람을 내어 천지 사이의 기운을 소통시키고 음양이 조화를 이루며, 이슬을 내려 만물에 은택이 고루 미치니 백성들이 풍족한 생활을 할 수 있다. 이것이 바로 어진 이가 산을 보고 기뻐하는 이유니라."
"왜 지혜로운 이는 물을 좋아하는 것인지요?"
"물은 그것에 닿는 곳마다 생명이 살아나며 윤택해지니 덕(德)과 같고, 아래로 굽이치며 한 방향으로 흐르니 순리를 따르는 의(義)와 같고, 세차게 용솟음치며 백 길이 넘는 계곡에서 떨어져도 두려움 없이 나아가니 용(勇)과 같다. 물은 부드럽지만 미치지 않는 곳이 없고, 만물이 물을 거쳐야 소생하고 깨끗하게 변하니, 이는 마치 교화(敎化)를 하는 것과 다르지 않느니라. 이 어찌 지혜로운 자의 품격 아니겠느냐?"

'지혜로운 이는 물을 좋아하고, 어진 이는 산을 좋아한다'는 말은 유가의 전형적인 가르침이다. 산은 아낌없이 베풀지만 보답을 바라지 않으니,

이는 인과 덕을 갖춘 사람의 인품을 상징한다. 물은 부드럽고 유연하지만 도달하지 못하는 곳이 없으니, 이는 지혜로운 이의 품격과 다르지 않다.

산이 주는 인상은 늘 한자리를 지키는 육중함이다. 태풍이 불어도 산은 흔들리는 법이 없다. 천둥, 번개가 쳐도 우뚝 솟은 장중한 모습을 잃지 않는다. 산은 비가 오면 먼지를 씻어내고, 눈이 오면 순백의 아름다운 옷으로 갈아입는다. 만약 사람이 산처럼 만물과 대면할 수 있다면 그 어떤 유혹에도 경박하게 흔들리지 않을 것이다.

물이 주는 인상은 부드러움이다. 하지만 한없이 부드러워 보이는 물도 바위를 뚫는 강한 힘을 가지고 있다. 게다가 물은 고정된 형태가 없기 때문에 만물을 그 안에 품을 수 있다. 이런 이유 때문에 물의 특성을 가진 사람은 누구보다도 자연스럽고 흡족한 삶을 살아갈 수 있다.

현실에서 누군가는 힘든 삶에 대해 불만을 품게 마련인데, 그 이유는 무척 다양하다. 이 세상에는 삶을 즐겁지 않게 만드는 일이 너무 많기 때문이다. 그들의 눈에 비친 세상은 너무 불완전하다. 가족은 늘 걸림돌이 되고, 회사는 끊임없이 일만 시키며 월급을 올려주지 않고, 동료는 형식적 관계만 유지하며 이기적으로 살고, 친구는 힘들 때 함께해주지 않고, 애인은 시간이 흐를수록 점점 마음이 멀어지고, 배우자와는 사소한 일로 자꾸 갈등을 빚는 등 세상이 온통 못마땅하다. 그렇지만 불완전한 세상 속에서 이런 불만을 품는 자신 역시 불완전한 존재이다. 이것이 현실인 이상 사소하고 가치 없는 일을 들춰내가며 자신을 불행하게 만들 필요가 있을까?

어쩌면 우리는 성현처럼 지혜롭고 어진 경지에 도달할 수 없을지 모른다. 하지만 우리는 삶을 대하는 그들의 태도를 거울삼아 산처럼 넘치게 퍼주고, 물처럼 세상 만물을 품어 자신의 삶을 충분히 윤택하게 만들 수 있다. 이를 위해 다각적으로 문제를 보며 생활 속의 미(美)와 선(善)을 발견하는 데 주저하지 않고, 사소한 문제에 집착하기보다 포용할 줄 아는 마음가짐을 가져야 한다. 그렇게 할 때 마음이 즐거워지고, 삶의 진정한 아름다움을 깨달을 수 있다.

  삶을 즐겁게 살고 싶다면 너그러운 마음으로 세상을 볼 줄 알아야 한다. 생활 속 스트레스는 늘 우리를 중압감에 시달리게 하고, 복잡한 사회현상도 우리에게 다양한 형태의 좌절과 시련을 안긴다. 치열한 경쟁 사회에서 살아남아 계속 발전하고 싶다면 낙관적인 마음가짐을 필히 가져야 한다. 그렇지 않으면 의기소침한 마음과 우울증이 우리의 정신을 갉아먹고 말 것이다. 자기 발전을 위한 끝없는 노력과 겸허한 마음이야말로 삶을 살아가는 최상의 도이다.

  삶을 즐기고 싶다면 긍정적인 마인드를 가져라. 예상치 못한 어려움과 좌절에 부딪혀도 그 상황을 일소에 부칠 수 있다면 그 어떤 스트레스도 마음속에 발붙일 틈이 없을 것이다. 운동이나 취미를 즐기거나, 친구들을 만나 고민을 털어놓는 것도 몸과 마음을 건강하게 만들고 긍정적 사고를 유도하는 하나의 방법이다. 마음이 편해지면 스트레스를 조절하고, 자신을 둘러싼 힘든 문제들을 한 발짝 떨어져 보는 지혜가 생기니, 근심과 걱정에서 자유로워질 수 있다.

  삶을 즐겁게 살기 위해서는 사색할 줄 아는 마음의 여유가 필요하다. 왕영빈(王永彬)의 『위로야화(圍爐夜話)』에 이런 구절이 나온다.

> 붉은 노을을 보며 그 아름다움을 깨닫고, 흰 구름을 보며 자유로움을 깨닫고, 산악을 보며 그 영기를 깨닫고, 강과 바다를 보며 그 드넓은 세상을 깨닫네.

세상 만물을 대할 때 그것을 사색하고 즐길 줄 아는 태도를 갖는다면 생활 속에서 전혀 생각하지 못한 아름다움을 발견할 것이다. 하찮은 벌레부터 우주 만물에 이르기까지 세상에 존재하는 모든 것에는 음미해 볼 만한 존재 이유와 장점이 있고, 거기서 뜻하지 않은 깨우침을 얻을 수 있다.

즐길 줄 아는 삶을 살기 위해서는 낙관적이고 대범해야 한다. 웃으면서 세상을 대하면 인생은 더 찬란하고 아름다워질 것이다. 너그럽고 느긋한 마음으로 일상을 살면 인생은 더 자유로워질 것이다.

인생의 나침반

인생의 즐거움은 제아무리 멀고 험한 길을 돈다 하여 발견할 수 있는 게 아니다. 자족하는 마음만 가진다면 인생의 즐거움은 어느새 당신 곁에 와 있을 것이다.

어차피 겪어야 할 고생이라면 차라리 즐겨라

<small>자 왈</small>
子曰

<small>현 재 회 야</small>
賢哉回也!

<small>일 단 사 일 표 음   재 루 항   인 불 감 기 우</small>
一簞食, 一瓢飮, 在陋巷, 人不堪其憂,

<small>회 야 불 개 기 락   현 재 회 야</small>
回也不改其樂. 賢哉回也!

공자가 말했다.
"안회의 인품이 참으로 훌륭하도다! 그는 초가집에서 매일 한 소쿠리의 밥과 한 표주박의 물을 먹으며 청빈한 생활을 하면서도 즐길 줄 알았으니 말이다. 다른 사람이라면 이런 가난한 생활을 견디지 못하였을 터인데 안회는 자신의 낙관적인 태도를 잃지 않았도다. 참으로 어질다, 안회여!"

'인생이란 욕망을 충족시키기 위한 투쟁과 그것이 만족되었을 때 엄습해 오는 권태 사이에 마치 시계추처럼 왔다 갔다 할 뿐이다.'
이는 독일의 철학자 쇼펜하우어의 명언이다. 현실도 크게 다르지 않다. 사람의 즐거움은 정신적인 것이 대부분을 차지하고, 물질과 크게 관련이 없는 경우가 많다. 그래서 당신이 원하기만 하면 언제라도 '고통' 속에서도 '즐거움'을 만들어낼 수 있다.

공자는 안회를 수없이 칭찬하며 그를 높이 평가했다. 안회는 청빈한 삶을 즐길 줄 알았다. 그는 고생스러운 생활 속에서도 군자의 품위와 즐거움을 잃지 않았으며, 도를 실천하고 즐기고자 했던 자신의 신념을 지켜냈다.

공자는 제자를 받아들일 때 가르침에 차별을 두지 않았다. 그는 제자의 출신 성분과 빈부의 정도를 묻지 않았고, 배움에 뜻이 있는 자라면 누구나 문하생으로 받아들였다.

안회는 열몇 살 때 공자의 제자로 들어가 처음 인사를 올렸다. 당시 그는 체구가 왜소하고 얼굴은 누렇게 뜬 데다 옷차림도 남루했다. 하지만 그의 눈빛만큼은 영민함과 총기로 반짝였다. 그럼에도 안회는 공자에게 깊은 인상을 남기지 못했다.

나중에야 공자는 안회가 제자들 중 가장 열심히 배움에 정진하고, 하나를 배우면 열을 깨우칠 정도로 똑똑하다는 것을 알게 되었다. 그는 수업 중에 질문이 많은 편은 아니었지만 늘 집중해서 공자의 말을 귀담아 들었다.

매일 정오, 수업이 끝난 후 제자들이 모두 식사를 하기 위해 집으로 돌아갈 때면 안회는 항상 맨 마지막으로 자리에서 일어났다. 또한 식사를 마친 후 가장 먼저 학당으로 돌아와 서책을 펼치고 소리 내어 읽었다. 그런 일이 반복되자 공자는 문득 안회가 어떻게 그리도 식사를 빨리 마치고 돌아올 수 있는지 궁금해졌다.

어느 날 공자는 사람을 시켜 몰래 안회의 뒤를 밟도록 했다. 알고 보니 안회는 성 동쪽의 빈민촌에서 살고 있었다. 평소 안회의 아버지는 성 밖에서 밭일을 하느라 식사를 밖에서 해결했다. 안회의 어머니도 남의 집 안일을 하느라 집에 돌아와 밥 먹을 틈이 없었다. 하지만 안회의 어머니는 매일 아침 일찍 일어나 아들이 점심에 먹을 밥상을 차려놓았다. 안회가 집에 돌아올 때쯤이면 음식이 모두 식었지만 그는 세상에서 제일 맛있는 음식이라도 되는 듯 맛있게 식사했다.

그런 안회의 한결같은 모습에 공자는 탄복하지 않을 수 없었다.

고생을 즐거움으로 삼는 것은 현실 속의 고통을 초월할 수 있는 사람됨의 경지다. 사람은 사는 동안 고통과 고생으로부터 절대 자유로울 수 없는 존재다. 이런 고통은 죽기 전까지 절대 사라지지 않는다. 그러나 똑같은 고통 앞에서도 사람마다 보여주는 태도는 천차만별이다. 부정적이고 불만으로 가득 찬 사람은 그 고통 속에서 헤어나기 쉽지 않다. 반면, 고통 속에서 즐거움을 찾을 줄 아는 사람은 상황에 얽매이지 않고 스스로 삶의 주인이 되어 살아간다.

어느 날 밤, 잠을 자던 발자크는 인기척에 눈을 떴다가 서랍을 뒤지고 있는 도둑과 눈이 마주쳤다. 그 상황에서 발자크는 놀라기보다 재미있다는 듯 호탕한 웃음을 터뜨렸고, 도리어 도둑이 놀라 물었다.

"왜 웃는 겁니까?"

발자크가 대답했다.

"너무 재밌어서 그러오. 내가 환한 대낮에 한참을 뒤져도 땡전 한 푼 찾아내지 못했는데, 한밤중에 찾아와 돈을 찾고 있으니 말이오."

당황한 도둑이 서둘러 도망을 치려 하자 발자크가 웃으며 말했다.

"이왕 나가는 거 문 좀 잘 닫고 가주시오."

도둑이 물었다.

"당신 집에 있는 거라고는 고작 사방의 벽뿐인데 문은 뭐 하러 닫는 겁니까?"

발자크가 장난스럽게 말했다.

"그건 도둑을 막으려고 만든 게 아니라 바람막이용이라오."

발자크의 삶은 더할 나위 없이 청빈했다. 그럼에도 그는 자신의 가난을 부끄럽게 생각하지 않았으며, 도둑이 들었을 때도 그것을 농담으로 승화시켰다.

고통에 직면했을 때 그 늪에서 의연하게 버티는 사람은 흔치 않다. 그 상황에서 억지웃음을 지을 수 있는 사람도 많지 않지만, 고통 속에서 즐거움을 찾거나 그 고통을 즐거움으로 승화시키는 사람은 정말 극소수에 불과하다.

고통 속에서 즐거움을 찾는 생활 습관이 생기면 자신감과 희망을 지킬 수 있다. 무엇보다 고난, 좌절, 가난, 슬픔 속에서 스스로 벗어날 힘을 얻을 수 있다. 사실, 일상에서 겪게 되는 수많은 경험은 마치 커피처럼 첫맛은 쓰지만 음미할수록 짙은 향을 선사한다. 만약 당신이 고난을 즐기겠다는 마음가짐으로 삶을 마주한다면 즐거움이 늘 당신 곁에 머물 것이다.

인생의 나침반

인생을 값지게 만드는 즐거움은 네 가지이다. 그것은 고난 속에서 찾아내는 즐거움, 스스로 그 안에서 기쁨을 느끼는 즐거움, 기꺼이 남을 돕는 즐거움, 주어진 것에 만족할 줄 아는 즐거움이다.

환경을 바꾸기에 앞서
자신을 먼저 바꾸라

자 왈
子曰

오 자 위 반 로   연 후 락 정
吾自衛反魯, 然後樂正,

아   송   각 득 기 소
「雅」·「頌」各得其所.

공자가 말했다.
"내가 위나라에서 노나라로 돌아가고 나서야 음악을 정리해 바로잡았고, 「아」와 「송」이 모두 제자리를 찾았다."

대다수 사람은 자신을 둘러싼 환경을 바꾸려고만 할 뿐 자신을 바꾸려 하지 않는다. 이런 이유 때문에 뜻을 이루지 못하고 세상에 불만을 터뜨리는 사람들도 덩달아 늘고 있다. 그들은 자신을 먼저 바꿔 환경에 맞출 줄 알아야 역경이 닥쳐도 담담하게 그 순간을 이겨낼 수 있음을 모른다.

공자가 한 이 말은 표면적으로 음악에 대해 담론한 것처럼 보인다. 하지만 사실 공자는 음악을 빌려 자신의 마음을 말한 것이다. 당시는 그가 열국을 두루 돌아다니던 여정을 끝내고 고향인 노나라로 돌아오던 때였다. 그런 이유로 말미암아 그는 오랜만에 보는 고향의 모든 것이 새삼 아름답다고 느꼈다.

이때의 공자는 더 이상 열국을 여행하기 전의 그가 아니었다. 여행을 떠나기 전까지만 해도 그에게 노나라는 좌불안석의 존재였다. 그런데 여행을 다녀오고 나자 모든 것이 완벽하고 조화를 이루며 아름다워 보였다. 이는 여행을 경험하면서 공자의 심경에 커다란 변화가 생겼기 때문이다.

공자의 이런 심경 변화에 대해 작가 왕사오눙은 『공자, 사람됨을 말하다』에서 이렇게 말했다.

> 공자는 세상을 갖기 위해 모든 것을 불사하던 사람에서 자신을 올바르게 세우는 일에 뜻을 둔 사람으로 진화했다. 그리고 이런 변화가 그를 완성했다. 공자는 자신의 학문적 이상을 현실 정치에서 실현해줄 현명한 군주를 찾아 기약 없는 여정을 떠났지만 그 뜻을 이루지 못했다. 결국 그는 자신부터 바로 세우기 전에는 그 무엇도 이룰 수 없음을 깨달았다.

공자의 경험에서 알 수 있듯, 세상의 변화는 주변 환경을 탓하기에 앞서 먼저 자신을 바꾸고 그 환경에 적응하는 것에서부터 시작된다.

이 세상은 약육강식과 적자생존으로 돌아간다. 공룡은 거대한 몸집과 강력한 힘으로 지구를 지배하던 생명체였다. 하지만 급격한 환경 변화가 몰아쳤을 때 그들은 환경에 적응하지 못했고, 결국 도태되어 멸종의 길을 걸었다.

카멜레온은 뛰어난 환경 적응 능력을 가졌다. 카멜레온은 강한 적이나 위협을 느낄 때면 심지어 자신의 꼬리를 자르고 도망치기까지 한다. 또한 주위 환경 중 빛, 온도, 습도 등 조건에 변화가 발생하면 피부도 그에 맞춰 색을 변화시킨다. 이런 능력 덕분에 카멜레온은 자신을 보호하며 천적의 공격을 피할 수 있다.

카멜레온은 온순한 동물에 속하지만 초목이 생존할 수 없는 고도의 산봉우리나 사막 등 그 어떤 곳에서도 살아남을 만큼 강인한 근성을 지니고 있다. 이런 저력은 환경에 맞춰 자신을 바꾸는 데 능수능란한 카멜레온의 강한 생존력에서 나온다.

우리 역시 변화와 요구가 넘쳐나는 사회 속에서 자신의 능력을 과신하며 환경을 바꾸기보다 카멜레온 같은 적응력으로 살아남는 연습을 해야 한다. 자신을 변화시키는 것이야말로 가장 현실적이고 실행 가능한 선택이기 때문이다. 이것을 해낼 수 없다면 인생은 점차 무기력함과 실의에 빠지게 되고, 성공과 즐거움은 더 이상 나의 이야기가 될 수 없다.

타카쿠라 켄은 원래 연기에 큰 뜻이 없었지만 세계적 스타로 거듭난 일본 배우다. 그는 처음에 먹고살기 위해 연기자의 길로 들어섰다. 하지만 자신의 발전에 걸림돌이 되는 듯한 영화계 환경에 적응하지 못한 채 늘 벗어나고 싶어 했다. 그러다 보니 수입은 변변치 않았고, 자의든 타의든 이 바닥을 떠야 할 상황까지 내몰렸다.

그러던 어느 날 한 친구가 그한테 환경을 자기 입맛에 맞게 바꾸는 것은 불가능하니 그 환경에 스스로 적응하는 법을 찾아보라 충고했다. 그날 이후 그는 생각을 바꿔 연예계라는 거대한 환경에 맞춰나가기 시작했고, 점차 물 만난 고기처럼 자유롭게 능력을 발휘하더니 어느새 세계적 스타로 도약했다.

일상생활 속에서도 카멜레온 같은 적응 능력이 필요하다. 순식간에 지나가버리는 기회 역시 언제 어디서든 환경의 변화에 맞춰 자신을 바꾸고 적응하는 노력이 수반되지 않으면 잡을 수 없기 때문이다.

1985년 우스훙은 동네 작은 병원에서 간호사로 근무했다. 늘 새로운 도전을 꿈꾸던 그녀는 우연한 기회에 중국 IBM의 채용 공고를 보고 이력서를 보냈다.

얼마 후 그녀는 IBM으로부터 서류 통과 합격 전화를 받았고, 뒤이어 진행된 영어 필기시험도 무사히 통과했다. 마지막 관문인 영어 구술 면접만을 남겨두고 그녀는 잠시 고민에 빠졌다. 일단 면접 때까지 시간이 있었기 때문에 그녀는 급한 대로 학원을 끊어 단기 속성으로 영어 면접시험을 준비했다. 그런데 일주일 후 IBM으로부터 돌연 면접을 앞당기겠다는 전화가 왔다. 이때까지만 해도 그녀의 영어 회화 실력은 형편없었다. 이런 상황에서 그녀는 또 한 번 담대히 도전했다. 미국 시애틀에서 온 고등학교 합창단을 가이드하며 베이징의 관광 명소를 돌아다녔고, 이들을 상대로 회화 연습을 한 것이다. 가이드를 하며 집중적으로 회화 연습을 한 덕분에 그녀는 영어 구술 면접을 통과했다.

구술 면접을 통과하고 나자 면접관이 그녀에게 타자를 칠 수 있냐고 물었다. 사실, 그녀는 살면서 타자기를 만져본 적이 없었다. 그 순간 그녀는 기지를 발휘했다. 면접실 안을 슬쩍 훑어보니 타자기와 비슷한 물건이 없었으므로, 그녀는 당당하게 타자를 칠 수 있다고 대답했다. 당장은 못 하지만 그 기준에 맞춰 빠른 시일 안에 능력을 갖추면 되는 일이었다.

우스훙은 바로 타자기를 한 대 샀고, 젓가락을 들 힘조차 없을 만큼 미친 듯이 타자 연습을 했다. 노력은 배신하지 않는 법! 그녀는 빠른 시간 안에 뛰어난 타자 실력을 갖추게 되었다. 이렇게 해서 우스훙은 마침내 IBM의 정직원이 되었다.

우스훙은 새로운 상황과 도전에 맞닥뜨릴 때마다 위축되거나 포기하지 않았고, 그 조건에 맞추어 자신의 능력치를 끌어올렸다.

무작정 환경을 바꾸기보다 환경의 변화에 맞춰 자신을 바꾸고 발전시키는 노력이야말로 성공을 이루는 현실적 처세술이다.

인생의 나침반

경쟁이 나날이 치열해지는 오늘날, 신속하게 자신을 변화시켜 환경에 적응할 수 없다면 이미 도태의 길로 접어든 것이다. 자신을 바꾸고 환경에 적응하는 데 능한 사람은 강한 경쟁력으로 앞서 나아갈 수 있다.

즐거움은
자신의 선택에 달려 있다

섭공문공자어자로　자로부대
葉公問孔子於子路, 子路不對.

자왈
子曰

여해불왈　기위인야　발분망식
女奚不曰, 其爲人也, 發憤忘食,

락이망우　부지로지장지운이
樂以忘憂, 不知老之將至云爾.

섭공이 자로에게 공자에 대해 물었으나 자로가 대답하지 않았다. 공자가 말했다.
"너는 어찌 이렇게 대답하지 않았느냐. '그는 어떤 일에 열중하면 끼니를 잊을 정도로 집중하고, 깨달음을 얻으면 근심을 잊을 만큼 즐거워하고, 늙음이 다가오는 줄도 모르고 사는 사람이다'라고 말이다."

즐겁고 행복하다 생각하면 그 생각이 우리의 뇌를 지배한다. 반대로 화가 나고 짜증이 난다 생각하면 계속 그런 상태가 지속된다. 결국 자신의 감정 상태를 제어할 사람은 오직 자기 자신뿐이다.

'섭공호룡(葉公好龍)'은 섭공이 용을 좋아한다는 의미의 말인데, 겉으로는 동조하지만 속으로는 그렇지 않는다는 뜻을 담고 있다. 이 말 속에 등장하는 섭공이 바로 공자에 대해 자로에게 물었던 인물이다. 자로가 섭공의 물음에 대답하지 못했던 이유는 당시 제자가 스승에 대해 함부로 평가하는 것이 금기였기 때문이다.

인생을 즐겁게 사는 방법은 먼 곳에 있지 않다. 자신이 즐겁다고 생각하면 바로 즐거워지고, 화가 난다고 생각하면 시도 때도 없이 짜증과 분노가 일어난다. 한마디로 생각이 감정을 통제하는 것이다.

인생은 짧다. 설사 백 세를 산다 해도 3만 여 일에 불과하다. 즐겁게 살든 짜증과 분노로 살든 누구에게나 시간은 똑같이 흘러간다. 전혀 마음에 안 드는 일이 생기면 아무리 고민하고 상심해본들 일에 전혀 도움이 안 된다. 그렇다면 차라리 즐겁게 사는 인생을 택하는 편이 낫지 않을까?

즐겁든 아니든 결국 모든 것은 자신의 선택에 달렸다. 당신이 햇살을 선택하면 그림자는 어느새 등 뒤로 숨게 마련이다. 즐거움은 마음의 상태이고, 자신의 선택에 의해 언제든 통제 가능하다. 낙관적 마음가짐은 비관적인 생각과 고민을 쫓아내고, 희망은 절망을 사라지게 만든다.

이름이 널리 알려진 한 노인이 있었다. 그는 자신의 생각대로 가감 없이 말하고, 두뇌 회전이 빠른 데다 순발력도 뛰어났다. 그는 한 방송 프로그램에서 인터뷰할 때 유머 감각과 직설적인 화법으로 시청자들에게 재미와 웃음을 선사했다. 프로그램이 끝날 무렵 사회자가 어떻게 하면 늘 그렇게 즐겁고 흥이 넘칠 수 있는지 물었다.

"비결 같은 건 없습니다. 우리는 누구나 매일 아침 일어날 때마다 두 가지 선택의 기로에 섭니다. 즐겁거나 아니거나 둘 중 하나죠. 내가 무엇을 선택할 거라고 생각하십니까? 당연히 즐거움을 선택합니다. 이것이 바로 내가 늘 즐거울 수 있는 비결입니다."

노인의 대답은 즐거움이 바로 우리의 선택에 달려 있음을 새삼 깨닫게 해준다. 즐거움을 선택하는 순간 우리는 그것을 손에 넣을 수 있다. 링컨 역시 한 사람의 얼굴에 마음이 드러나고, 그 마음이 얼마나 즐거운지에 따라 주어진 환경이 결정되고, 일도 즐겁게 마련이라고 했다.

인간은 본래 훨씬 더 즐겁게 생활할 수 있는 존재지만 다섯 명 중 네 명이 마땅히 누려야 할 즐거움을 포기한다. 혹자는, 즐겁지 않은 마음은 사람들의 보편적인 심리 상태라고 말했다. 현실 역시 그 말과 다르지 않아서 사는 게 즐겁지 않은 사람들이 의외로 많다. 그러나 즐겁게 사는 것 또한 생존을 위한 가장 기본적 요구 조건이기도 하다. 그래서 우리는 고의로라도 이런 상황을 만들기 위해 노력해야 한다. 사실, 즐거움은 원하기만 하면 언제든 손에 넣을 수 있다. 누구나 그것을 갈망하고 정확한 방법으로 접근하기만 하면 언제라도 즐거운 삶을 사는 사람이 될 수 있다.

즐거움을 얻는 삶과 그렇지 못한 삶은 대부분 우리 마음이 만들어내는 습관에 달렸다. 마음을 즐겁게 만드는 습관을 자꾸 들이면 생활 역시 그 습관에 물들어가게 마련이다.

생활 속에서 불행을 맞닥뜨렸을 때 환경을 바꿀 수 없다면 자신을 바꾸면 된다. 현실을 바꿀 수 없다면 태도를 바꾸고, 과거를 바꿀 수 없다면 현재를 바꾸고, 타인을 마음대로 할 수 없다면 자신을 제어하면 된다. 살면서 자신의 의지로 해결할 수 없는 불행이 닥쳤을 때 주변 환경과 이미 기정사실이 된 현실을 바꾸기는 힘들지만 마음은 언제든지 바꿀 수 있다. 불행 속에서도 즐거움을 찾고자 하는 마음만 있다면 세상은 전혀 다른 모습으로 우리에게 다가올 것이다.

영국의 작가 새커리는 "삶은 거울이다. 당신이 웃으면 삶도 웃고, 당신이 울면 삶도 운다"라고 했다. 삶을 즐길 줄 알아야 한다. 당신이 아무리

바빠도 두 가지 중 하나를 선택할 수 있다. 바로 주어진 시간을 유쾌하게 보낼 것인지, 아니면 불쾌하게 보낼 것인지 말이다. 아침에 일어났을 때 무의식중에 당신은 이미 이 두 가지 중 하나를 선택하게 된다.

유쾌한 마음으로 하루를 보내든, 불쾌한 마음으로 하루를 보내든, 그 하루는 똑같이 흘러간다. 그렇다면 이왕 주어진 시간을 유쾌하게 보내는 것이 훨씬 행복하지 않을까? 우리에게 주어진 인생은 쏜살같이 흘러가니, 길어봤자 고작 100년이다. 늘 비관적인 태도로 세상을 산다면 즐거움은 영원히 당신 곁에 머물지 않을 것이다. 따라서 항상 낙관적인 마음으로 생활 속의 모든 것과 대면하고 세상을 바라봐야 한다. 즐거운 마음은 당신에게 효율적으로 좌절과 어려움을 이겨낼 힘을 줄 것이다.

인생의 나침반

공자가 말했다.
"거친 밥을 먹고 물을 마시며, 팔을 굽혀 베고 자더라도 즐거움이 또한 그 가운데에 있다."

멀리 내다보고 준비하지 않으면
필시 우환이 따른다

<small>자 왈</small>
子曰

<small>인 무 원 려 필 유 근 우</small>
人無遠慮 必有近憂.

공자가 말했다.
"사람이 멀리 내다보고 고려하지 않으면 반드시 가까운 미래에 근심거리가 생기게 마련이다."

『주역(周易)』에 이르길, '군자는 지금 평안하다 하여 위태로움을 잊지 않고, 지금 존재한다 하여 망함을 잊지 않고, 다스리되 어지러워짐을 잊지 않는다. 이렇게 함으로써 군자는 비로소 몸이 편안해져 나라를 보존할 수 있게 된다'라고 했다. 이 말은 우환을 방비하는 마음가짐이 있어야 백성의 생존과 발전이 가능해지고, 나라 역시 오래도록 태평성대를 누릴 수 있다는 뜻이다. 개인의 경우도 마찬가지다. '우환 때문에 살아남고, 안락 때문에 망한다'라는 맹자의 말을 되새겨볼 필요가 있다.

어느 날, 공자는 제자 남궁경숙(南宮敬叔)과 마차를 타고 동주 도성 낙읍(지금의 낙양) 일대를 돌며 문물을 견학했다.

마차 안에 있던 공자는 저 멀리서 몇 사람이 그물을 쳐 새를 잡고 있는 것을 보았다. 공자는 마차를 멈추게 하고는 제자와 함께 그 광경을 잠시 구경했다. 남궁경숙은 사냥꾼들이 어린 새만 잡는 것이 이상해 그들에게 물었다.

"어찌하여 큰 새를 놔두고 어린 새를 잡는 것입니까?"

사냥꾼이 대답했다.

"어린 새는 먹이를 보면 금세 그물로 달려들어 잡기가 쉽소. 하지만 큰 새는 그물을 보면 도망치기 때문에 좀처럼 잡을 수가 없소."

스승과 제자는 다시 길을 떠났다. 얼마쯤 지났을 때 공자가 남궁경숙에게 물었다.

"새를 잡는 것을 지켜보며 무슨 깨달음을 얻었느냐?"

"어린 새는 먹이를 탐하느라 쉽게 그물에 걸리지만 큰 새는 주위를 경계하며 쉽게 위험에 휩쓸리지 않습니다."

"너는 그 일을 겉만 보고 제대로 들여다보지 못하였구나. 탐욕을 부리는 자는 화를 입고, 욕심을 버리는 자는 복을 얻느니라. 앞날을 걱정하지 않으면 반드시 눈앞에 근심이 생기니 늘 멀리 내다보고 깊이 생각할 수 있어야 한다."

장기적인 계획 없이 한 행동이 결국 가까운 미래에 우환으로 돌아오는 악순환이 되풀이된다는 것이다.

개구리는 늘 생활하던 작은 도랑이 지겨워졌다. 도랑의 물이 점점 줄어들고, 먹을거리도 찾기 힘들어졌기 때문이다. 개구리는 매일 쉬지 않고 폴짝폴짝 뛰며 도랑에서 벗어나려고 애를 썼다. 그런데 그와 함께 있던 친구는 하루 종일 혼탁한 웅덩이에서 유유자적하며 이도 저도 아닌

애매한 태도를 보였다.

"지금 굶어 죽을 정도는 아니잖아? 뭘 그렇게 안달하고 그래?"

어느 날 개구리는 마침내 도랑에서 탈출해 근처의 큰 연못으로 뛰어드는 데 성공했다. 그곳에는 먹을거리도 많고, 자유롭게 헤엄칠 만큼 공간이 넓었다. 개구리는 기쁨에 들떠 친구를 불렀다.

"너도 어서 건너와. 여기는 정말 천국이야!"

하지만 친구는 별 관심이 없었다.

"난 여기서 사는 게 편해. 어릴 때부터 여기 살아서 다른 데 가는 게 별로 안 내켜!"

얼마 후 도랑이 말라붙어 개구리 친구는 결국 굶어 죽었다.

미래의 우환을 대비하던 개구리는 새로운 정착지를 찾는 데 성공한 반면, 현실에 안주하며 출로를 찾지 않았던 개구리는 재앙을 피하지 못한 채 죽고 말았다. 이 우화를 통해 알 수 있듯, 우리가 현재 직면한 문제는 미리 심사숙고해 미래를 준비하지 못한 결과물이다.

1985년 영국 옥스퍼드대학교에서 사건 하나가 터졌다. 안전 점검을 하는 과정에서 350년 역사를 가진 대강당의 안전에 문제가 있음을 발견한 것이다. 대강당 내부를 지탱하는 상수리나무로 만든 대들보 20개가 부식되면서 지지력이 약해져 가능한 한 빨리 교체를 해야 했다.

전문가를 초빙해 견적을 내보니 대들보 하나를 교체하는 데 25만 파운드 정도가 나왔다. 그런데 더 큰 문제는 그렇게 큰 상수리나무를 구할 곳이 마땅치 않다는 것이었다. 이 골칫거리 때문에 학교 측은 낭패를 맛봐야 했다. 하지만 며칠 후 학교 원예를 담당하던 책임자가 뜻밖의 희소식을 전했다.

"삼백오십 년 전에 대강당을 설계했던 건축사가 훗날 이런 문제가 생길 것을 염두에 두고 원예사에게 학교 땅에다 강당의 것과 똑같은 상수리나무를 심도록 했습니다. 지금 그 나무의 크기가 강당의 대들보에 쓰일 만큼 자라 있습니다."

350년 전 미래를 내다본 한 건축사의 탁월한 안목이 후세에 닥친 문제를 해결하는 결정적 역할을 해주었다. 미래를 준비한 자와 준비하지 않은 자의 차이는 바로 이런 데서 오는 것이다.

1994년, 탕쥔은 이미 미국에서 회사 세 개를 경영 중이었다. 그가 세운 트윈 이글 소프트웨어, 할리우드 엔터테인먼트와 이민자 변호사 사무소는 그럭저럭 경영 실적을 올리고 있었다. 그러던 어느 날 마이크로소프트로부터 걸려온 가맹 전화를 받은 것을 계기로 탕쥔은 미래를 고민하기 시작했다.

"미국에 온 지 여러 해 되었지만 아주 긴 시간 동안 마음은 공허했고, 마치 내 존재감이 사라진 것 같았습니다. 큰 포부를 안고 미국까지 왔는데 주류 사회 속으로 들어갈 수 없다면 괜히 헛걸음을 한 게 아닌가 싶었지요. 그래서 곰곰이 생각해봤습니다. '중국 사람인 내가 정치가나 예술가의 신분으로 미국 주류 사회에 들어갈 가능성이 있을까?' 현실성이 없더군요. 그럼 비즈니스 쪽은 어떨까 생각해봤습니다. 나는 사업체를 세 개 가진 사장이고, 총 자산이 이미 백만 달러를 넘어섰지만 미국에서 명함조차 내밀 수 없는 수준이었습니다. 하지만 비즈니스의 길을 무작정 믿고 걸어가야만 미국에서 진짜 인정받을 수 있을 거라는 확신이 들더군요. 그러고 나서 이런 고민이 시작되었죠. '마이크로소프트는 어떻게 세계 최대 기업으로 성장할 수 있었을까?' 나는 그 회사와 관련된 무수히 많은 책을 읽어봤지만 그 성공 비결을 찾아낼 수 없었습니다. 그건 내가 마이크로소프트 옆에 살고 있다 해도 알아낼 수 없는 것들이죠. 유일한 방법은 내가 직접 그곳으로 들어가 경험해보는 것이었습니다."

이렇게 고민을 거듭한 끝에 탕쥔은 그동안 경영하던 엔터테인먼트 회사와 변호사 사무실 문을 닫고, 친구에게 소프트웨어 회사의 대리경영을 맡긴 후, 과감하게 마이크로소프트에 발을 들여놓았다.

다들 용의 꼬리보다 뱀의 머리로 사는 것이 낫다고 했지만 그의 결심은 확고했다. 대다수 사람이 큰 회사의 직원으로 사느니 규모가 작더라도 자기 회사의 사장으로 사는 편을 택하게 마련이다. 하지만 그는 자신의 현재 상황과 미래의 발전 가능성을 객관적으로 분석하고, 한 발 더 나아가 과감히 결정했다. 결과적으로 그의 결정은 신의 한 수였다. 세계적 기업에 들어간 뒤 탕쥔은 엔지니어들 중 단연 출중한 능력을 보였고, 초고속 승진을 거쳐 중국법인 최고경영자 자리까지 올라갔다.

인생을 살면서 멀리 내다보지 않으면 언젠가 우환이 닥쳤을 때 속수무책으로 당할 수밖에 없다. 성현의 지혜를 밑거름 삼아 먼 미래를 내다보며 뜻밖의 사고를 미연에 방비하는 마음가짐으로 살 필요가 있다.

인생의 나침반

바둑을 두는 것처럼 전반적인 인생 판세를 읽고 주도면밀하게 대처하는 사람이 이긴다.

예가 아니면 행하지 마라

^{안 연 문 인}
顏淵問仁.

^{자 왈}
子曰

^{극 기 복 례 위 인}　^{일 일 극 기 복 례}　^{천 하 귀 인 언}
克己復禮爲仁. 一日克己復禮, 天下歸仁焉.

^{위 인 유 기}　^{이 유 인 호 재}
爲仁由己, 而由人乎哉?

^{안 연 왈}
顏淵曰

^{청 문 기 목}
請問其目.

^{자 왈}
子曰

^{비 례 물 시}　^{비 례 물 청}　^{비 례 물 언}　^{비 례 물 동}
非禮勿視, 非禮勿聽, 非禮勿言, 非禮勿動.

^{안 연 왈}　^{회 수 불 민}　^{청 사 사 어 의}
顏淵曰 回雖不敏, 請事斯語矣.

안연이 인에 대해 물었다. 공자가 말했다.
"자기 자신의 언행과 사욕을 극복하고 예로 돌아가는 것을 인이라 한다. 어느 날 자신을 이기고 예로 돌아가게 된다면 온 천하의 사람이 너를 어질다고 말할 것이다. 인을 행하는 사람은 자신의 기준에 따라야 하니, 그 주도권이 자신에게 달려 있지, 어찌 남에게 달려 있겠느냐?"
안연이 다시 자세한 가르침을 청했다. "그럼 어찌해야 하는지 자세히 알려주십시오."
공자가 말했다.
"예가 아닌 것은 보지도, 듣지도, 말하지도, 행하지도 말아야 한다."
안연이 말했다.
"비록 제가 영민하지 못하나 그 말씀대로 행하여보겠습니다."

제나라 상국 관중(管仲)은 "창고가 가득 차야 예절을 알고, 의식이 풍족해야 영욕을 안다"라고 했다. 사람들이 예의와 이미지를 중시하는 수준은 물질의 풍족한 정도 및 사회 발전의 진행 과정과 정비례를 이룬다. 고도의 문명 사회에서 사람들은 예의와 이미지를 전에 없이 중시하고 있는데, 이 '흐름'을 거슬러 행동하는 사람은 도태될 수밖에 없다.

공자가 말한 '예(禮)'는 당시 사회에 적용되었던 각종 예의규범을 가리킨다. '예'는 교화의 역할을 하므로 심신 수양을 강화하고, 인간관계를 더 원만하게 만드는 데 도움된다. 예의의 요구 조건에 따라 자신을 구속할 수 있다면 그 사람은 군자라고 할 만하다. 그런 인물이라면 사회적으로도 인과 도의 파급력이 커질 수 있다. 인과 덕을 갖춘 사람이 되려면 반드시 보고, 듣고, 말하고, 행동하는 것으로부터 시작해 '예가 아닌 것은 보지도, 듣지도, 말하지도, 행하지도 말아야 한다'는 공자의 말을 실천해야 한다.

성인은 예가 아니면 보지 말라 했고, 오늘날 이 말은 자기 이미지에 더 신경을 써야 함을 가르칠 때 많이 사용된다. 언행이 예의의 요구에 부합해야 비로소 완벽한 첫인상을 남길 수 있고, 이 점은 현대 사회에서 특히 중요하다.

심리학 용어 '초두 효과(primacy effect)'는 '첫머리 효과' 혹은 '첫인상 효과'로도 불린다. 심리학 연구 결과에 따르면 한 사람의 첫인상은 45초 안에 결정이 난다. 이 최초의 인상은 그 사람을 인지하는 데 비교적 강력한 영향을 미쳐 그 이미지가 상대방의 머릿속에 각인된다.

첫인상은 사람 사이의 장기적 교류를 위한 출발점이다. 그것은 상대방을 처음 만났을 때 이루어지는 직감·관찰·판단을 통해 만들어지고, 상대의 언행이 보편적 예의 기준에 부합하는지 여부를 본 후 그에 대한 판단이 시작된다.

첫인상은 자신의 명함이자 가장 권위 있고 직접적인 자기소개서이다. 예의를 알고 교류에 능란한 사람들 중 자신의 첫인상을 중요하게 생각하지 않는 이가 없다. 그들은 모두 좋은 첫인상을 남기기 위해 끊임없이 노력한다.

1950년 6월의 어느 날, 중국 시장경제 터전을 닦은 민족 자본가 룽이런이 상하이 시정부의 지시에 따라 와이탄 중국은행 빌딩에서 회의를 열었다. 방명록에 사인을 한 후 회의장에 들어갈 찰나, 룽이런은 한 사람에게 시선을 빼앗기고 말았다. 체구는 그리 크지 않았지만 상당히 강한 기를 내뿜는 군인이 걸어오고 있었다. 그는 약간 빛바랜 군복을 정갈하게 차려입고 있었다. 룽이런은 그가 풍기는 묘한 매력에 빠져들었고, 그가 시야에서 사라지고 나서야 정신을 차렸다.

회의가 시작된 후 룽이런은 좀 전에 봤던 그 군인이 바로 그 유명한 제3야전군 사령관이자 상하이 시장인 천이임을 알게 되었다. 회의 중에 천이는 심한 스촨 사투리가 섞인 말투로 즉석 발언을 했다. 그는 발언하는 동안 땅콩과 해바라기씨를 까 먹기도 하고, 때로는 가벼운 농담을 하기도 했다. 그는 호쾌하고 유머러스한 데다 태도 또한 개방적이었다. 그러면서도 가볍지 않았는데, 강단 있는 목소리는 사람들에게 믿음을 주기에 충분했다.

그때의 경험은 룽이런에게 평생 잊기 힘든 강한 인상을 남겼다. 중국의 고위직 당원이 이렇게까지 스스럼없이 사람들을 대하면서도 예의와 절도를 잊지 않다니! 그는 지난날 국민당이 공격했던 것처럼 횡포하고 안하무인의 괴물이 아니었다. 그러한 천이의 인간적 매력이 룽이런의 마음을 사로잡은 덕에 뒤이은 일들이 순조롭게 진행되었고, 민족 자본가들이 국가 건설을 적극 지원하는 기반을 다질 수 있었다.

지금처럼 사람 사이의 교류가 활발한 사회 속에서 한 사람의 내면과 외면, 행동방식은 그것이 예의에 부합하든 안 하든 결국 첫인상을 결정짓는 요인이 된다. 그리고 이 첫인상은 향후 관계 형성에 결정적 영향을 미친다.

그런데 현실 속에서 많은 사람이 예의와 여기서 파생되어 각인되는 첫인상의 중요한 역할에 대해 깨닫지 못하고 있다. 그래서 개인 이미지의 중요성을 가볍게 보아 넘기며 자신을 포장하는 데 열의를 보이지 않는다. 결국 타인에게 좋은 첫인상을 남기는 것이 불가능해진다.

1993년 베이징시 계획위원회 부주임 류샤오광은 지방의 한 양복점에서 맞춘 양복을 입고 홍콩으로 출장 갔다. 홍콩 사람들은 그의 촌스러운 옷을 보고 그를 "시골 아저씨"라고 칭했는데, 그는 기분이 별로 좋지 않았다. 그래서 거금을 주고 새 양복과 구두를 샀다. 하지만 그가 지나갈 때마다 사람들의 시선이 이제는 넥타이와 와이셔츠, 양말로 옮겨갔다. 나중에 류샤오광은 말했다.

"그때는 정말 난처하고 어찌할 바를 모르겠더군요."

물론 지금의 류샤오광은 옷차림, 표정, 행동 하나하나 나무랄 데가 없다. 그는 국제적 수준에 맞춰 자신의 이미지를 만드는 데 일찌감치 익숙해졌다.

1995년, 류샤오광은 구조조정을 막 끝낸 서우창 그룹의 대표이사로 부임했다. 당시 경영은 악화 일로에 있었다. 자금도, 추진할 프로젝트도, 우위를 점할 산업군도, 인재도 없었다. 가장 중요한 문제는 자금 부족이었다. 그렇게 규모가 큰 그룹인데도 장부상 운용 가능한 현금은 고작 300만 위안에 불과했다. 류사오광은 그중 100만 위안에 달하는 돈을 꺼내 고급 세단을 한 대 샀다. 당시 그는 자신의 무모한 결정에 대해 이렇게 말했다.

"기업을 경영하는 사람이 남들에게 돈이 없다는 인상을 주면 안 됩니다."

류사오광은 이미지 때문에 손해를 보고 난 후 큰 깨우침을 얻었고, 자신뿐 아니라 기업의 이미지를 최고로 만들기 위해 피 같은 돈을 과감하게 투자했다. 다소 무모해 보이기까지 한 이 투자는 장차 큰 수익을 이끌어내는 계기가 되었다.

인생의 나침반

공자는 말했다.
"예의를 배우지 않으면 세상에 설 곳이 없어진다."

근주자적, 근묵자흑

자 왈
子曰

이 인 위 미
里仁爲美.

택 불 처 인　　언 득 지
擇不處仁, 焉得知?

공자가 말했다.
"인심이 어진 마을이 좋은 곳이다. 살 곳을 선택할 때 어질고 인심 좋은 곳에서 살지 않는다면 어찌 지혜롭다고 할 수 있겠는가?"

'주사(朱砂)를 가까이하면 붉어지고, 먹을 가까이하면 검어진다. 소리가 고르며 음향이 맑게 울리고 형상이 바르면, 그림자도 곧다.'
이는 부현(傅玄)의 저서 『태자소부잠(太子少傅箴)』에 나오는 구절이다. 좋은 사람을 가까이하면 좋은 물이 들고, 나쁜 사람을 가까이하면 나쁜 물이 드는 것처럼 사람은 객관적 환경의 영향을 크게 받는다. 그래서 살 곳을 선택할 때도 주위 환경과 이웃을 두루 살펴야 한다.

'이인위미(里仁爲美)' 중의 '리(里)'는 고대 사회의 기층관리 단위로 지금의 지역, 마을, 동네를 의미한다. 공자는 거주할 곳 '리'를 선택할 때 좋은 기운과 풍속, 어진 사람들을 가장 중요한 선택 기준으로 삼았다. 만약 이런 기준을 충족시킬 수 없다면 그곳에 사는 것을 신중히 고려해야 한다.

어느 날, 공자와 제자들이 위나라를 떠나 진(晉)나라로 향했다. 이날 그들은 황하 나루터에서 배를 기다렸다. 그런데 저녁 무렵에 맞은편 기슭에서 출발한 배가 한 무리의 난민을 싣고 나루터에 도착했고, 공자는 진나라에 변고가 생겼음을 직감했다.

공자의 제자 자공이 알아보니 진나라 대신 조간자(趙簡子)가 반란을 일으킨 것이었다. 그는 진나라의 현신(賢臣)인 두명독(竇鳴犢)과 순화(舜華)를 살해했다. 조간자의 반란군과 진압군이 치열하게 맞붙어 진나라가 혼란에 빠지면서, 백성들은 앞다투어 살던 곳을 떠나야 했다. 지금까지 공자는 위험한 곳에 살지 말고, 어지러운 곳에 들어가지 말라는 말을 줄곧 주장해왔기에 황하를 바라보며 한숨을 내쉬었다.

"황하의 모습이 참으로 장관이로구나! 그러나 안타깝게도 오늘 나는 이 강을 건널 수가 없구나."

다음 날, 공자가 되돌아갈 채비를 할 때 조간자의 사신이 공자를 찾아왔다. 사신은 공자에게 중모로 가서 조간자와 함께 진나라를 다스려줄 것을 청했다. 공자는 황하를 건너가 진나라에서 자신의 재능을 마음껏 펼치고 싶은 생각에 잠시 흔들렸다. 공자가 주저하자 자로가 일어나 말했다.

"스승님께서는 나라를 어지럽힌 자들과는 절대 함께 일을 도모해서는 안 된다고 하지 않으셨습니까?"

공자가 한참을 고심하다 말했다.

"그랬지. 내 그런 말을 했었다. 그러나 진실로 단단하면 갈아도 닳지 않고, 진실로 흰 것은 물들여도 검어지지 않는다고 하지 않느냐?"

자로가 단념하지 않고 계속 공자를 설득했다.

"낙숫물이 댓돌을 뚫고, 주석을 가까이하면 붉게 물들고, 먹을 가까이하면 검게 물든다 하였습니다. 모든 것이 시간문제일 뿐이지요. 제자는 스승님께서 한순간의 잘못된 판단으로 불의를 행하는 길로 들어서지 않기를 바랄 뿐입니다!"

공자는 자로의 충고에 일리가 있음을 누구보다 잘 알았다. 결국 공자는 진나라로 가려던 마음을 접고 방향을 돌려 진(陳)나라로 향했다.

진나라 사신은 공자에게 '함께 나라를 다스리자'는 미끼를 던졌고, 공자는 그 미끼에 마음이 흔들렸다. 하지만 제자의 충언은 공자에게 "인심이 어진 마을이 좋은 곳이다. 살 곳을 선택할 때 어질고 인심 좋은 곳에서 살지 않는다면 어찌 지혜롭다고 할 수 있겠는가?"라는 평소 소신을 다시금 일깨워주었고, 자칫 어리석은 선택을 할 뻔한 순간을 모면할 수 있었다.

유가의 또 다른 대가 맹자의 이야기도 '어진 이들이 있고 기운과 풍속이 넘치는 곳을 선택해 살아야 한다'는 원칙의 살아 있는 증거라 할 만하다.

맹자는 어릴 시절에 아버지를 여의었고, 어머니 홀로 그를 키웠다. 처음에 그들이 살던 집 옆에는 무덤이 하나 있었다. 그런데 시간이 흐르자 맹자가 이웃 아이들과 함께 어른들을 흉내 내며 무덤 앞에서 절을 올리고, 곡소리를 내는 등 장례식 놀이를 하며 놀았다. 맹자의 어머니는 그 모습을 보며 미간을 찌푸렸다.

"보고 배운 게 저것뿐이라 저리 노는 것인가? 내 아들을 이런 곳에서 계속 자라게 할 수는 없지."

그녀는 맹자를 데리고 시장 근처로 이사를 갔다. 그런데 하필 그 옆에 소나 돼지 등을 도살하는 백정의 집이 있었다. 얼마 후 맹자는 이웃 아이들과 장사꾼 흉내를 내거나 소와 돼지를 죽이는 백정 놀이를 하며 지냈다. 맹자의 어머니는 시름이 깊어졌다.

"이곳도 내 아이가 자랄 곳이 못 되는구나!"

그들은 다시 이사를 갔다. 이번에는 학당 부근이었다. 매년 음력 초하룻날이 되면 제자들이 공자의 사당에서 제를 올렸고, 예로써 서로를 대했다. 맹자는 그 모습을 하나하나 보고 배워나갔다. 맹자의 어머니는 아들의 변화에 매우 만족해하며 고개를 끄덕였다.

"이제야 내 아들이 살 곳을 찾은 듯하구나!"

훗날 후인들은 이를 '맹모삼천지교(孟母三遷之敎)'라고 불렀다. 맹자의 어머니는 좋은 사람, 일, 사물을 가까이해야 좋은 습관을 들이고 배울 수 있다는 것을 몸소 실천해 보여주었다. 이것 역시 우리가 흔히 말하는 '근주자적(近朱者赤), 근묵자흑(近墨者黑)'과 일맥상통한다.

지금 사회에서도 집보다 이웃을 먼저 선택해야 한다는 말은 여전히 통용된다. 어떤 곳에 살고, 어떤 사람과 살지를 선택하는 것은 모든 사람의 가장 큰 관심거리가 되었다.

물론 현대 사회는 갈수록 개방적으로 변해가고 있어서, 너무 협소한 사고는 한 사람의 발전과 성장에 불리하게 작용한다. '이웃을 선택해 살라'는 말은 일상생활 속에서 고려해야 할 부분이지만 긍정적이고 객관적인 태도로 주변 사람을 대하기 위해 자신의 마음가짐을 바꿀 필요가 있다.

한 노인이 마을 밖 길가에 앉아 쉬고 있었다. 그때 어느 외지인이 차를 타고 마을을 둘러보다 노인에게 물었다.

"어르신, 이 마을의 이름이 뭡니까? 이곳에 사는 사람들은 어떤가요? 제가 새로 살 집을 찾고 있거든요!"

노인이 고개를 들어 그를 힐긋 본 후 담담하게 말했다.

"그럼 먼저 한 가지만 물어봅시다. 당신이 원래 살던 곳의 사람들은 어땠소?"

외지인이 대답했다.

"다들 좀 무례하고 자기밖에 모르는 사람들이었습니다. 정말 짜증나는 곳이었죠. 이웃끼리 갈등이 끊이지를 않아서 사는 게 피곤한 곳이랄까요. 그래서 이렇게 새로 살 곳을 찾고 있습니다."

노인이 대답했다.

"들어보니 아무래도 이곳 역시 그쪽이 살 만한 곳은 못 될 것 같소. 이 마을 사람들도 그들이랑 다를 게 없다오."

외지인은 차를 몰아 그곳을 떠났다.

얼마 후 또 한 사람이 마을을 찾았고, 노인에게 똑같은 질문을 했다.

"어르신, 여기 사람들은 어떻습니까?"

노인 역시 질문을 반복했다.

"당신이 원래 살던 곳의 사람들은 어땠소?"

외지인이 대답했다.

"아! 정말 착하고 좋은 사람들이었습니다. 그들 덕에 저희 가족이 그곳에서 행복하게 살 수 있었거든요. 하지만 일 문제로 이사를 할 수밖에 없어서요. 예전 동네처럼 좋은 분들이 있는 곳으로 이사를 하고 싶습니다."

노인이 웃으며 대답했다.

"그렇다면 아주 잘 찾아왔소. 이곳에 사는 사람들이 바로 그렇다오. 아마 이사 오면 좋은 이웃이 될 거요."

만약 당신의 마음이 긍정으로 가득 차 있다면 그 기운이 늘 주위를 밝힐 것이고, 반대로 부정적이라면 어둠이 주위에 내려앉을 것이다. 호의적인 사람 주위에는 좋은 사람이 몰리지만, 무례하고 이기적인 사람은 아무도 가까이하려 들지 않는다.

인생을 살아가면서 누구나 '근주자적, 근묵자흑'의 원칙을 지킬 필요가 있다. 다만, 객관적인 태도로 주위의 사람과 일을 대하고, 지나치게 완전무결을 강요해서는 안 된다.

인생의 나침반

19세기 영국 작가 조지 엘리엇은 말했다.
"아무리 내적 존재가 강해도, 그것을 에워싼 외부 환경에 큰 영향을 받지 않는 존재란 없다."

날씨가 추워진 뒤에야
소나무와 잣나무의 푸름을 알 수 있다

자 왈
子曰

세 한   연 후 지 송 백 지 후 조 야
歲寒, 然後知松栢之後凋也.

공자가 말했다.
"날씨가 추워진 뒤에야 소나무와 잣나무가 가장 늦게 시듦을 알 수 있다."

맹자가 말했다.
"하늘에서 장차 그 사람에게 큰 임무를 내려주실 때에는 반드시 먼저 그의 마음을 괴롭게 하고, 그의 근골을 힘들게 하고, 그의 몸을 굶주리게 하고, 그의 몸을 곤궁하게 하며, 어떤 일을 행할 때마다 그가 하는 바가 뜻대로 되지 않게 어지럽힌다. 또한 자고로 시련을 겪지 않은 영웅은 존재하지 않는다."

이는 다시 말해 시련을 겪어야 큰일을 이룰 수 있고, 응석받이로 자라 눈앞의 이익과 안일만 탐하게 되면 큰일을 이루기 힘들다는 의미다.

2억 년 전 혹독한 한파가 몰아닥치면서 지구상의 식물 대부분이 멸종했을 때 유일하게 그 추위를 견뎌낸 것이 소나무와 잣나무다. 2천 여 년 전, 전란 속에서 주(周)왕조가 몰락했을 때 공자는 "날씨가 추워진 뒤에야 소나무와 잣나무가 가장 늦게 시듦을 알 수 있다"며 탄식을 내뱉었다. 소나무와 잣나무가 혹독한 추위 속에서도 푸르게 우뚝 솟아 있는 모습은 난세의 역경 속에서도 존엄을 지키는 사람과 닮아 있다. 바로 이런 이유 때문에 옛 사람들은 소나무, 대나무, 매화나무를 '세한삼우(歲寒三友, 추운 겨울의 세 친구)'로 묶었고, 고난 속에서도 지조와 절개를 지키는 선비의 표상으로 예찬했다.

공자는 진(陳)나라와 채나라 사이에 포위되어 여러 날을 쌀 한 톨 먹지 못한 채 매일 풀죽 몇 순갈로 허기진 배를 채워야 했다. 하지만 그런 죽을 고비 속에서도 공자는 여전히 시와 서를 읊고, 거문고를 타며 노래했다.
안회가 들녘에 나가 나물을 뜯어 집으로 들어서는데 자공과 자로가 불만을 쏟아냈다.
"스승님께서 노나라에서 쫓겨나고, 위나라에서 추방당하고, 송나라에서는 큰 나무에 깔려 돌아가실 뻔했네. 그런데 이제는 또 이곳에 포위되어 오도 가도 못 하고 있으니…… 스승님이 무슨 잘못이나 악행을 저지른 것도 아닌데 이건 너무 심한 거 아닌가? 심지어 끼니를 잇지 못해 굶어 죽게 생겼는데도 스승님은 여전히 거문고를 타며 노래를 부르고 계시다니…… 군자라면 이런 치욕적인 일을 참지 말아야 하는 거 아닌가?"
자공과 자로의 물음에 안회는 딱히 대답하지 않았다.
안회가 이 상황을 공자에게 전하자 공자는 거문고를 한쪽으로 치우며 일어나 길게 탄식을 쏟아냈다.
"내가 할 말이 있으니 자로와 자공을 불러오너라."

자공과 자로가 방 안으로 들어섰다. 잠시 후 자공이 물었다.

"이 정도 상황이면 벼랑 끝에 내몰린 것이 아닙니까?"

공자가 대답했다.

"그게 무슨 말이냐? 군자가 사리에 밝으면 길이 열리고, 사리분별을 하지 못하면 막다른 골목에 내몰린다. 지금 나는 신의를 지키며 난세의 재앙과 맞닥뜨렸으니, 이는 인정과 도리에 어긋나는 일이 아니거늘 어찌 막다른 길에 내몰렸다 할 수 있겠느냐? 곤경 속에서 자신을 반성하고 도의에 부끄럽지 않으며, 재난에 직면해서도 덕행을 잃지 않아야 비로소 진정한 군자라 할 것이다. 큰 추위가 닥치고 서리와 눈이 내리면 우리는 그제야 소나무와 잣나무의 무성함을 알게 되느니라. 예전에 환공(桓公)이 궁에 있고, 진문공이 조에 있고, 월왕 구천이 회계에서 모두 비슷한 곤액을 당했다. 나는 지금 이곳에서 위난을 당하니, 이 무슨 대수로운 일이겠느냐?"

말을 마친 공자는 다시 거문고를 탔다. 자로는 강한 울림을 받은 듯 창과 방패를 높이 들고 거문고 운율에 따라 춤을 추었다. 자공 역시 자신이 스승을 따라가려면 한참 멀었음을 깨달았다.

공자는 송백처럼 눈보라를 견뎌낼 수 있어야 비로소 진정한 군자라고 보았다. 자고로 영웅은 시련 속에서 탄생한다고 했다. 한 사람의 진면목은 모진 시련과 고난을 겪어봐야 비로소 그 진가가 드러난다.

주원장은 원나라 천순제(天順帝) 천력(千歷) 원년(서기 1328년) 9월 18일 정미시(丁未時)에 네 번째 항렬로 태어났다. 부친은 주오사(朱五四), 모친은 진(陳)씨다. 주원장은 살아서 때를 만나지 못했고, 그가 열몇 살 때 회북에 대가뭄이 들어 그의 부모, 형제가 연이어 굶어 죽었다. 그는 가족이 하나하나 죽어가는 것을 지켜보는 고통 속에서 무기력해졌고, 세상사에 절망했다. 하지만 아무리 절망한다 한들 세상은 바뀌지 않았다. 그는 자신을 구할 사람은 자신뿐임을 깨달았다. 드디어 그는 나약했던 자신의 껍질을 벗어던지고 강한 사내로 거듭났다.

이후 주원장은 황각사로 가 중이 되기로 결심했다. 설사 그가 강한 사내로 다시 태어났다 해도 여전히 잔혹한 현실과 세태의 벽에 부딪힐 수밖에 없었다. 절이라고 해서 그를 따뜻하게 받아주지는 않았다. 그는 모욕과 무시를 참아가며 힘든 일을 도맡아 했다. 게다가 절에 들어온 지 얼마 안 돼 재앙이 닥친 회서 지역으로 탁발을 떠나야 했다. 다행히 주원장은 자신에게 닥친 시련의 관문을 순조롭게 통과했고, 회서 일대에서 탁발하는 동안 자아를 확립할 수 있었다. 이 탁발생활을 끝냈을 때 주원장의 내면은 그 누구도 무너뜨릴 수 없을 만큼 강인해졌다.

만약 주원장이 안정적이고 평온한 환경 속에서 계속 생활했다면 훗날 명나라 개국황제 자리에 오르지 못했을 것이다. 그가 처한 현실은 그를 점점 벼랑 끝으로 몰아갔고, 그는 살아남기 위해 스스로 그곳을 벗어나야 했다. 이런 절망적 환경 속에서 주원장은 불굴의 투지를 불태웠고, 내면에 숨어 있던 잠재력을 깨우면서 피비린내 나는 권력투쟁의 험난한 길을 받아들였다.

'날이 추워진 뒤에야 소나무와 잣나무의 푸르름을 알 수 있다'는 논리는 바로 '고생을 해봐야 뛰어난 사람이 될 수 있다'는 말과 일맥상통한다. 이것은 현대 사회에서 성공을 위해 반드시 따라야 할 철칙이기도 하다.

중국 대표 베이커리 프랜차이즈 기업 하오리라이 CEO 뤄훙은 본인의 사업을 시작하기 전에 한 사진관에서 일을 배웠다. 비록 아르바이트에 불과했지만 뤄훙은 그 일에 죽기 살기로 매달리며 고생을 마다하지 않았다.

어느 날 뤄훙이 퇴근하려고 보니까 이미 새벽 다섯 시였다. 이런 일이 비일비재하다 보니 그조차도 이게 도대체 몇 번째인지 기억조차 나지 않았다. 자전거를 타고 집으로 돌아가는 길에 그는 너무 피곤한 나머지 깜빡 잠이 들고 말았다. 결국 얼마 후 자전거가 전봇대와 충돌했고, 땅바닥에 고꾸라진 그는 피를 철철 흘리는 부상을 당했다.

이것은 뤄훙의 수많은 일화 중 하나에 불과하다. 일에 대한 그의 열정은 사진관 사장조차 감당 못할 정도였다. 그래서 사장은 뤄훙의 아버지를 찾아가 매우 안타까워하며 부탁했다.

"아버님께서 아드님을 좀 데려가셔야 할 것 같습니다."

뤄훙의 아버지는 아들이 일자리를 잃게 되자 다급히 물었다.

"왜 그러십니까? 제 아들이 무슨 잘못이라도 저지른 겁니까?"

"그게 아니라 너무 열심히 일하는 게 문제입니다. 제 옆에 계속 둔다면 창창한 앞길에 걸림돌이 될 것 같으니 아무래도 자기 사업을 시작하는 게 좋을 것 같습니다."

결국 뤄훙은 가족들의 도움을 받아 작은 사진관을 차렸다. 그의 나이 열일곱, 이 일은 화려한 창업 여정에 첫걸음이었다.

훗날 그는 자신의 힘으로 하오리라이를 차렸고, 맥도날드·KFC·스타벅스 등 외국 브랜드 다음으로 가장 인기 있는 중국 베이커리 프렌차이즈 기업으로 성장했다.

뤄훙의 성공 신화는 그의 집념과 고생을 마다하지 않는 열정의 결과물이었다. 그의 성공 과정 또한 노력과 열정 없이 아무것도 이룰 수 없다는 성공 법칙에서 벗어나지 않는다. 쉽게 성공을 이룰 수 있는 사람은 아무도 없다.

사람됨도 마찬가지다. 우리도 소나무, 잣나무처럼 혹한 속에서 푸르름을 잃지 않아야 비로소 현실 속의 '혹한'을 견뎌내고 시들지 않을 수 있다.

인생의 나침반

저명한 언론인이자 정치평론가, 출판인으로 활약한 쩌우타오펀은 말했다.
"나는 좌절과 시련이야말로 의지를 단련하고 능력을 키울 최고의 기회라고 생각합니다. 그런 의미에서 나 역시 온갖 방법으로 나를 모함했던 사람들에게 무한한 감사의 뜻을 전하고 싶군요."

모든 영역의
전문가가 되어야 한다

_{자 왈}
子曰

_{유 지 슬   해 위 어 구 지 문   문 인 불 경 자 로}
由之瑟, 奚爲於丘之門? 門人不敬子路.

_{자 왈}
子曰

_{유 야 승 당 의   미 입 어 실 야}
由也升堂矣, 未入於室也.

공자가 말했다.
"자로가 어찌 우리 집 문 앞에서 거문고를 연주하는 것이냐?"
문인들이 자로를 공경하지 않아서 그렇다고 대답하자 공자가 말했다.
"자로가 대청에는 올랐으나 아직 방 안까지는 들어가지 못하였구나."

중국의 대표 코믹 배우 저우싱츠의 영화는 말이나 행동에 별 의미가 없고, 그냥 가볍게 웃고 넘기기에 딱 좋다. 하지만 그는 자신이 직접 영화를 제작할 때만큼은 아주 전문적이고 진지한 태도를 보여준다. 이런 그의 모습을 보며 한 기자가 물었다.
"촬영 스태프가 다들 감독님을 어려워하던데 너무 무섭게 몰아붙이시는 거 아닐까요?"
"일을 하려면 프로가 되어야 합니다. 그래서 스태프에게 거는 기대치가 높은 편이죠. 그러다 보니 더 몰입하여 일에 임하게 되고, 그게 또 스태프에게 그런 느낌을 줬을 겁니다."

이러한 프로 정신은 그를 코믹 영화의 대가로 만들었다.

자로에 대한 공자의 평가에는 역사적 배경이 자리 잡고 있다.

공자가 열국을 주유할 때 위나라에서 꽤 긴 시간을 머물렀다. 그의 많은 제자가 위나라에서 관직을 맡고 있었기 때문이다. 그들 중 자로는 위나라 포읍에서 읍재로 일했다.

공자는 마차를 타고 자로의 관할 지역을 지나가다 길 양옆의 농작물이 풍작을 이루고, 마을이 활기를 띠는 것을 보고 그를 칭찬했다.

"자로가 백성을 아끼고 인과 덕으로 다스리니 참 훌륭하구나!"

성안으로 들어선 후 공자는 시전의 번화한 모습과 어디선가 들려오는 아이들의 책 읽는 소리에 또 한 번 흡족한 미소를 지었다.

"이것이 바로 올바른 마음과 믿음을 갖고 몸소 인의를 행한 결과로구나. 자로의 능력이 가히 탁월하다!"

얼마 후 마차는 자로의 관청에 들어섰다. 그곳은 번화한 거리와 극명한 대비를 이룰 만큼 쓸쓸해 보였다. 공자는 관청을 둘러보며 또 한 번 자로를 칭찬했다.

"자로가 이렇게 청렴결백한 관리라니, 참으로 훌륭하구나!"

그때 공자를 곁에서 따르던 자공이 물었다.

"스승님, 자로를 만나기도 전에 벌써 칭찬을 세 번이나 하시다니 너무 성급한 판단 아닌지요?"

"너도 오면서 같이 보지 않았느냐? 성 밖의 농민들이 근심 걱정 없이 농사를 짓고, 성안의 길과 시전은 활기가 넘쳐났다. 더구나 이 땅에서 놀고먹는 이가 없고, 관청에 송사를 하는 이도 없지 않느냐? 이것만 봐도 칭찬 세 번이 부족할 정도니라."

그 사이 자로가 공자를 맞이하러 황급히 들어서며 그와 일행을 대청으로 안내했다. 대청 안으로 들어선 공자는 한구석에 놓인 적잖은 수의 병기를 보며 물었다.

"보아하니 평상시에도 검과 창을 즐겨 다루는 듯하구나."

자로가 공손하게 대답했다.

"스승님, 오해십니다. 제가 병기를 즐겨 다룰 시간이 어디 있겠는지요. 사실, 평소에는 정무로 눈코 뜰 새 없이 바빠 거들떠볼 틈도 없습니다. 이 병기들은 적의 공격을 막기 위해 미리 준비해둔 것뿐이고, 평소 백성들에게도 훈련을 시키고 있습니다. 백성들이 모두 병기를 다룰 줄 알아야 적도 우리를 쉽게 보지 못할 것입니다."

공자는 자공에게 말했다.

"그래서 내가 세 번의 칭찬도 부족하다고 한 것이다! 지금이야 모든 것이 평화로워 보이지만 일단 적이 침입하면 아무리 훌륭한 정치적 업적도 물거품이 되고 말 테지. 혹시 모를 재난을 미연에 방지했으니 이 또한 참으로 훌륭하도다!"

자로는 얼른 두 손을 모아 절했다.

"이 모든 것이 스승님의 가르침 덕입니다."

뒤이어 자로가 거문고를 연주했는데, 공자는 그 곡을 마음에 들어 하지 않았다.

"자로야, 너의 거문고 연주가 아직 경지에 들어서지 못했구나."

공자의 이 말 때문에 많은 사람이 자로를 얕잡아 보자 공자가 말했다.

"나는 자로가 지금보다 한 단계 더 올라가기를 바라서 그런 말을 한 것일 뿐이다. 사실 자로의 거문고 연주 수준은 이미 최고의 경지에 다다랐고, 한 발짝만 더 떼면 가히 그 안으로 들어갈 만하다."

공자가 제자들 앞에서 자로의 거문고 연주 수준을 일부러 낮춰 평한 것은 제자들이 스스로의 부족함을 알게 하고, 동시에 더 좋은 경지에 이를 수 있다는 믿음을 주기 위해서였다. 이처럼 공자는 제자들에 대한 기대치가 높았고, 그들이 최고의 수준까지 오르기를 바라며 그들을 이끌었다.

시대가 변하면서 많은 사람이 미장공을 더 이상 전망 없는 직업으로 분류한다. 그렇지만 모두가 이 직업을 등한시할 때 중졸 학력의 미장공 추이룬밍은 오직 열정과 집념만으로 이 분야에서 손꼽히는 전문가가 되었다. 심지어 유럽과 미국 등 여러 나라에서 높은 연봉을 제안하며 그를 스카우트하려 할 만큼 해외에서도 인정하는 실력가로 성장했다.

추이룬밍은 중학교 졸업 후 돈을 벌기 위해 타지로 나가 미장공 일을 시작했다. 당시 추이룬밍이 일했던 회사는 중톄 그룹 산하의 건축 회사로, 해외 파견의 기회가 자주 있었다.

어느 날, 회사는 탄자니아의 댐 건설 수주를 받아냈다. 탄자니아는 비교적 낙후한 나라이고 월급도 그리 세지 않아 다들 가기를 꺼렸다. 하지만 추이룬밍은 이것이 자신에게 더할 나위 없이 좋은 기회라고 확신했다. 그는 해외에서 새로운 경험을 하고, 많은 것을 배울 수 있을 거라 생각해 기꺼이 그 일에 지원했다.

탄자니아에서는 평범한 기술을 가진 추이룬밍을 전문가로 대접했다. 그곳에서 그는 현지 출신 미장공들을 가르쳤고, 매일 공사 현장에 나가 열몇 시간씩 일했다. 그 사이 그는 열대 지역의 시공 노하우를 익혔고, 건축 시공에 필요한 전반적 능력을 키웠다. 그렇게 그는 서서히 기술력과 관리 능력을 두루 갖춘 전문가로 성장해 나아갔다.

그 후 회사는 그를 이스라엘, 알제리, 인도, 영국 등지로 연이어 파견했고, 각지에서 그는 갖가지 열악한 환경에 적합한 시공 노하우를 쌓았다.

2007년 9월, 추이룬밍은 건축 시공 팀원 12명을 이끌고 과학 탐사팀을 따라 남극으로 향했다. 부두를 재건하기 위해서였다. 이 부두는 오랫동안 수리를 하지 않아 파손이 심각한 상태였다. 게다가 암석이 많고, 수면 위로 30센티미터 두께의 얼음이 깔려 있어 작업이 쉽지 않았다. 거센 눈보라와 혹한의 추위 속에서 시공하는 일은 세계 건축 역사상 전무후무한 사례이기도 했다.

이 임무를 완수하기 위해서 추이룬밍은 잠수복을 입고 물속으로 뛰어들어 두 손으로 거대한 얼음 조각을 밀쳐낸 후 부품을 장착했다. 수온이 너무 낮다 보니 물속에서 견딜 수 있는 시간은 10분도 채 되지 않았다. 팀원들이 이 작업을 번갈아가며 하는 과정에서 유일하게 추이룬밍만이 15분을 물속에서 견뎌냈다. 그는 물 밖으로 나온 후 세 시간이 지나서야 원래 체온을 회복할 수 있었다. 몸 여기저기가 동상에 걸렸고, 손과 어깨는 얼음 조각과 부품에 부딪히고 찢겨 멍이 들고 피가 흘렀다. 과학 탐사팀 대장 웨이원량도 너무 걱정된 나머지 그에게 한마디 했다.

"그러다 큰일 나면 어쩌려고 그러십니까? 몸 좀 사려가며 하세요!"

추이룬밍이 웃으며 대답했다.

"워낙 건강한 체질이라 이 정도 일로 죽지 않습니다."

12일 동안의 고된 노동 후 추이룬밍과 팀원들은 맡은 임무를 모두 완수했다. 남극의 해외 탐사팀도 추이룬밍의 이런 전문적인 극지 시공 능력과 위험을 무릅쓰고 임무를 마친 근성을 높이 평가했다.

어느 날, 유럽 탐사팀의 사람 몇이 추이룬밍을 찾아와 물었다.

"이렇게 힘든 일을 하는데 연봉도 엄청나겠군요? 얼마나 받으시나요?"

"한 달에 팔백 달러 받습니다."

프랑스 탐사팀의 한 사람이 기가 막히다는 듯 말했다.

"만약 우리랑 일하면 삼만 달러 넘게 드릴 수 있는데, 같이 일할 의향이 있나요?"

추이룬밍은 그 자리에서 완곡하게 거절했다.

어찌됐든 추이룬밍은 '가장 전문적인 극지 미장공'으로 소문이 났고, 해외에서도 그에게 특수 시공을 맡기고자 했다. 캐나다의 한 회사는 연봉 25만 달러를 제시하며 북극에 인접한 곳에 가서 우주관측소의 유지보수 작업을 맡아달라 요청했다. 또 핀란드의 한 건축 회사는 26만 달러의 연봉을 줄 테니 공사 관리감독을 맡아달라고 했다. 미국, 러시아 등의 대기업에서도 고액의 연봉을 제시하며 그를 스카우트하려고 했다.

설사 집안에 돈이 많다 해도 뛰어난 기술을 가지고 있는 것만 못하다고 했다. 추이룬밍의 경우가 딱 그랬다. 비록 그는 중졸의 미장공이었지만 자기 분야에서 최고의 전문가가 되었다. 그는 무슨 일을 하든 그 분야의 최고가 되어 자기 가치를 높이는 것이 중요하다는 사실을 보여준 산 증인이다.

인생의 나침반

어떤 분야에서 전문가가 되려면 경쟁력을 높이고, 자신의 가치를 증명해 보여야 한다.

작은 승리는 지혜로 얻고, 큰 승리는 덕으로 얻는다

<small>남 궁 괄 문 어 공 자 왈</small>
南宮适問於孔子曰

<small>예 선 사 오 탕 주 구 불 득 기 사 연 우 직 궁 가 이 유 천 하</small>
羿善射, 奡盪舟, 俱不得其死然. 禹·稷躬稼而有天下.

<small>부 자 불 답 남 궁 괄 출</small>
夫子不答. 南宮适出.

<small>자 왈</small>
子曰

<small>군 자 재 약 인 상 덕 재 약 인</small>
君子哉若人! 尙德哉若人!

남궁괄이 공자에게 물었다.
"예는 활을 잘 쏘고, 오는 육지에서 배를 움직일 만큼 힘이 세지만 모두 제명에 죽지 못했고, 우 임금과 직 임금은 몸소 농사를 지었지만 천하를 손에 넣었습니다."
공자가 대답하지 않더니 남궁괄이 나가자 말했다.
"군자답도다, 이 사람은! 덕을 숭상하는구나, 이 사람은!"

『채근담(菜根譚)』에 이런 글이 나온다.
'세상일에 경험이 얕은 사람일수록 그만큼 속세의 때가 묻지 않았을 것이고, 세상일에 경험이 많은 사람일수록 남을 속이는 재주 또한 깊어진다. 그러므로 군자는 지나치게 능수능란하기보다 소박하고 인정이 두터운 편이 낫고, 치밀하고 약삭빠르기보다 소탈한 편이 낫다.'

유가 사상 체계에서 공자는 극명한 도덕주의자다. 그는 무력과 권모술수를 반대했고, 소박함과 도덕을 숭상했다. 그리고 자신과 관점이 같은 사람이 있으면 그를 군자이자 도덕을 숭상하는 사람이라고 여겼다. 남궁괄은 우(禹)와 직(稷) 임금이 덕으로 천하를 얻었고, 예(羿)와 모(奡)는 활 솜씨와 힘으로 둘째가라면 서러운 이들이었으나 결국 뜻을 이루지 못하고 죽었음을 잘 파악했다. 이런 이유 때문에 공자도 남궁괄을 덕과 도를 갖춘 군자라고 말한 것이다.

후대의 유가는 공자의 이런 주장을 받들며 '덕'을 숭상하면 흥하고 '무'를 따르면 망한다 했고, 통치자가 무력이 아니라 덕으로 세상을 다스려줄 것을 요구했다.

맹자가 제나라를 돌아다닐 때였다. 뜻밖에도 제왕이 먼저 사람을 시켜 맹자에게 말을 전했다.

"마땅히 과인이 먼저 만나기를 청해야 하거늘 감기에 걸려 문 밖 출입을 전혀 하지 못했소. 오늘 내가 조당으로 군신을 보러 갈 것이니 그대가 나를 한번 보러 와줄 수 있겠소?"

맹자는 제왕이 몸을 낮춰가며 자신을 만나고 싶지 않아 핑계를 대는 것이라 생각했다. 그래서 신하에게 대답했다.

"참으로 공교롭소. 나 또한 몸이 좋지 않아 왕궁으로 갈 형편이 되지 못하니 왕께 양해를 청하노라 전해주시오."

그런데 다음 날 맹자는 문을 나서 동곽(東郭) 선생의 집으로 조문을 갔다. 맹자의 제자 공손추가 어찌된 영문인지 몰라 물었다.

"어제 분명 편찮으시어 왕을 만나러 갈 수 없다고 하지 않으셨습니까? 그런데 오늘 조문을 가신다니요?"

맹자가 대답했다.

"오늘은 병이 다 나았거늘 어찌 문상을 가지 못하겠느냐?"

그런데 맹자가 출타한 후 얼마 되지 않아 제왕이 보낸 의관 일행이 맹자의 집에 도착했다. 제자들은 제왕의 노여움을 살까 봐 두려워하며 얼른 핑계를 댔다.

"어제 대왕께서 전언을 보내셨을 때만 해도 스승님의 병세가 좋지 않아 알현하러 갈 수가 없었습니다. 그런데 오늘 병세가 조금 좋아지셨는지 좀 전에 왕궁으로 가신다고 나가셨습니다."

그들은 말이 끝나기 무섭게 얼른 사람을 시켜 맹자를 찾아나섰고, 그를 만나자마자 거처로 돌아오지 말고 우선 왕궁으로 들어가라 재촉했다. 그러나 맹자는 경추(景丑) 집으로 숨었다. 경자(景子)도 그의 행동을 이상히 여기며 말했다.

"안으로는 부모님께 효도하고, 밖으로는 군왕을 공경하는 것이 사람됨의 가장 중요한 덕목이라 알고 있습니다. 부자간에는 은혜의 마음이 주를 이루고, 군신은 공경의 마음으로 엮여 있지 않습니까? 왕은 선생을 존경의 마음으로 대하는데, 선생은 왕을 공경의 마음으로 대하는 것처럼 보이지 않습니다."

맹자가 대답했다.

"그게 무슨 말이오? 제나라 사람 중 인의를 가지고 제왕과 더불어 말할 이가 하나도 없는데, 이는 인의가 나쁜 것이라고 여겨서가 아닐 터. 당신들은 내심 제왕과는 인의를 논할 가치가 없다 여기고 있소. 당신들이 이처럼 당신들의 왕을 무시하는 것이야말로 불경이오. 그러나 나는 다르오. 나는 요순의 도가 아니면 왕 앞에서 말한 적이 없소. 나는 제왕이 요순의 도를 행할 수 있는 사람이라 보고 있소. 이게 왕을 공경하는 마음 아니고 무엇이겠소? 사실, 당신들 제나라 사람 중에 내가 왕을 공경한 것처럼 하는 이가 없소."

경자가 말했다.

"예기에 따르자면, 아버지가 부르면 아들은 당장 달려가는 것이 옳습니다. 만약 군왕이 부른다면 설사 마차가 준비되지 않았다 해도 곧바로 출발해야 합니다. 선생은 본래 왕을 알현하려 했지만 막상 왕이 만남을 청하자 온갖 핑계를 대며 가지 않았습니다. 이것이 예의에 부합하다고 보십니까?"

맹자가 대답했다.

"이 말 또한 틀렸다 할 것이오. 증자께서 말씀하시기를, '세상 어느 나라도 진(晉)나라와 초나라의 넉넉함을 따를 수 없거니와, 저들이 자기의 것을 가지고 으스대면 나는 인(仁)을 가지고 대항할 것이며, 저들이 작위(爵位)를 가지고 으스대면 나는 의(義)를 가지고 대응할 것이니, 내가 무엇을 부족하게 여기겠는가?'라고 하셨소. 증자의 이 말씀이 정말 일리가 있다 생각하지 않소? 사실 천하에서 존경받을 만한 것은 세 가지가 있으니, 바로 지위와 나이 그리고 덕이오. 조정에서는 지위가 가장 중요하고, 향당(鄉黨)에서는 나이만 한 것이 없소. 그러나 군주를 도와 백성을 다스리는 데는 덕만큼 중요한 것이 없소. 제왕은 군주이고, 그는 지위를 가졌소. 그러나 나는 나이와 덕을 모두 가지고 있소. 그러니 그가 단지 지위만 가지고 두 가지를 가진 나를 함부로 대할 수 있겠소?"

맹자가 계속 말을 이어갔다.

"이 때문에 큰일을 하려는 왕에게는 마음대로 불러들일 수 없는 신하가 반드시 있게 마련이고, 그에게 가르침을 청할 일이 있다면 몸을 낮추어 찾아가야 마땅하오. 그만큼 덕을 존중하고, 도의를 지키지 않으면 더

불어 훌륭한 정치를 할 수 없소. 상나라 탕왕은 이윤을, 환공은 관중을 감히 함부로 불러들이지 못했소. 관중 같은 이조차 이런 대접을 받았는데 나처럼 관중을 경시하는 사람이 왕의 부름을 받아들여야 하겠소?"

맹자의 기준에 따르면 한 사람의 인품과 덕은 그의 지위보다 훨씬 중요해야 하고, 인품과 덕을 갖춘 이도 지위가 있는 사람보다 더 존중받을 가치가 있다. 그리고 맹자 역시 도덕적 경지에 오른 사람답게 자신을 굽혀가면서까지 한 나라의 군주인 제왕을 만나려 하지 않았으니, 이는 성인이나 갖출 만한 기백이었다.

경쟁이 치열한 현대 사회에서 품덕(品德, 인품과 덕성)은 절대 없어서는 안 될 중요한 요소다. 높은 품덕과 자질을 갖춘 사람이라면 경쟁에서도 가장 우위를 점할 수 있다.

승리와 성공을 거두고 싶다면, 기교와 지혜가 있어야 할뿐더러 상응하는 품덕 또한 갖추고 있어야 한다.

타이베이의 한 건축업자는 워낙 똑똑하고 능력이 출중해 업계에서 모르는 사람이 없을 정도였다. 그는 사업적 두뇌 회전이 빠르고, 맡은 바 일도 완벽하게 해냈다. 하지만 외적 명성과 달리 사업은 전혀 나아질 기미를 보이지 않았고, 결국 파산했다. 그는 좌절과 혼란 속에서 침식을 잊은 채 실패한 원인을 찾아내고자 애썼다. 그러나 납득할 만한 답을 좀처럼 찾아내지 못했다. 재능과 수완, 성실과 노력만 놓고 보자면 그는 누구에게도 뒤처지지 않았다. 그런데 왜 다른 사람이 성공할 동안 그는 실패의 쓴맛을 봐야 했을까?

어느 날 그는 우연히 신문 가판대에서 신문 한 부를 샀다. 이런저런 기사를 읽던 그의 눈이 한순간 번쩍 뜨였다. 신문에 박힌 문장들이 전광석

화처럼 그의 마음에 딱 들어왔다. 그 후 그는 1만 위안의 자금을 들여 다시 한 번 사업에 뛰어들었다.

이번에 그의 사업은 마치 마법이라도 부린 것처럼 잡화점부터 시멘트 공장, 하청업체부터 건축업체에 이르기까지 모든 일이 순조롭게 풀렸고, 협력업체들도 앞다투어 그와 손을 잡으려 했다. 불과 몇 년 만에 그는 비즈니스 신화 창조의 주인공이 되었다.

사람들이 그에게 재기의 비결을 물을 때마다 그는 간단히 대답했다.

"육십 퍼센트만 건지는 겁니다."

또 몇 년이 흘러 그의 자산은 눈덩이처럼 불어나 100억 위안을 돌파했다. 언젠가 그는 모 대학에서 초청 강연을 했는데, 학생들은 그에게 자산가가 된 비결을 물었다. 그는 미소를 지으며 대답했다.

"그건 내가 이십 퍼센트를 덜 버는 원칙을 고수했기 때문입니다."

학생들이 그 의미를 궁금해하자 그는 지난 경험을 하나 들려주었다.

"오래 전에 거리에서 신문을 한 부 샀는데, 거기서 리처드 리에 관한 기사를 읽고 큰 깨달음을 얻었습니다. 그 기사에서 기자가 리처드 리에게 물었죠. '부친 리자청께서 당신에게 돈 버는 기술에 대해 어떤 비결을 알려주시던가요?' 리처드 리가 대답했습니다. '아버지는 그런 비결을 가르쳐주신 적이 한 번도 없습니다. 다만 사람됨의 도리와 처세에 관한 이치를 알려주셨을 뿐이죠. 아버지는 당신이 다른 사람과 합작을 할 때 칠십 퍼센트를 건지면 합리적이고, 팔십 퍼센트면 더 좋겠지만, 육십 퍼센트를 건져도 괜찮다고 늘 당부하셨습니다'라고 말이죠."

여기까지 말하고 나서 그는 한껏 고무되었다.

"이 인터뷰를 나는 백 번도 넘게 읽었고, 마침내 한 가지 이치를 깨우쳤습니다. 사람됨의 최고 경지에 이르기 위해 '작은 승리는 지혜로 얻고,

큰 승리는 덕으로 얻는다'는 이치를 깨우쳐야 함을 알게 된 거죠. 사실, 리자청은 늘 다른 사람이 이십 퍼센트를 더 벌게 했고, 사람들은 그와 사업을 하면 이익을 볼 수 있다는 것을 알게 된 겁니다. 그래서 더 많은 사람이 그와 함께 사업하기를 원하게 된 것이죠. 이렇게 되다 보니 리자청은 고작 육십 퍼센트를 갖는다 해도 사업은 백여 개로 확장되었습니다. 가령 이익 중 팔십 퍼센트를 가져간다면 백 개의 사업은 다섯 개로 변하게 되겠죠. 어느 것이 더 돈이 되는지 딱 답이 나올 겁니다. 내가 예전에 했던 최대 실수는 바로 너무 영리하게 굴었다는 겁니다. 그러다 보니 무슨 수를 써서라도 상대에게서 더 많은 이익을 끌어내려 했죠. 그 결과 눈앞의 이익은 늘었을지 몰라도 그 이상의 발전은 없었습니다."

강연이 끝난 후 그는 가방에서 누렇게 색이 바랜 신문지를 꺼내 들었다. 그것은 바로 리처드 리 기사가 실린 바로 그 신문이었다. 여러 해가 지난 후에도 그는 그것을 소중히 간직하고 있었다. 그 신문의 여백에는 이런 글귀가 쓰여 있었다.

'작은 승리는 지혜로 얻고, 큰 승리는 덕으로 얻는다!'

이것이 바로 타이베이 취안성 부동산개발회사 이사장 린정자가 100억 위안의 자산가가 된 비결이다.

중국 거부 리자청은 이렇게 말했다.

"나는 사업가이기에 앞서 한 명의 사람입니다."

리자청의 이 말은 성공한 사업가의 비결을 단적으로 보여주고 있다. 먼저 사람이 되는 것이 모든 일의 근본이자 본질이고, 사업에 성공하는 것은 부수적인 문제이자 결과물일 뿐이다. 먼저 사람됨을 갖추어야 비로소 좋은 사업가가 될 수 있고, '작은 승리는 지혜로 얻고, 큰 승리는 덕으로 얻는다'는 말도 실현할 수 있는 것이다.

　덕행을 갖추었다면 어떤 문제에 봉착하더라도 더 이상 문제될 것이 없다. 인품과 덕성이 경지에 오른 사람에게 세속적인 문제는 풀리지 않는 골칫거리가 될 수 없다.

인생의 나침반

유비는 말했다.
"악이 작다 하여 행하지 말고, 선이 작다 하여 아니하지 마라."

자신의 잘못을 책망하되,
타인의 잘못을 공격하지 마라

樊遲 從遊於舞雩之下, 曰 敢問崇德, 修慝, 辨惑.

子曰

善哉問! 先事後得, 非崇德與?

攻其惡, 無攻人之惡, 非修慝與?

一朝之忿, 忘其身, 以及其親, 非惑與?

번지가 무우대 아래에서 공자를 모시고 거닐다 물었다.
"어떻게 해야 덕을 높이며, 악함을 닦으며, 미혹됨을 분별할 수 있습니까?"
공자가 말했다.
"좋은 질문이구나! 먼저 일에 주력하고, 얻는 것을 뒤로하는 일이 덕을 높이는 게 아니겠느냐? 자신의 나쁜 점을 다스리고, 남의 단점을 비판하지 않는 것이 바로 악을 바르게 하는 일 아니겠느냐? 한때의 분함을 참지 못하고, 심지어 자신의 목숨조차 귀히 여기지 않으며 그 누를 어버이에게 까지 미치게 한다면 이것이 미혹한 게 아니겠느냐?"

4천 년 전 고대 이집트 국왕은 아들에게 "조금만 더 총명하게 굴면 네가 원하는 모든 것을 손에 넣을 수 있다"라고 충고했다. 2천 년 전 예수는 "나를 반대한 사람들을 되도록 빨리 용서하라"라고 했다. 사람됨의 길을 가려면 다른 사람의 잘못에 대해 너무 민감하게 굴어서는 안 되며, 소위 정확한 의견에 집착해서도 안 되고, 타인을 함부로 질책해서도 안 된다.

만약 남이 당신을 옹호하게 만들고 싶다면 이 말을 기억해야 한다. 자신을 먼저 반성하고, 남한테 지나치게 가혹한 처사를 삼가는 것이다.

공자는 번지(樊遲)의 질문을 빌려 개인 수양에 관한 문제를 이야기했다. 한 사람이 도덕적 수양의 수준을 높이려면 먼저 성실하게 일하고, 순간의 물질적 이익에 지나치게 집착하지 말아야 한다. 또한 그런 연후에 자신에게 엄격하고, 타인의 잘못을 지나치게 질책하지 말아야 하며, 감정 충동의 단점을 극복하고, 자신의 안위를 대가로 삼아서는 안 된다. 그렇게 할 때 비로소 미혹을 식별할 수 있다. 이렇게 할 수 있다면 누구나 자신의 도덕적 수준을 높일 수 있고, 악한 마음을 고치고 일상의 미혹에서 자유로워질 수 있다.

여기서 우리가 중점적으로 이야기하고자 하는 부분은 '자기의 잘못을 책망하되, 타인의 잘못을 공격하지 마라'는 말의 실질적 의미다. 흔히 문제나 골칫거리를 만났을 때 사람들은 습관적으로 자신에게서 잘못의 원인을 찾고 반성하기보다 먼저 남을 질책하고 공격하려 한다. 이런 행동 방식은 이기적일뿐더러 편견이 작용했다고 볼 수밖에 없다. 이런 방식으로 대처하면 갈등만 더 격화될 뿐 문제를 해결하는 데 아무런 도움도 못 된다.

2006년 4월, 중국 직장 내에 '여비서 PK 총재' 사건이 발생했다. EMC의 중국 본사 루춘추 총재는 퇴근 후 다시 사무실로 물건을 가지러 갔다. 그런데 그는 사무실 문 앞에 도착하고 나서야 자신이 열쇠를 가지고 오지 않았음을 알아챘다. 그때 그의 개인 비서 레베타는 이미 퇴근해 집으로 돌아간 상황이었다. 루춘추는 모든 방법을 동원해 그녀와의 연락을 시도했지만 연락이 전혀 되지 않았다. 그는 치미는 분을 삭이지 못한 채 새벽 한 시가 넘은 시각에 내부 이메일 시스템을 통해 비서에게 메일을 한 통 보냈다. 그 안에는 그녀의 잘못을 강도 높게 질책하는 내용이 담겨 있었다. 이 영문 이메일은 회사 중역 몇 명에게도 동시에 보내졌다.

'예전에도 누누이 말했지만 무슨 일이든 당연한 것은 없소. 결국 오늘 저녁 당신은 나를 문 밖에 세워놨고, 나는 필요한 물건을 사무실 안에 둔 채 아무것도 할 수 없었소. 문제는 당신이 내가 열쇠를 가지고 다닌다 당연시한 데서 비롯되었을 테지. 지금부터 점심 식사 시간이든, 퇴근 후이든 상관없이 당신은 당신이 보좌해야 하는 모든 상사가 아무 일 없다는 것을 확인한 후 사무실을 떠나도록 하시오. 알겠소?'

레베카는 이메일을 본 후 너무 화가 나 참을 수 없었다. 그녀는 울분을 삭이지 못한 채 총재에게 똑같이 격앙된 말투로 이메일을 써 보냈다. 심지어 이 메일을 복사해 베이징, 청두, 광저우, 상하이 등 각 지사에까지 보냈다. 이렇게 해서 EMC 중국 회사의 거의 모든 사람이 이 이메일을 받아 보았다. 이 메일로 인해 레베카는 '최강 여비서'라는 호칭을 얻게 되었다. 그녀의 이메일 내용은 이랬다.

'첫째, 저의 일 처리는 한 치도 어긋남이 없었습니다. 제가 사무실 문을 잠근 것은 안전을 위해 꼭 필요한 부분입니다. 만에 하나 문을 잠그지 않고 퇴근했다가 물건이라도 도난당하면 그 모든 책임을 제가 짊어져야 합니다.

둘째, 총재님은 열쇠를 가지고 있었지만 단지 그것을 잊고 가져오지 않은 것뿐이니, 본인의 실수를 저의 잘못으로 돌리는 건 옳지 않습니다. 이런 일이 일어난 주요 원인은 총재님 자신에게 있으니, 자신의 잘못을 타인에게 전가하지 마십시오!

셋째, 총재님은 저의 사적인 시간까지 간섭하고 통제할 권한이 없습니다. 저는 오늘 하루 동안 여덟 시간의 근로시간을 지켰고, 점심시간이나 퇴근 후 시간은 제 사적인 시간이라는 것을 기억해주십시오.

넷째, EMC에 온 첫날부터 지금까지 저는 맡은 바 직무를 소홀히 한 적이 없고, 야근이 필요할 때면 아무런 불만 없이 충실히 이행했습니다. 하지만 만약 사 측에서 업무 외적인 야근을 요구하신다면 저는 받아들일 수 없습니다.

다섯째, 비록 우리가 상하관계로 엮여 있다 해도 무례한 말투는 삼가주십시오. 이는 사람됨의 가장 기본적인 예의 문제라고 생각합니다.

여섯째, 저는 한 가지를 확실히 해두고자 합니다. 저는 무언가를 추측하거나 가정하지 않았습니다. 그럴 시간도 없고, 그럴 필요성도 느끼지 못했기 때문입니다.'

그들 간의 이메일 왕래는 인터넷을 타고 빠른 속도로 퍼져나갔고, 사회적 문제로까지 확산되었다.

이로써 루춘추 총재에게 큰 위기가 닥쳤고, 심지어 개인의 사퇴로까지 이어졌다. 객관적으로 말해서 이 사건의 직접적 원인은 쌍방이 돌발 변수가 생겼을 때 감정이 격해져 자기 입장을 고수하며 상대를 비난하고, 차분하게 입장 바꿔 생각하는 여유가 없었기 때문이다. 그들이 서로를 비난하고 질책한 전쟁은 결국 어느 누구에게도 득이 되지 못한 채 감정의 소모만 가져왔다.

심리학에 '감정이입(Empathy)'이라는 것이 있다. 이 용어는 상대방의 감정과 경험 속으로 들어가서 그 사람의 감정을 이해하고, 그의 입장에 서서 문제를 사고하고 처리하는 능력을 포함한다. 그것은 일을 나눠 협력하는 현대 사회에서 발전과 성공을 위한 주춧돌이다. '감정이입'이 없다면 상호 신뢰가 생기지 않고, 신뢰가 없으면 협업도 없고 성공을 거둘 수도 없다. 타인과 좋은 관계를 유지하고 싶고, 타인을 바꾸거나 타인이 자신에게 보조를 맞춰주기를 바란다면 유일한 방법은 바로 먼저 자신을 바꾸는 것이다. 즉, '자신의 잘못을 책망하되, 타인의 잘못을 공격하지 마라'는 성현의 말씀을 실천하면 된다.

인생의 나침반

공자는 말했다.
"자기도 하기 싫은 일을 남에게 강요해서는 안 된다."

군자는 남의 좋은 점을 이루게 해주고, 나쁜 점을 조장하지 않는다

자 왈
子曰

군 자 성 인 지 미
君子成人之美,

불 성 인 지 악   소 인 반 시
不成人之惡, 小人反是.

공자가 말했다.
"군자는 남이 장점을 완성하는 데 도움을 주고, 남이 나쁜 일을 하도록 돕지 않는다. 그러나 소인은 이와 정반대다."

당나라 시인 이상은(李商隱)의 작품 '무제(無題)'에 이런 구절이 나온다. '봄 누에는 죽기 전까지 실을 뽑고, 초는 재가 되어야 눈물이 마른다.' 원래는 남녀 간의 연정과 이별에 관한 심정을 쓴 시지만 지금은 어떤 일에 대한 열의, 집념, 희생 정신을 비유하는 데 많이 쓰인다. 이런 정신은 공자가 주장한 '군자는 남이 장점을 완성하는 데 도움을 준다'는 것과 일맥상통한다. 사람됨 역시 희생 정신과 더불어 타인의 아름다움을 이루어 주는 데 힘을 쏟아야 하며, 이랬을 때 삶은 한층 조화롭게 변할 수 있다.

공자는 늘 '군자'와 '소인'을 비교해 도리를 설명했고, 위의 말 역시 예외가 아니다. 지금의 상황에 적용시켜보면 '군자'는 도덕적으로 이상적

경지에 오른 '정통파'를 말하고, '소인'은 도덕적으로 형편없고 사악한 부류를 말한다. 공자의 말 '남이 장점을 완성하도록 도와야 한다'는 것은 바로 군자가 반드시 갖추어야 할 도덕의 경지를 의미한다.

추읍 관할 지역 안에서 공자는 안회와 함께 읍재 공충(孔忠)의 업무 보고를 들었다. 그중에 민사 안건과 관련된 판결이 포함되어 있었고, 그 전말은 이러했다.

그날 관할 지역 내에서 남자 두 명과 여자 한 명이 소송을 걸었다. 원고는 60여 세의 지주 희원(姬原)이었다. 피고는 희원의 종이자 아들의 글동무인 이문수(李文秀)였다. 그는 인물이 훤칠하고 근면 성실한 열여덟 살 소년이었다. 또 한 명은 원고와 피고가 서로 차지하려고 다투던 여인 견소옥(甄小玉)이다. 그녀는 방년 열여덟 살로 미색이 뛰어났다.

희원이 하소연했다.

"그날 제가 견소옥을 아내로 맞이하기 위해 사람을 시켜 마차를 보냈습니다. 그런데 돌아오던 도중에 이문수가 복면한 사람들과 함께 소옥을 빼앗아 간 겁니다. 저는 황급히 사람을 시켜 추격했지만 다음 날이 되어서야 그들을 찾을 수 있었고, 그때 두 사람은 이미 함께 잠을 자고 있었습니다. 저와 먼저 혼약한 사람을 범했으니 부디 이문수를 엄벌에 처하시고, 소옥을 돌려주십시오!"

이문수가 반론을 제기했다.

"저와 소옥은 이웃마을에 살았고, 나이도 동갑입니다. 양가 어른들은 우리가 열여덟 살이 되는 해에 혼인하라고 하셨습니다. 오 년 전에 저희 집안에 일이 생겨 집안 형편이 심하게 기울었고, 어쩔 수 없이 제가 희원

나리의 집에 가서 하인으로 일하면서 아들의 글동무가 되어드렸습니다. 며칠 전 소옥이 희씨 집으로 나를 보러 왔을 때 나리께서 아름다운 외모의 그녀를 보는 순간 마음을 빼앗기셨고, 곧바로 은자를 들고 직접 견씨 집으로 달려가 혼인을 종용하셨지요. 소옥의 부친께서는 허락하지 않았지만 희원 나리가 은자를 밀어 넣으며, 미리 써놓았던 혼약서에 손도장을 찍으라 강요했습니다. 그러고는 갑자기 신부를 약탈해 간 겁니다. 소옥의 부친께서 일이 급박하게 돌아가자 제게 몰래 이리 말씀하셨습니다. '소옥은 일찌감치 너의 사람이니 그 집에 들어가기 전에 빼돌려서 멀리 도망치거라. 네가 도망치고 나면 내가 나리를 관청에 고발할 터이니 뒷일은 내게 맡기거라' 하고 말입니다."

뒤이어 견소옥이 나서서 증언했다.

"이문수의 말은 모두 사실입니다. 나리가 혼인을 강요하며 절 강제로 데려가셨습니다. 저는 문수의 사람이니, 부디 우리가 함께 살 수 있도록 도와주세요!"

공충이 경당목(驚堂木, 법정에서 법관이 탁상을 쳐서 죄인을 경고하던 막대기)을 세게 내리치며 말했다.

"엄벌에 처하라!"

그러자 희원이 놀라 무릎을 꿇으며 급히 죄를 인정했다. 공충이 즉각 판결을 내렸다.

"이문수와 견소옥은 합법적 부부관계이고, 희원은 재물을 이용해 악행을 저지르며 혼인을 강요하고 신부를 빼앗았다. 이는 선량한 백성을 괴롭히고 압박한 것이니 법에 따라 감옥에 가두는 것이 마땅하다. 그러나 희원이 죄를 인정한 것을 감안해 그 형을 곤장 마흔 대로 감해줄 것이다. 또한 죄인은 견씨 집안에 사죄하고, 견씨 집안에 준 은자 이백 냥을 벌금으로 삼아 소옥에게 상처를 준 값을 보상하라!"

희원은 고개를 조아리며 연신 절을 올렸다.

"소인, 기꺼이 그 벌을 받겠나이다!"

공충이 공자에게 물었다.

"소질이 이렇게 판결한 것이 잘한 것인지요?"

"물론이다! 당연히 그리 판결해야 옳다! 군자는 남이 아름다운 일을 이루도록 돕고, 남이 악행을 저지르도록 조장하지 않는다 했다. 군자답게 일가의 화평을 이루도록 도왔으니 이 어찌 잘한 일이 아니겠느냐?"

안회가 물었다.

"스승님, '군자는 남이 아름다운 일을 이루도록 도와야 한다'는 말씀이 달리 해석될 수도 있지 않을는지요? 한쪽에게 '아름다운' 일이 다른 쪽에게 '악한' 일이 될 수 있으니 말입니다. 쌍방이 처한 입장이 다르고, 이익이 다르면, '아름다움'과 '악함'의 기준도 달라지지 않을는지요? 공충이 말한 이 사건도 달리 볼 수 있는 것 아니겠습니까?"

"아주 좋은 지적이다! 오로지 공정과 인, 덕의 입장에 서야 비로소 '아름다움'과 '악함'의 기준이 바로 서고, '군자는 남이 아름다운 일을 이루도록 도와주고, 남이 악한 일을 저지르도록 조장하지 않는다'는 말이 당위성을 갖게 되느니라. 물론 말이 쉽지, 진짜 이렇게 해내려면 반드시 군자의 덕이 뒷받침되어야 한다."

군자는 덕이 높은 사람을 일컫는다. 이런 인물은 늘 남이 이루고자 하는 좋은 바람을 생각하고, 그 사람이 그것을 이루도록 일깨워주고, 이끌어주고, 격려해주고, 도와주어야 한다.

지금 당신에게 돈은 없고 좋은 아이디어만 있다면 적합한 투자자를 찾아 그 아이디어를 현실 속에서 실현하고 사업으로 발전시킬 수 있을까? 만약 당신이 거액의 유동성 자금을 가진 벤처 투자자라면 어떤 프로젝트를 선택해 투자하겠는가? 창업자와 벤처 투자자의 연결고리는 바로 이 두 가지 질문에서 시작된다.

벤처 투자자는 자본의 가치 증식을 꿈꾸고, 창업자는 꿈을 추구한다. 벤처 투자자와 창업자의 만남은 현실과 이상의 교차점이자, 현실과 이상의 완벽한 결합이기도 하다.

성공한 남자 뒤에는 늘 위대한 여성이 있었듯 성공한 창업 기업 곁에는 한 명 혹은 여러 명의 뛰어난 벤처 투자자가 늘 함께한다. 투자자가 쏟아붓는 것은 돈이고, 그것을 기반 삼아 창업자는 자신의 젊음과 열정을 불태운다. 쌍방은 상대방이 꿈을 이루도록 서로 도움을 주는 존재이고, 그 속에서 공동의 이익이 창출되는 '윈윈'을 구축해야 한다.

요컨대 성인이 말하는 사람됨의 법칙을 따르되, 현실 사회의 실제 수요에 근거해 융통성을 발휘한다면 누구라도 승리의 달콤한 열매를 맛볼 것이다.

인생의 나침반

남이 이루고자 하는 바를 도와주고 힘이 되어주는 것이야말로 군자의 도리이자 미덕이다.

배움을 게을리하지 않는 것이
성공의 지름길이다

자 왈
子曰

삼 인 행   필 유 아 사 언
三人行, 必有我師焉.

택 기 선 자 이 종 지   기 불 선 자 이 개 지
擇其善者而從之, 其不善者而改之.

공자가 말했다.
"세 사람이 함께 길을 가면 그중에 반드시 내 스승이 될 만한 사람이 있다. 그의 장점을 골라 그것을 배우고, 단점이 있다면 그것을 교훈 삼아 자신을 바로잡아라."

미국의 전 대통령 빌 클린턴은 말했다.
"십구 세기에는 작은 땅을 갖는 것이 집안을 일으키는 종잣돈이 되었습니다. 하지만 이십일 세기는 다릅니다. 이제 사람들이 가장 갖고 싶어 하는 선물은 더 이상 땅이 아니라 연방정부의 장학금입니다. 그들은 새로운 지식이야말로 미래의 문을 여는 열쇠임을 알게 된 것이죠."
이런 의미에서 배움에 매진하는 것이야말로 가장 경쟁력 있는 인재가 갖춰야 할 핵심 자질이겠다.

덕과 재능을 겸비한 사람이 되고자 할 때 '덕'에 관해서는 이미 앞에서 언급했다. 그렇다면 '재'는 어디에서 오는 것일까? 그것은 배움을 통해

얻어진다. 설사 타고난 천재라 해도 후천적으로 끊임없이 학습해야 경쟁에서 살아남을 수 있다. 이럴진대 대다수 평범한 두뇌의 소유자에게 배움이 얼마나 중요한지는 말하지 않아도 알 것이다.

제자들과 함께 천하를 주유하던 어느 날, 공자는 호수와 산이 어우러진 풍광에 흠뻑 빠졌다.

한창 경치를 감상하고 있는데 앞쪽에서 아이 두 명이 하늘을 가리키며 왈가왈부하는 모습이 보였다. 공자가 다가가 물었다.

"대체 무슨 일인데 둘이 그리 다투는 것이냐?"

한 아이가 해를 가리키며 말했다.

"저 붉은 태양이 언제 땅에서 가장 가까운지에 대해 말하고 있었습니다."

공자는 두 아이가 어려운 문제를 놓고 이야기를 나눈다는 사실에 내심 놀랐다. 공자가 물었다.

"너는 태양이 언제 땅에서 가장 가깝다고 보느냐?"

아이가 거침없이 대답했다.

"당연히 이른 아침과 저녁에 가장 땅에서 가깝습니다."

공자가 그 이유를 묻자 아이가 설명을 해주었다.

"해가 뜨고 질 때 태양이 바퀴처럼 크고, 정오가 되면 쟁반만큼 크기가 주니까요. 우리가 어떤 물건을 볼 때 가까이 있으면 커 보이고, 멀리 떨어지면 작아 보이지 않습니까? 그러니 이른 아침과 저녁의 태양이 땅에서 가장 가까운 것입니다."

공자는 아이의 말이 일리가 있다고 생각하며 칭찬해주었다.

"그렇구나. 듣고 보니 참으로 일리가 있구나!"

그때 다른 아이가 끼어들어 반박했다.

"일리가 있다니요? 이른 아침과 저녁의 태양은 새빨개서 보고 있으면 속이 확 트이는 느낌이 들지만, 정오의 태양빛은 땅이 타들어가는 것처럼 뜨거우니 마치 화로나 열탕 옆에 있는 것처럼 숨이 막힙니다. 다들 알다시피 열이 나는 물건이 옆에 있을 때 가까이 가면 뜨겁고, 멀리 떨어지면 열기가 덜하지 않습니까? 그러니 정오의 태양이 땅에서 가장 가까운 것이지요."

공자는 그 말도 일리가 있다고 생각해 순간 난감해졌다.

이 문제 앞에서 공자는 누구의 말이 옳은지 확신이 서지 않았다. 결국 공자는 자신 역시 명확한 답을 모른다고 솔직히 말해주었다. 그러자 두 아이는 실망한 기색이 역력했고, 그중 한 아이가 불만을 드러냈다.

"다들 공자께서는 세상에 모르는 것이 없는 성인이라고 하던데 그런 분도 모르는 것이 있군요!"

천진난만한 아이의 말처럼 성인조차도 모르는 것이 있게 마련이다. 그 역시 겸손한 마음으로 가르침을 청하고 끊임없이 배워나가야 하는 존재에 불과한 것이다. 성인 역시 이러할진대 평범한 사람은 배움의 의미를 더 뼛속 깊이 새기고 실천할 필요가 있다.

지금은 배움에 능통한 것 역시 능력처럼 받아들여지는 세상이다. 그것이 운명을 바꿀 만큼 강한 마력을 가지고 있기 때문이다. 『배움이 운명을 바꾼다』의 저자 리샤오펑은 저서에서 말했다.

'나는 작은 시골 마을의 아주 평범한 가정에서 태어났고, 그곳에서 초등학교부터 고등학교를 다니다 베이징으로 올라와 대학을 다녔습니다. 졸업 후에는 대학원을 거쳐 회사에 취직했고, 출판과 강연 활동을 거쳐 한 발 한 발 제 꿈을 향해 나아갔습니다. 내가 의지할 수 있는 것은 오로

지 나의 노력과 땀뿐이었죠.'

미국의 전 대통령 토머스 윌슨은 "배움은 평생을 함께할 나의 일이다"라고 말했다.

아주 건장한 체구의 한 벌목공이 목재 회사에 면접을 보러 갔다. 사장은 면접을 거쳐 상당히 괜찮은 조건으로 그를 채용했다. 벌목공은 이 회사와 자신의 일에 최선을 다하기로 결심했다.

벌목공은 사장이 지정해준 지역으로 가 일을 시작했다. 그는 맡은 바 일에 집중하며 매일 스무 그루씩 큰 나무를 잘라냈고, 사장도 그의 일솜씨에 탄복하며 칭찬을 아끼지 않았다.

"일 하나는 정말 기가 막히게 하는 친구군! 계속 그렇게만 해주게!"

벌목공은 사장의 이런 말을 들을 때마다 힘이 났고, 더 열심히 일했다.

그런데 얼마 후 뜻밖의 상황이 벌어졌다. 그날 벌목공은 열다섯 그루밖에 자르지 못했다. 다음 날 그는 두 배로 노력해봤지만 고작 열 그루밖에 베지 못했다. 시간이 흐를수록 그가 벌목한 나무 수가 점점 줄어들었다.

"안 되겠어. 마음과 달리 점점 힘이 부치고 있어."

벌목공은 해결책을 찾기 위해 사장을 찾아갔다.

"자네, 도끼날을 언제 갈았나?"

"도끼날이요? 계속 나무를 베느라 너무 바빠서 갈 시간이 없었습니다만……."

이 이야기를 통해 우리는 배움이 단지 학교에서만 그치는 것이 아니라 평생 함께하며 새로운 지식을 머릿속에 채워 넣어야 함을 알 수 있다. 그렇지 않으면 아무리 노력해도 현실 속에서 돌파구를 찾기 어렵다. 벌목공의 경우처럼 업무 효율도 점점 떨어지게 마련이다.

지금 채용 시장에서도 학습 능력을 중요한 평가 항목으로 보고 있다. 이 점에 대해 탕쥔은 그의 자서전『나의 성공은 복제될 수 있다』에서 이렇게 기술했다.

상하이 마이크로소프트에 있을 때 내가 채용한 사람의 대부분은 명문대가 아니라 2류, 3류대 출신이거나, 이름 모를 지방대 출신도 있고, 심지어 컴퓨터 관련학과를 졸업하지 않은 사람도 있었다. 그럼에도 나는 그들에게 함께 일할 기회를 주었다. 물론 이것은 나의 교육 배경과 관련이 있다. '평범한 대학을 졸업한 나도 사장이 될 수 있다면 나 아닌 다른 사람도 충분히 그런 신화를 만들어낼 수 있지 않을까?'
그래서 나의 채용 기준은 내 요구 조건에 도달할 수 있는 사람이었다.
"제 요구 조건은 아주 간단합니다. 첫째, 학습 능력입니다. 대학에서 배운 지식과 기업에서 필요한 지식은 완전히 다릅니다. 그래서 학습 능력이 강한지 여부가 일에 매우 중요하게 작용하죠. 둘째, 일에 대한 태도입니다. 나는 사람의 아이큐가 중요하다고 생각한 적이 한 번도 없습니다. 빌 게이츠처럼 천재가 아니라면 말이죠. 설사 내가 당신만큼 똑똑하지 않아도 내가 더 노력하면 당신과 똑같은 수준에 도달할 수 있습니다. 그래서 나는 스스로 똑똑하다고 믿는 사람보다 학습 능력이 뛰어나고, 진취적인 사람에게 더 많은 기회를 주고자 했습니다. 나는 학습 능력이 뛰어나고 성실한 사람이 일류대나 전공보다 훨씬 중요하다고 봅니다."

오늘날 우리는 매일 엄청난 양의 새로운 지식 정보와 마주한다. 이런 상황에서 배움을 거부한다면 끊임없이 변하는 사회와 치열한 경쟁에 적응하며 살아남을 수 없다. 그리고 여기서 바로 성공과 실패가 갈린다.

인생의 나침반

저명한 학자 덩퉈는 말했다.
"동서고금을 통틀어 학식이 있는 사람, 성공한 사람은 늘 지식의 축적을 중요하게 생각한다. 지식은 바로 축적을 하는 것이고, 경험 역시 축적을 만들어낸다. 우리는 무슨 일이든 '금방 사라져버릴 것'처럼 흘려보내서는 안 된다."

배움에는 나이가 없다

자 왈
子曰

오 십 유 오 이 지 어 학   삼 십 이 립   사 십 이 불 혹
吾十有五而志於學, 三十而立, 四十而不惑,

오 십 이 지 천 명   육 십 이 이 순   칠 십 이 종 심 소 욕 불 유 구
五十而知天命, 六十而耳順, 七十而從心所欲不踰矩.

공자가 말했다.
"나는 열다섯 살 때 학문에 뜻을 두었고, 서른 살에 자립하였으며, 마흔 살에 미혹되지 않았고, 쉰 살에는 천명을 알았고, 예순 살에는 귀가 뚫려 한 번 들으면 곧 그 이치를 알았고, 일흔 살에는 내심 하고 싶은 대로 해도 법도에 어긋나지 않았다."

한 혁명가가 말했다.
"나라를 혁신하기 위해 우리가 스스로에게 반드시 부여해야 할 임무는 첫째도 학습, 둘째도 학습, 셋째도 학습이다."
학습은 누구에게나 평생 함께해야 할 임무이고, '살아 있는 한 일하고, 죽을 때까지 배우고 바꾸어 나아간다'를 좌우명으로 삼아야 한다.

사람의 일생은 짧다. 그러나 정신의 경지는 죽는 날까지 아주 긴 기간 동안 성장을 지속해야 한다. 공자가 말한 도덕적 수양 과정은 분명 하루 아침에 완성될 수 없는 것이며, 장기간의 학습과 평소 연마를 통해 완성

되어야 한다.

선인들은 냉랭한 창문 아래서 10년 동안 고생했다는 '십년한창고(十年寒窓孤)'라는 말 속에 배움의 어려움을 담아냈다. 사실, 이런 고통은 시험을 거쳐 공명을 얻기 위해 반드시 감수해야 할 단계이기도 하다.

많은 사람이 일단 이름을 얻고 경제적 안정을 찾고 나면 그 문을 두드리기 위해 꼭 쥐고 있었던 이 '벽돌'을 내팽개친다. 하지만 진정으로 걸출한 인재들은 성공한 후에도 자신의 지식을 새롭게 충전하고 능력을 키우기 위해 평생 배움의 끈을 놓지 않는다.

북송 시대의 왕안석(王安石)은 배움을 좋아하였다. 그는 밥 먹고 자는 시간에조차 손에서 책을 내려놓지 않았다. 그의 관심 분야는 매우 광범위했는데, 유가의 경서·역사서·철학서·시가·의서에 이르기까지 모든 분야를 망라했다. 심지어 그는 밭을 가는 일이나 바느질에도 흥미가 있었다.

스물두 살 되던 해, 왕안석은 진사에 급제한 뒤 회남 판관으로 부임했다. 그는 관청에서 공무를 다 처리한 후에 잠자는 시간까지 쪼개가며 학문에 매진했다. 동이 틀 때까지 책을 읽다가 고작 두어 시간 눈을 붙이고 부리나케 일어나 관청으로 달려가는 날이 비일비재했다. 그러다 보니 세수도 하지 못한 채 옷만 대충 갈아입고 가기 일쑤였는데, 머리 모양새가 꾀죄죄한 것이 기인 같아 보일 정도였다.

당시 양주지부를 담당하던 한기(韓琦)는 과거에 급제해 관리가 된 왕안석이 매일 아침마다 단정하지 못한 몰골로 나타나자 주색에 빠져 그런 거라고 오해했다. 그는 참다못해 왕안석에게 충고를 했다.

"자네는 아직 젊고 앞길이 창창하니 자신을 귀히 여기고 행동거지를 조심해야 하네. 절대 자포자기해서 나쁜 길로 빠져들면 안 되네!"

왕안석은 그의 충고에 연신 고맙다고 인사했다. 나중에 한기는 왕안석이 밤새 책을 읽었다는 사실을 알게 된 후 그를 다시 보게 되었다.

왕안석은 후에 은(鄞)현의 지사로 임명되었다. 부임 후 그는 사흘에 한 번씩 관청에 나가 공무를 처리하는 데 온전히 집중하고, 나머지 시간은 전부 책을 읽거나 글을 쓰기로 계획했다.

왕안석은 이렇게 10년을 하루같이 공부하고, 다양한 분야의 책을 모두 섭렵했다. 그간 그는 역사서·정치·경제·군사·문학·예술을 두루 연구해 세상 보는 눈을 넓혔고, 그렇게 쌓아 올린 지식을 바탕으로 청사에 길이 남을 정치가로 성장했다.

평생 배움을 게을리하지 않는 것은 왕안석 같은 걸출한 인물들의 공통된 특징이다. 하루도 배움의 고삐를 늦추지 말고 새로운 지식을 흡수하려 노력해야 시대 흐름에 뒤처지지 않을 수 있다. 시대 흐름과 보조를 맞춰 걷고 싶다면 외부 세계의 변화에 민감해야 하고, 또 그 변화를 수용하여 부족한 지식을 채우려 노력해야 한다. 그렇지 않으면 날로 새로운 것이 쏟아져 나오는 현대 사회에서 적응하기란 쉽지 않다.

배움을 중요하게 생각하지 않거나, 심지어 업무가 바쁘다는 핑계로 잠시 배움을 멀리한 사람들은 당연히 새로운 지식을 충전하지 못한다. 결국 변화에 적응하지 못하고 적자생존의 삭막한 경쟁에서 밀려나고 만다.

빌 게이츠 역시 배움의 중요성을 강조했다.

"배움을 게을리하지 않아야 앞날을 밝힐 수 있습니다. 제대로 된 기업이라면 조직의 구성원들이 새로운 지식을 흡수하며 늘 발전하기를 바랄 겁니다."

인생의 나침반

중국 정치가 류사오치가 말했다.
"배움을 게을리하지 마십시오. 배움에는 소화와 흡수의 과정이 필요합니다. 무조건적인 수용이 아니라 비판적 태도를 견지해야 합니다. 자신의 상황에 맞춰 부족한 부분을 배우고, 장기적으로 배움을 이어가야 합니다. 삼 주로는 부족하니 삼 개월, 삼 년, 삼십 년을 이어가세요. 열심히 배우고, 오랜 세월 그 배움을 이어간다면 분명 득이 되는 게 있을 겁니다."

말보다 실천이 앞서는
겸손한 사람이 되라

_{자 왈}
子曰

_{군 자 욕 눌 어 언 이 민 어 행}
君子欲訥於言而敏於行.

공자가 말했다.
"말을 할 때는 어눌해도 행동은 민첩해야 한다."

'화려하게 치장된 말보다 일상의 평범한 일을 더 많이 하라'는 말이 있다. 공허한 말치장보다 행동으로 옮길 줄 알아야 하고, 매 순간의 작고 평범한 일들을 실천하고 성취해야 한다. 그것이 쌓일 때 평범하지 않은 인생이 만들어진다.

공자의 관념 속에 존재하는 군자 이미지는 겸손하고 맡은 바 일에 충실한 사람이다. 그들은 빈말이나 흰소리를 잘하지 못하고, 일 처리가 민첩하며, 행동이 적극적이다. 다시 말해서 빈말을 적게 하고, 행동으로 보여줄 수 있는 겸손한 사람을 가리킨다.

속담에서도 침묵은 금이라고 했다. 말을 청산유수처럼 하고 큰소리치는 사람 대부분은 탁상공론에 그칠 뿐이다. 말을 잘한다고 해서 재기와 지혜가 넘치는 것은 아니다. 심지어 종종 말이 화근이 되어 얻는 것보다 잃는 것이 더 많은 재앙을 불러오기도 한다.

불경에 이런 이야기가 나온다.

성질 고약한 거북 한 마리가 살던 연못이 백년에 한 번 올까 말까 한 가뭄 때문에 바싹 말라붙었다. 거북이는 자기 능력으로 먹이와 수초가 풍부한 곳까지 이동할 자신이 없었다. 하늘이 무너져도 솟아날 구멍이 있다고, 때마침 기러기 한 무리가 연못가에 내려 앉아 목을 축였다. 그들이 떠날 차비를 할 때 거북은 자신을 데려가달라고 간절히 부탁했다. 다행히 그중 한 마리가 도착해서 땅에 내려앉을 때까지 절대 말을 걸어서는 안 된다고 신신당부한 후 부리로 거북을 물어 하늘로 날아올랐다.

기러기는 한참을 날아 산과 강 그리고 마을을 지나갔다. 가도 가도 끝이 없자 거북은 답답함을 참지 못하고 기러기에게 물었다.

"도대체 어디까지 날아가는 거야?"

기러기는 거북이 묻자 어쩔 수 없이 입을 열었고, 그 순간 거북은 땅바닥에 떨어져 죽고 말았다.

거북은 기러기의 충고를 듣지 않았고, 결국 큰 화를 자초했다. '화는 입에서 나온다'는 말처럼 말만 앞서는 사람은 설사 심각한 재앙을 초래하지 않더라도 본인에게 도움이 전혀 되지 않는 상황과 맞닥뜨리게 될 것이다. 말을 하는 데 급급하다 보면 마음속으로 많이 보고 듣고 생각하는 과정을 거치지 않게 되고, 행동 역시 생각 없이 이루어진다. 게다가 말 많은 사람일수록 무식한 밑천이 드러날 확률이 높아지고, 다른 사람에게 약점이 잡히고, 신뢰와 존중을 받기 힘들어진다. 말을 함부로 내뱉는 것 역시 말만 하고 약속을 지키지 않는다면 책임감이 결여된 태도라 할 수 있다.

말을 적게 하고 행동으로 더 많이 보여주는 것은 성공을 위해 꼭 필요하다. 그러니 한 가지 일에 착수하는 과정에서 엄청난 시간과 노력을 투자해야 할 때 우선 입을 다물고 시작하라. 위로는 반고(盤古)가 천지를 창조하고, 우(禹) 임금이 물을 다스리고, 아래로는 삼장법사(三藏法師) 현장(玄奘)이 서역을 주유하고, 무송(武松)이 맨손으로 호랑이를 때려잡은 일에 이르기까지 하나같이 모두 입을 다물고 해낸 것들이다. 이렇게 해야 정신과 체력을 집중하는 데 도움되기 때문이다. 일을 하면서 계속 설명하고 의논까지 한다면 실패는 아니더라도 일의 효율이 떨어지게 마련이다.

말보다 행동이 앞서야 한다는 것은 겸손함을 의미하기도 한다. 겸손은 고금을 통틀어 가장 지혜로운 사람됨이다. 삼국 시대의 이강(李康)은 『명운론(命運論)』에서 이렇게 기술했다.

나무가 숲에서 두드러지면 바람이 반드시 그것을 꺾고, 흙무더기가 언덕 밖으로 튀어나와 있으면 물이 반드시 깎아내리고, 능력이 뛰어난 사람은 반드시 비난의 대상이 된다.

자연계에서부터 인류 사회에 이르기까지 '강한 것을 질투'하는 심리는 늘 존재했다. 세력이 아직 충분히 강하지 않은 가운데 효과적으로 이익을 좇고 손해를 피하는 제일의 방법은 바로 약함을 드러내는 겸손이다.

'모난 돌이 정을 맞는다'는 말처럼 지나치게 자신을 드러내는 사람은 더 많은 비바람을 견뎌내야 한다. 밖으로 튀어나온 서까래는 자연히 가장 먼저 썩게 마련이다. 사회생활을 하면서 소문을 과하게 퍼뜨리고 으스대는 시대착오적인 짓을 한다면, 아무리 똑똑한 사람이라 해도 불특정 다수의 화살 공격을 피하기란 어렵다. 말보다 행동으로 먼저 보여주고 겸손하게 처신해야 자기 보호도 할 수 있고 일의 성취도 또한 높일 수 있다.

인생의 나침반

동서고금을 통틀어 가장 완벽하게 자아를 확립하고, 발전시키고, 성공한 인생을 이끌어낸 사람됨의 도는 바로 겸손이다. 통상적으로 볼 때 성공한 인물일수록 겸손한 사람의 전형을 보여준다. 무릇 겸손한 사람은 그 성취도 역시 상당히 높다. 반면에 고압적인 사람은 그 성취도가 그리 높지 않다.

꾸준히 노력하는
사람 앞에 장사 없다

자 왈
子曰
회 야 기 심 삼 월 불 위 인   기 여 칙 일 월 지 언 이 이 의
回也 其心 三月不違仁, 其餘則日月至焉而已矣.

공자가 말했다.
"안회는 그 마음이 한결같아서 석 달이 지나도록 인을 어기지 않는다. 그러나 다른 사람은 하루나 한 달에 인에 다다랐다가 그만둔다."

송나라 시대 시인 육유(陆游)의 시에 이런 구절이 나온다.
'옛 사람들은 학문에 모든 힘을 다 쏟아부었지만, 젊은 시절의 공부가 노년이 되어서야 이루어졌네.'
마오쩌둥의 어록에도 '중요한 것은 끈기이며, 하루 반짝 하고 열흘 빈둥거리는 나태함이 두려울 뿐이다'라는 말이 있다. 끈기를 가지고 노력하는 사람만이 멋진 인생의 주인공이 될 수 있다.

스승의 눈에 비친 안회는 이제까지 아주 모범적인 제자였다. 공자가 위와 같은 말을 한 것은 인(仁)을 강조하는 한편, 안회의 끈기를 칭찬하기 위해서였다. 그는 석 달 동안 한 번도 쉬지 않고 인의 경지를 유지했

다. 공자의 말을 통해 인의 경지를 유지하는 것이 쉽지 않으며, 이를 장기간 지속하는 것이 얼마나 큰 인내를 요구하는지 미루어 짐작할 수 있다. 또한 안회처럼 남다른 끈기와 인내의 소유자만이 더 큰 성과를 거둘 것임을 알 수 있다.

인생은 전쟁과도 같고, 이 전쟁에서 언제 승리를 거둘지 아무도 모른다. 그러나 한 가지 분명한 것은 바로 외로움을 견디고 인내하는 사람만이 쉽게 성공할 수 있다는 사실이다.

알리바바 그룹 회장 마윈은 말했다.

"오늘도 잔혹하고, 내일은 더 잔혹할 수 있지만 모레는 아름다운 빛이 우리의 길을 찬란하게 밝혀줄 수 있습니다. 하지만 안타깝게도 많은 사람이 내일 저녁에 죽는 선택을 하면서 모레의 태양을 보지 못합니다. 그렇다면 왜 모레가 아름다울까요? 대부분 사람이 오늘 혹은 내일 저녁에 죽기 때문입니다. 이렇게 잔혹했던 이틀의 시간을 거치면서 무수히 많은 경쟁자가 도태되니, 모레까지 끈기를 가지고 견뎌낸 사람은 더 쉽게 성공의 열매를 얻을 수 있는 겁니다."

1999년 천톈차오가 온라인 게임업체 성다를 세웠다. 다른 신생 회사들과 마찬가지로 성다 역시 창업 초기의 환경이 무척 열악했다. 상하이 푸둥 신개발지구 과학 기술 단지 안에 있는 사무실에 회사 직원은 고작 다섯 명뿐이었다. 창업 당시 성다의 등록 자금은 50만 위안이었고, 그중 30만 위안이 고정 자산이라 현금은 20만 위안밖에 되지 않았다.

천톈차오는 이 20만 위안으로 얼마나 버틸 수 있을지 걱정이 태산 같았다. 새로운 자금을 쏟아붓지 않으면 회사는 흔적도 없이 사라질 판이었다. 천톈차오는 그때의 두려웠던 기억에서 지금도 자유롭지 못하다.

"이천 년에 성다는 아마 매일 죽을 거고, 이천일 년에는 매주 죽을 거고, 이천이 년에는 매월 죽어갈 겁니다."

자금 압박에 시달리던 천텐차오는 투자자를 찾기 위해 백방으로 뛰어다니다가 중화네트워크의 CEO 예커융과 인연이 닿았다. 당시 중국 내 인터넷 사업이 전성기에 접어들었고, 중화네트워크는 나스닥에 상장한 최초의 중국 인터넷 기업답게 자금 운용 능력이 상당했다. 게다가 그들은 수많은 인터넷 창업자에게 선구자이자 신화에 가까운 존재였다.

당시 성다는 이미 생사존망의 기로에 서 있었고, 천텐차오는 지푸라기라도 잡는 심정으로 마지막 용기를 냈다. 그는 오로지 세 치 혀에 의지한 채 예커융에게 성다의 미래 비전을 최대한 어필했다.

예커융은 천텐차오의 열정적인 설명을 듣고 난 후 이 신생 벤처 회사의 미래에 투자하기로 결정했다.

2000년 1월, 천텐차오는 중화네트워크로부터 첫 투자 금액을 받았고, 계약금은 300만 달러였다. 그러나 성다는 100만 명의 고객을 보유하고도 계속 이윤을 창출하지 못했고, 몇 차례 경영 방향을 바꿔봐도 결과는 모두 실패였다. 결국 중화네트워크는 더 이상 인내심을 발휘하지 못했고, 2001년 5월 성다에 투자하기로 약속한 300만 달러 중 200만 달러만 입금한 채 투자를 종료했다.

중화네트워크가 돌연 투자를 중단하는 바람에 천텐차오는 다시 진퇴양난에 놓이게 되었다. 2002년 8월, 성다는 경영이 심히 악화되었고, 새로운 투자자를 찾아내지 못하면 더는 버틸 수 없을 것이었다.

이미 너무 많은 시련을 겪어왔던 천텐차오는 다시 한 번 얼굴에 철판을 깔고 투자자를 찾기 위해 처절히 발품을 팔았다. 그러나 그에게 닥친 어려움은 상상을 초월했다. 투자자들의 눈에 비친 성다는 이미 아무런 희망이 없는 시원찮은 벤처 회사였다. 그러다 보니 투자 협상은 연이어 실패로 끝나버렸다. 천텐차오는 사방이 벽으로 둘러싸인 듯 막막함을 느꼈다. 훗날 루안인 아시아의 황징성 사장은 그때를 기억하며 말했다.

"당시 우리가 성다에 투자를 할 때 다들 우리가 속고 있는 거라고 말렸습니다. 그 회사는 이미 회생이 불가능하다고 본 거죠. 그때 천텐차오가 아마 마음속으로 피눈물을 흘렸을 겁니다."

결국 성다의 재정 고문이었던 후이펑은행이 루안인 아시아와 접촉을 시도했고, 4,000만 달러의 전략적 투자 유치에 성공했다.

천텐차오는 남다른 의지와 위기 감당 능력을 가진 인물이었다. 그는 이제까지 쉽게 포기하는 법이 없었다. 절망적인 상황에서도 그는 문제를 해결할 방도를 찾는 노력을 게을리하지 않았다. 그는 그렇게 '오늘과 내일'을 견뎌냈고, 운명처럼 '모레의 태양'을 보게 되었다.

가전 회사 하이얼의 장루이민 회장은 말했다.

"간단하지 않은 것이 무엇인지 아십니까? 간단한 일을 백 번, 천 번 반복하며 완벽하게 해내는 것이 바로 간단하지 않은 겁니다. 쉽지 않은 것이 무엇인지 아십니까? 모두가 인정하는 매우 쉬운 일을 성실하게 제대로 해내는 것이 바로 쉽지 않은 겁니다."

사실상 성공은 바로 이렇게 간단한 일인 셈이다. 많은 사람이 성공을 고난도의 대상으로 잘못 생각하고 있지만, 사실 성공에도 다양한 종류가 있다. 간단한 일을 완벽하게 해낼 수 있는 것도 일종의 성공이다. 간단한 일을 성실하게 수행하고, 완벽해질 때까지 반복하는 일은 결코 간단한 것이 아니니 존중받아 마땅한 성공이다.

사실, 인생에 간단한 일이 어디 있으랴! 평범하고 간단해 보이는 모든 일을 성실하게 꾸준히 해나가고, 심지어 일생을 걸고 모든 열정을 쏟아붓는다면 그 일이 곧 거대한 일이 된다.

중국 벼 생산에 획기적 변화를 가져온 '볍씨 종자 개량의 대부' 위안룽핑은 바로 간단한 일을 간단하지 않은 일로 만든 걸출한 인재다.

1960년대 초반 중국 전역에 기근이 들었다. 당시 위안룽핑은 서남의 농업학교에서 학업을 이어가던 중이었다. 사람들이 굶주리는 현실 앞에서 그는 모든 이가 더 이상 배를 곯지 않는 세상을 만들겠노라 결심했다. 농업학교를 졸업한 위안룽핑은 충칭을 떠나 샹시 쉐펑산 옆에 있는 안장 농업학교 교사로 부임했다. 그곳에서 그는 19년 동안 학생들을 가르치는 한편 농업 연구와 실천에 몰두했다. 그 기간에 그는 생물학 지식과 농업 생산 경험을 쌓았고, 그 덕에 이후 작물의 품종 개량을 연구하는 과정에서 문제를 발견·분석·해결하는 능력을 갖출 수 있었다. 훗날 위안룽핑은 지난날을 돌아보며 이렇게 기술했다.

'저는 농업학교에서 학생들을 가르치는 한편 품종 개량에 관한 연구를 해왔고, 매년 경작지에 가서 종자를 선별했습니다. 야외에서 우수한 품종을 선별해 돌아와 종자를 파종하고, 그 종자가 이듬해 어떻게 자라는지를 관찰했지요. 이런 식으로 우수한 품종을 선별하는 과정을 끊임없이 시도했습니다.'

그는 마침내 이삭의 열매가 특히 크고 알찬 물벼를 발견해냈다. 위안룽핑은 간단하고 평범해 보일 수 있는 이 현상에서 영감을 얻었고, 그의 연구는 볍씨 종자 개량의 돌파구를 여는 데 결정적 역할을 했다.

간단한 일이 의미 없는 일은 아니다. 간단한 일을 성실하게 지속하며 남다른 성과를 내는 것은 결코 간단할 수 없다. 누구라도 위안룽핑처럼 간단한 일을 19년간 지속할 수 있다면 아무리 높은 인생의 봉우리라도 오르지 못할 곳은 없다.

인생의 나침반

실패와 성공은 고작 한 걸음 차이에 지나지 않는다. 사는 동안 실패는 늘 따라붙고, 시련은 행복보다 더 오래 우리 곁에 머문다. 어려운 일에 부딪혔을 때 포기하지 않고 꾸준히 헤쳐 나아가면 인생의 새로운 전기가 온다.

융통성 있게 행동하라

_{자 왈}
子曰

_{군 자 불 기}
君子不器.

공자가 말했다.
"군자는 그릇으로 잴 수 없다."

문이 하나 닫히면 또 다른 문이 열린다고 했다. 많은 사람이 이 이치를 깨닫지 못해 늘 자신의 습관, 방식에 따라 그 닫힌 문을 열고 걸어 나가려 애쓴다. 그리고 그들은 다른 문을 찾으려는 융통성을 발휘하지 못한 채 처참히 실패한다. 융통성은 특별한 능력인데, 변화가 생기는 결정적 순간에 그 능력은 제대로 발휘된다.

'군자불기(君子不器)' 속의 '기(器)'는 일정한 용량을 갖춘 고정된 그릇을 가리킨다. 그것은 상응하는 성질을 가지고 있고, 이런 특성은 모두 고정적이라서 바꾸기 힘들다. 공자가 말한 '군자불기'는 군자는 그릇으로 잴 수 없고 그 기량이 측정할 수 없을 만큼 크다는 것을 비유한다. 사람됨을 위해서든 학문이나 정치에 매진하기 위해서든 사람은 늘 박학다식하고 다재다능해야 하며, 바다가 세상의 모든 하천을 받아들이듯 넓은 도량을 가져야 한다. 정해진 용량의 그릇처럼 그 틀에서 벗어나지 못하는 것이 아니라 때와 장소에 맞게 융통성을 발휘하는 능력이 필요하다.

나무는 그 뿌리를 옮기면 죽지만 사람은 사는 환경을 바꾼다고 해서 죽지 않는다. 오히려 성공으로 향하는 새로운 기회를 얻을 수 있다. 땅속에 심은 묘목은 한 번 뿌리를 내린 곳에서 함부로 옮겨 심으면 안 된다. 사람은 다르다. 사람은 누구나 어떤 문제에 맞닥뜨리면 다양한 방법을 시도하고 그중에서 가장 옳은 길을 찾아낼 능력이 있다. 이런 능력은 융통성이 뒷받침되었을 때 더 빛을 발한다. 틀에 박힌 사고를 버리고, 문제를 구체적으로 분석한 뒤, 앞쪽이 절벽이라고 판단되면 그쪽으로 뛰어내려서는 안 된다. 경험과 습관에 얽매이지 말아야 하고, 맹목적인 집착도 피해야 한다.

임기응변과 융통성은 사람됨의 지혜이고, 이런 지혜는 문제를 빠르게 판단하고 대처하는 데 도움된다.

손빈(孫臏)은 전국 시대의 전략가이자 병가(兵家)의 대표적 인물 중 한 명이다. 그의 저서 『손빈병법(孫臏兵法)』은 하나의 격식에 구애받지 않고 상황에 따라 유동적으로 변형을 구사한다. 그리고 그 자신 역시 융통성 있고 임기응변에 강했다.

손빈이 위나라에 처음 왔을 때 바로 중용되지 못했다. 당시 위왕은 먼저 손빈의 능력을 시험해본 후 중용 여부를 결정하고자 했다. 위왕이 옥좌에 앉아 손빈에게 물었다.

"그대는 과인을 옥좌에서 내려오게 할 수 있느냐?"

방연(龐涓)이 끼어들어 의견을 내놓았다.

"대왕이 앉아 계신 자리 아래에 불을 붙이면 되옵니다."

위왕이 대답했다.

"그건 아니 되네."

그러자 손빈이 입을 열었다.

"대왕께서 지금 위에 앉아 계시니 저로서는 대왕을 내려오게 할 방도가 없나이다. 하오나 만약 대왕께서 내려오신다면 제가 다시 그 자리에 앉게 해드릴 수는 있습니다."

위왕은 손빈이 과연 어떻게 자신을 자리에 다시 앉게 할지 궁금해졌다.

"그럼 그렇게 해보라."

잠시 후 위왕은 스스로 옥좌에서 걸어 내려왔다. 주위에 있던 대신들은 속으로 주제도 모르고 잘난 체하는 손빈을 비웃었다. 그들은 손빈이 이 위기를 어떻게 수습할지 그다음 행동을 지켜봤다. 그때 손빈이 호탕하게 웃으며 말했다.

"비록 제가 대왕을 옥좌에 앉힐 수는 없지만 대왕께서는 이미 옥좌에서 내려오셨습니다."

그제야 대신들은 큰 깨우침을 얻었고, 손빈의 뛰어난 지모를 칭찬했다. 위왕 역시 곧바로 그를 중용했다.

처세술의 관점에서 우리가 손빈처럼 뻔한 사고의 틀을 깨고 자유자재로 사고할 수 있다면 '산과 강이 계속 반복되어 길을 잃었다'고 생각될 때 '그늘이 우거진 버드나무와 꽃이 보이더니 눈앞에 마을이 나타나는' 놀라운 경험을 하게 될 것이다.

임기응변에 능한 것도 사람됨의 능력이다. 그러나 현실 속에서 지나치게 솔직하고 경직된 사고에 갇힌 사람들은 임기응변을 부정적으로 바라보고, '양보'와 '약함'을 드러내는 것을 소심하고 겁 많은 행동이라 생각한다. 심지어 굴욕으로 간주하기도 한다. 이것은 대단히 잘못된 생각이며, 이런 마음가짐으로 사람과 세상을 대하는 것은 시대착오적이다.

직설적으로 말하고 행동하는 사람들은 무슨 일을 할 때마다 늘 벽에 부딪힌다. 그러다 보면 소기의 목표도 달성하지 못한 채 심지어 이로 인해 남의 기분까지 상하게 한다. 현실은 복잡하고 사람의 마음은 그 속을 헤아릴 수 없으니, 남을 설득하고 싶을 때 단도직입적으로 의견을 말하다가 도리어 오해와 갈등만 빚을 뿐이다. 그러므로 자신의 생각을 에둘러 말할 줄 알아야 한다. 임기응변에 능한 사람만이 상황에 맞춰 패를 바꿔가며 자신의 목적에 도달할 수 있다.

초나라 장왕은 비교적 현명한 군주였다. 그러나 그는 즉위 초기에 거의 3년 동안 사냥과 주연을 일삼으며 정사를 돌보지 않았다. 그는 궁문에 '누구든 간언하는 자는 그 자리에서 목을 벨 것이다!'라는 경고문을 붙여놓고 신하들의 말을 들으려 하지 않았다.

어느 날, 대부 오거(伍擧)가 장왕을 알현했다. 장왕은 술을 마시며 춤과 노래에 흠뻑 취해 있다가 오거를 향해 실눈을 뜨고 물었다.

"대부는 술을 마시고 싶어 온 것인가? 아니면 춤과 노래를 보고 싶어 온 것인가?"

오거는 자신이 온 이유를 직접적으로 말하지 않았다.

"어떤 이가 제게 수수께끼를 하나 냈는데 아무리 고민해봐도 맞출 수가 없어 대왕께 가르침을 청하고자 왔나이다."

장왕이 얼른 물었다.

"무슨 수수께끼인데 그러는가? 어디 한번 들어보세나."

오거가 말했다.

"한 마리 새가 언덕에 앉아 있는데 삼 년 동안 날지도 않고, 울지도 않았다고 하옵니다. 그 새가 도대체 무슨 새인지 아시겠사옵니까?"

장왕은 오거의 의중을 눈치채고 웃으며 대답했다.

"내가 한번 맞혀보지. 그것은 평범한 새가 아니로군. 그 새는 삼 년 동안 날지 않았으니 한 번 날면 하늘 높이 치솟아 오를 것이고, 삼 년 동안 울지 않았으니 한 번 울면 그 소리로 세상 사람을 깜짝 놀라게 할 것이네. 기다려보게."

오거는 장왕이 자신의 말뜻을 알아차린 거라 생각하며 기분 좋게 물러갔다.

과연 얼마 후 장왕은 더 이상 향락을 즐기지 않은 채 치국에 힘을 쏟기 시작했다. 그리고 오거와 같은 어질고 능력 있는 신하들을 대거 등용했다. 그렇게 몇 년의 세월이 흘러 초나라는 정치, 경제, 군사 방면에서 아무도 넘볼 수 없는 강국으로 거듭났다.

오거는 장왕의 그릇된 행동을 직접적으로 비난하기보다 완곡한 방식으로 큰 깨우침을 얻게 했다. 만약 당시 누군가가 나서서 직접적으로 간언을 올렸다면 군주의 심기를 건드린 죄로 목이 달아났을지 모른다.

똑같은 생각도 다양한 방식으로 표현할 수 있고, 그 효과도 천지 차이다. 직접적이고 신랄한 표현방식으로 말하게 되면 자연히 상대의 기분이 상하게 된다. 하지만 적당히 융통성을 발휘해 재기 넘치는 방식으로 에둘러 표현한다면 상대 역시 흔쾌히 그 생각을 받아들이게 된다.

사람의 생각은 팔딱팔딱 뛰는 활어와 같으니, 평생 정해진 틀에 갇혀

딱딱하게 굳어 있는 고형물이 아니다. 때와 장소에 맞춰 융통성 있게 사고하는 노력만 한다면 누구나 자신의 생각을 타인에게 효과적으로 전달할 수 있다. 이것이 바로 자신이 원하는 방향으로 발전하는 길이다.

인생의 나침반

융통성과 임기응변은 상황에 따라 달라져야 한다. 극단적인 상황에서 또 다른 극단적 상황을 이끌어내면 안 되고 흐름을 따라야 한다. 그리고 융통성을 발휘하되, 사람됨의 원칙만큼은 지켜내야 한다. 다시 말해, 어떤 일을 하든 사적인 고집이나 이익이 아닌 공정과 정의를 바탕으로 융통성을 발휘해야 한다.

하루 세 번 반성하라

_{증 자 왈}
曾子曰

_{오 일 삼 성 오 신   위 인 모 이 불 충 호}
吾日三省吾身, 爲人謀而不忠乎?

_{여 붕 우 교 이 불 신 호   전 불 습 호}
與朋友交而不信乎? 傳不習乎?

증자가 말했다.
"나는 날마다 세 번 나를 반성한다. 즉, 다른 이가 뜻을 이루도록 몸과 마음을 다해 도왔는지, 나와 친구가 교류를 할 때 진심으로 신의를 지켰는지, 스승의 가르침을 되새겼는지 생각해본다."

소크라테스는 말했다.
"음미되지 않는 삶은 살아갈 가치가 없다."
자기반성은 자신이 무엇을 했는지 이해하는 과정이고, 그것을 통해 자신을 더 잘 분석할 수 있다. 플라톤은 이보다 한 발짝 더 나아가서 "반성은 사람됨의 책임이다"라고 했다. 반성할 줄 모르는 사람은 생활 속에서 돌파구를 찾기란 힘들다.

노나라 사람인 증삼(증자)은 공자의 문하생으로 들어가 학문에 정진하며 효로써 이름을 세상에 알렸다. 그는 공자의 학설을 널리 알리는 데 힘썼다. 일찍이 공자는 "현명한 사람을 만나면 그를 본받아 같아지기를 바라고, 현명하지 못한 사람을 만나면 자신 또한 그러하지 않은지 스스로 반성해야 한다"라고 말했다 증삼은 스승의 가르침을 더 발전시켜 "나는 매일 세 가지로 나를 반성한다"라고 했다.

어느 날 저녁 공자와 제자 몇 명이 밖으로 나가 천천히 걸으며 달을 감상했다.
공자가 탄식했다.
"내 나이가 많으니 이제 너희들과 함께 거닐 시간도 많지 않구나."
자유(子柳)가 물었다.
"스승님, 저는 들어온 지 얼마 되지 않아 아직 여러 면에서 사형들보다 부족한 점이 많으니 마음을 수양하는 데 더 정진해야 할 것 같습니다. 스승님, '격언'과 '좌우명'에 담긴 구체적 의미가 무엇인지 가르침을 청합니다."
"'격언'은 깨우침을 주는 삶의 지표로 삼을 만한 내용을 간결한 표현으로 나타낸 것이고, '좌우명'이란 자리 오른쪽에 붙여놓고 반성의 근거로 삼을 만한 격언이나 경구를 말한다. 무릇 군자란 경각심을 주며 스스로를 채찍질하고 격려해줄 자신만의 좌우명이 있어야 한다."
공자가 말을 마친 후 증삼에게 물었다.
"너는 평소 어떤 생각을 하며 지내느냐?"
증삼이 대답했다.
"안회는 덕이 높고 학식이 깊은데도 자신보다 못한 사람에게 가르침을 청하니 '유능하면서 무능한 사람에게 물어보고, 견문이 넓으면서 견문이 적은 이에게 물어보라'는 가르침을 잘 따르고 있더이다. 그래서 그의 미덕을 더 많이 배워야 한다 늘 생각하며 지내고 있습니다."
"'유능하면서 무능한 사람에게 물어보고, 견문이 넓으면서 견문이 적은 이에게 물어보라'는 그 말이 안회의 좌우명인 셈이로구나. 그렇다면 너의 좌우명은 무엇이냐?"

증삼이 공손하게 대답했다.

"하루 세 가지 반성을 하는 것입니다. 매일 세 가지 일로 저를 반성하는 것이지요. 첫째, 제가 다른 이를 최선을 다해 도왔는지 반성하고, 둘째, 제가 벗과 사귈 때 신의를 지키고 진심을 다했는지 반성하고, 셋째, 스승님의 가르침을 성실히 익혔는지 반성합니다."

공자가 흡족한 표정으로 말했다.

"아주 훌륭하구나. 진정한 의미의 군자가 되려면 반드시 하루 세 가지 반성을 해야 마땅하느니라!"

지금의 시각에서 보면 자기반성은 '자신의 단점'을 깨닫고 보완하며, 같은 실수를 반복하지 않도록 채찍질하는 자기 발전의 과정이다.

자기 발전을 위해 노력하는 사람들은 모두 누구보다 자기반성에 강하다. 그들은 자기반성이야말로 자기를 객관적으로 바라보고, 잘못된 부분을 고치며 발전하게 할 가장 효과적인 길임을 잘 알고 있다. 그들은 자기반성을 통해 성숙한 인격체를 완성해간다. 성공학의 대가 데일 카네기는 말했다.

"제 서류 상자에는 '내가 저지른 멍청한 일'이라고 분류된 파일이 있습니다. 그 안에는 그동안 제가 했던 바보 같은 일들이 문자로 기록되어 있죠. 대부분 비서가 직접 기록하지만 가끔 어떤 일들은 너무 개인적이고, 심하게 멍청해서 남에게 기록하라고 시킬 수가 없더군요. 그래서 어쩔 수 없이 제가 직접 기록을 해놨습니다. '멍청한 일에 관한 기록'이 적힌 파일을 꺼내 저 스스로를 평가하고 반성한 내용을 보면 나를 관리하는 데 도움됩니다. 사실, 이것이야말로 가장 잘해내기 힘든 일이거든요. 예전에 저는 골칫거리가 생기면 다른 사람의 탓을 하는 경향이 있었습니다. 그런데 나이가 들면서 진짜 비난을 받아야 할 사람은 바로 저 자신임을 깨달았습니다."

나폴레옹은 세인트헬레나섬으로 유배를 갈 때 말했다.
"나의 실패는 누구의 탓도 아닌 온전히 내 탓이다. 사실, 나를 위협하는 가장 무서운 적은 바로 나 자신이고, 이것이 바로 나의 비참한 운명을 초래한 주요 원인이다."

벤저민 프랭클린은 매일 밤 자기반성의 시간을 가졌다. 그는 자기반성을 통해 무려 열세 가지나 되는 심각한 잘못을 저지르고 있음을 발견했다. 예컨대 평소 시간 낭비가 잦고, 자질구레한 일에 괜한 신경을 쓰며 남과 언쟁을 벌이는 것 등이었다. 지혜롭고 똑똑한 프랭클린은 이런 단점을 고치지 않으면 큰일을 이룰 수 없음을 누구보다 잘 알고 있었다. 그래서 그는 단점을 고치기 위해 상세한 계획을 세웠고, 매일 얼마나 개선했는지 기록했다. 그는 단점을 고치려고 2년 동안 계속 노력했고, 결국 성공했다.

이처럼 위대한 인물들은 모두 자기반성을 중시했다. 그들은 반성을 통해 자신의 부족한 점을 개선하며 성공의 길을 향해 걸어갔다. 엘버트 허바드는 말했다.

"모든 사람이 하루에 최소 오 분 정도는 쓸데없는 짓을 한다. 지혜란, 그렇게 낭비하는 시간이 오 분을 넘지 않는 것이다."

평범한 사람은 늘 타인의 비평에 분노하지만 지혜로운 사람은 스스로를 반성하고 그 속에서 이전보다 좀 더 나은 자신의 모습을 만들어나가고자 한다. 시인 월트 휘트먼은 말했다.

"당신은 늘 자신을 좋아하고, 부러워하고, 칭찬해주는 사람으로부터 교훈을 얻고 있습니까? 당신을 반대하고, 비난하는 사람에게서 더 많은 교훈을 얻고 있지는 않나요?"

적이 우리의 단점을 공격하기를 기다리는 것보다 먼저 나서서 자기반성을 하는 편이 낫다. 우리는 자신을 위해 가장 매섭고 엄격한 비평가가 되어야 한다. 남이 우리의 약점을 잡기 전에 스스로 약점을 인정하고 고쳐가야 한다.

이런 어려운 것을 해낸 인물이 있다. 바로 다윈이다. 다윈은 불후의 저서 『종의 기원』을 완성할 때 이미 이 혁명적인 학설이 종교계와 학술계에 엄청난 파장을 불러올 거라고 예상했다. 그래서 그는 15년간 자료를 찾아 모으며 자신의 이론에 도전하고, 자신이 내린 결론을 평가하는 일을 끊임없이 반복했다.

흠 없는 금덩어리가 있을 수 없듯 완벽한 사람 역시 없다. 사람은 누구나 이런저런 결점이 있고, 실수를 하며 살아간다. 그래서 더 자신을 돌아보는 반성의 시간이 필요하다. 프랑스 문학가 로맹 롤랑은 말했다.

"외부의 적과 싸워 이기려고 하기 전에 먼저 내 안의 적들과 싸워 이겨야 합니다. 당신은 몰락과 타락을 두려워할 필요가 없습니다. 진짜 필요한 것은 고통과 타락으로부터 스스로 벗어나 변화하고 발전하기 위해 끝없이 노력하는 것이죠."

걸출한 인물들은 모두 철저한 자기반성을 통해 마음속의 적을 무찌르는 과정을 거쳤다. 그렇게 그들은 자신의 생각과 영혼 깊숙이 끼어 있는 먼지와 때를 깨끗이 씻어내 정신적 고통의 무게를 줄이고 정신세계를 정화했다.

프랑스 철학자 루소는 어릴 때 도둑질을 한 후 그 죄를 여자 하인에게 뒤집어씌웠다. 훗날 세상에 이름을 드날린 루소는 늘 그 일 때문에 마음 한구석이 불편했다.

'내가 잠을 이룰 수 없을 만큼 고뇌에 빠져 있을 때면 그 가련한 소녀가 어김없이 찾아와 나의 죄를 비난했고, 그 죄는 마치 어제 일처럼 생생하게 나를 괴롭혔습니다.'

루소는 저서 『고백록』을 통해 자신에게 날카로운 비판을 가했다. 그는 숨기고 싶었던 지난 과오를 만천하에 공개하고 철저하게 자기반성을 하는 위대한 인격의 진면목을 보여주었다.

한 사람에게 반성의 능력이 있는지 여부는 그의 사람됨을 결정하는 중요한 요인이다. 자기반성을 할 줄 아는 사람만이 시대와 보조를 맞추며 걸어갈 수 있기 때문이다. 실수를 했을 때 자기반성을 통해 잘못을 고치고, 빠른 속도로 변화와 발전을 이끌어야 한다.

인생의 나침반

차분한 마음으로 자신의 잘못을 돌아볼 수 있어야 감정의 방해를 받지 않은 상태에서 자신의 본래 모습을 발견할 수 있다.

겸허는 미덕이다

자 왈
子曰
맹지반불벌 분이전 장입문 책기마 왈
孟之反不伐, 奔而殿, 將入門, 策其馬, 曰
비감후야 마불진야
非敢後也, 馬不進也.

공자가 말했다.
"맹지반은 스스로의 공을 자랑하지 아니한다. 전쟁에 패해 후퇴할 때에는 가장 뒤에서 적을 막았고, 성문에 이르러서는 말을 채찍질하며 이렇게 말했다. '내가 대담해서 후미에 남았던 것이 아니라, 내 말이 빨리 달리지 못했다.'"

칼리닌은 말했다.
"겸허한 사람은 스스로 나서서 남의 칭찬을 결코 바라지 않는다. 오만한 사람은 시시때때로 남의 칭찬을 받고 싶어 한다. 그러나 남 앞에서 자신을 과시하는 것 외에 누구도 그를 칭찬하지 않는다."
타고르는 우리가 겸손하게 자신을 낮출 때가 바로 위대함에 가장 가까이 가는 순간이라고 여겼다. 겸허는 영원히 사람들로부터 환영받는 미덕이다.

『좌전(左傳)』에 따르면, 노나라 애공 11년에 노나라는 제나라와의 전쟁에서 크게 패했고, 대장군 맹지반은 대오의 뒤에 남아 후퇴하는 대군을 엄호했다. 성문에 다다랐을 때쯤 그는 일부러 말에 채찍질을 하며 말했다.

"내가 대담해서 후미에 남았던 것이 아니라, 내 말이 빨리 달리지 못했다!"

맹지반처럼 영민한 사내가 이렇게 말한 데는 두 가지 이유가 있다. 첫째, 그의 겸손한 성격 때문이다. 둘째, 다른 장군의 시기와 질투가 또 다른 화를 자초하게 될까 봐 공을 드러내길 꺼렸다.

겸손한 성격이든 시기와 질투를 피하기 위해 공을 과시하지 않는 것이든 둘 다 사람됨과 입신양명을 위해 꼭 필요한 요소다. 특히 인간관계가 복잡한 환경일수록 자신의 능력을 과시하지 않고, 공을 세웠더라도 겸손해야 한다. 사실 공을 다투지 않는 것만으로도 대단한데, 자신이 세운 공을 드러내지 않는 것은 범인이 쉽게 할 수 있는 일이 아니다. 그런데 맹지반이 이런 어려운 경지의 일을 해냈고, 바로 이 때문에 성인들조차 그를 높게 평가했다.

겸허는 사람을 발전시키지만, 오만은 사람을 뒤처지게 만든다. 겸허는 사람됨의 미덕이다. 설사 어떤 방면으로 조예가 깊다 해도 완벽한 연구와 철저한 지식의 관통은 한 사람의 능력으로 이룰 수 있는 영역이 아니다. 사람의 생명은 유한하지만 세상의 지식은 끝을 알 수 없을 만큼 무궁무진하다. 한 사람의 학문이 지식의 바다를 모두 집어삼킬 수는 없다. 그래서 누구도 자신이 도달한 경지가 최고인 듯 자만하고 의기양양해서는 안 된다. 끊임없이 지식을 받아들이고 발전하려는 노력이 없다면 필연적으로 도태될 수밖에 없다.

20세기를 대표하는 위대한 과학자 아인슈타인. 그의 상대성 이론과 물리학 분야의 성과들은 돈으로 환산할 수 없는 가치를 창출하며 인류 발전에 기여했다. 이 위대한 과학자조차도 평생을 겸허하고 성실하게 배움과 연구에 매진하며, 배움의 길은 끝이 없다는 성인의 말씀을 몸소 실천했다.

한 젊은이가 아인슈타인에게 물었다.

"선생님처럼 물리학계에서 전무후무한 인물로 평가받고 있는 분이 아직도 연구에 매달리는 이유가 무엇입니까?"

아인슈타인은 곧바로 답하는 대신 펜과 종이를 꺼내 종이 위에 큰 원과 작은 원을 그려 보였다.

"물리학 영역에서 아마도 나는 자네보다 조금 더 많이 알고 있는 거겠지. 자네가 아는 지식이 이 작은 원이라면, 내가 아는 지식은 이 큰 원 정도 되는 거네. 그렇지만 전체 물리학 지식은 그 끝을 알 수 없을 만큼 무궁무진하네. 이 작은 원으로 말할 것 같으면 그 둘레가 작은 만큼 외부와의 접촉면도 작기 때문에 자신이 모르는 지식이 그리 많지 않다고 느끼게 되지. 하지만 큰 원은 외부와 접촉하는 둘레가 크기 때문에 자신이 모르는 것이 너무 많다고 느끼게 되네. 그러니 어쩌겠나? 나는 더 노력해서 탐구하며 미지의 세상을 알아나가고 싶다네."

아인슈타인의 겸허한 자세는 그가 더 멀리 도약할 발판이 되어주었다. 사람됨 역시 마찬가지다. 학문의 길을 꾸준히 걸으며 지식의 깊이를 더해 가는 사람만이 '학문의 세계는 끝이 없다'는 진리를 더 깊이 깨우치고 겸허하게 세상을 바라볼 수 있다.

미국의 정치가이자 과학자로 '독립선언'을 기초한 벤저민 프랭클린은 '건국의 아버지'로 불린다.

하루는 프랭클린이 한 선배의 집을 방문했다. 그는 작은 문으로 들어서려다 낮은 문틀에 머리를 세게 부딪히고 말았다. 선배가 웃으며 말했다.

"아프지? 하지만 어쩌면 이것이 오늘 나를 방문한 가장 큰 수확이 될 거야. 무탈히 세상을 살아가고 싶으면 늘 고개를 숙여야 한다는 것을 잊지 말게."

프랭클린은 이 말을 가슴에 새기고, '겸허' 두 글자를 삶의 수칙으로 삼았다.

늘 고개를 치켜들고 앞만 보고 걸으면 세상의 지혜를 얻기란 힘들다. 시간이 지날수록 사람들은 그를 외면하고, 자신들의 무리에서 제외시킨다. 모두와 더불어 살며 발전하고 싶다면 머리를 제때 숙일 줄 알아야 한다.

예리한 칼날을 가진 보검일수록 함부로 칼집에서 꺼내서는 안 된다. 만약 흙을 깎듯이 쇠를 깎거나 귀히 여기지 않으면 예리한 칼날은 무뎌지고, 재앙을 불러오기 쉽다. 아무리 능력이 출중한 사람일지라도 자신을 지켜내지 못한다면 그 능력은 빛을 보지 못한 채 묻혀버릴 수 있다.

진짜 똑똑한 사람은 자신만 옳고 잘났다고 생각하는 독선에 빠지지 않는다. 오히려 늘 겸손한 자세로 자신의 무지를 돌아보며 더 많은 것을 배우려 한다. 지식을 쌓고 내면을 충실히 하는 것이야말로 그들의 목적이기 때문이다.

일반적으로 자신의 능력을 과시하고 싶은 욕망을 억제하기란 쉽지 않은 노릇이다. 하지만 이것을 해냈을 때 비로소 더 많은 재능을 얻을 수 있고, 사람들의 시기·폄하·공격·모함 등에서 자유로울 수 있다. 따라서 조직 내에서 사람들과 함께 일할 때 당신의 능력이 아무리 뛰어나도

다음 두 가지를 꼭 명심해야 한다.

첫째, 겸손하게 자신을 낮출 줄 알아야 한다. 보통 능력이 강한 사람은 자만하기 쉽다. 이런 점을 경계하고 타인을 존중하는 법을 배워야 한다. 그럴 때 타인이 위협 내지 적대시하는 상황을 피할 수 있다.

둘째, 적절히 언행을 삼가야 한다. 때로는 100퍼센트의 능력 중 80퍼센트만 드러내 다른 사람에게도 능력을 발휘할 기회를 주어야 한다. 갈릴레이도 자신을 낮추며 겸손할 줄 아는 인물이었다.

"인류가 예술과 문학 방면으로 이룩한 성과들을 하나하나 꼽아보고 있노라면 나의 식견이 얼마나 얕고 좁은지 깨닫게 됩니다."

세상에는 나보다 뛰어난 사람이 늘 존재하므로 겸손하게 사람을 대해야 한다.

인생의 나침반

루소는 말했다.

"위대한 사람은 그들의 장점을 절대 남용하지 않는다. 그들은 자신이 뛰어나다는 것을 누구보다 잘 알지만 단지 이런 이유 때문에 오만하게 굴거나 자신을 과시하지 않는다. 그들은 능력이 강해질수록 자신의 부족한 부분을 더 명확히 깨닫고, 끊임없이 그것을 채워나간다."

작은 일을 참지 못하면 큰일을 도모할 수 없다

자 왈
子曰

교 언 난 덕
巧言亂德,

소 불 인 칙 난 대 모
小不忍則亂大謀.

공자가 말했다.
"꾸민 말은 덕을 어지럽히고, 작은 것을 참지 못하면 큰 계책을 어지럽힌다."

루소는 말했다.
"희망은 단단한 지팡이요, 인내는 여행 가방이다. 그들만 있으면 우리는 어떠한 여행길이라도 오를 수 있다."
성공은 수많은 인내의 총합이다. 위인의 특징 중 하나는 바로 보통 사람보다 더 잘 참는다는 것이다. 작은 일을 참지 못하면 큰일을 도모할 수 없다. 인내는 용기와 지혜뿐 아니라 신념과 힘이 필요하다. 단언컨대 인내는 성공의 필수 조건이다.

'인내'는 공자뿐 아니라 동시대 도가(道家)에서도 법보(法寶)로 여길 만큼 중요한 덕목이었다. 청나라 증국번(曾國藩)은 '운명 앞에서 인내는 성공으로 향하는 유일한 법문(法門)'이라고 여겼다. 사람은 사는 동안 끊임없이 도전, 노력, 성취, 실패의 과정을 거치게 된다. 그러나 거대한 파도 같은 시련이 닥쳤을 때 인내의 시간이 없다면 누구도 위기를 극복하고 평온을 얻을 수 없다.

고금을 통틀어 자신의 뜻을 이룬 사람 뒤에는 늘 인내가 뒤따랐다.

당나라 명신 곽자의(郭子儀)의 성공은 '인(忍)'과 때려야 뗄 수 없다. 심지어 그는 이 인 덕분에 현종(玄宗)부터 숙종(肅宗), 대종(代宗), 덕종(德宗)에 이르는 4대를 섬기는 신하가 될 수 있었다.

당시 곽자의와 함께 조정에서 일했던 환관 어조은(魚朝恩)은 아첨을 잘해 황제의 총애를 듬뿍 받았다. 어조은은 곽자의의 재능, 권세를 시기해 황제 앞에서 수차례 그를 헐뜯고 비방했지만 별다른 수확이 없었다. 훗날 그는 이성을 잃고 미쳐 날뛰며 암암리에 사람을 시켜 곽자의 부친 묘를 파헤쳤다.

곽자의는 이것이 어조은의 비열한 수작임을 알아챘다. 당시 대장군이었던 곽자의는 병마와 군권을 손에 쥐고 있었고, 그의 행동 하나하나가 당나라의 안위에 영향을 미치기에 황제조차도 그를 함부로 대하지 못했다. 그에게 어조은을 제거하는 일쯤은 그야말로 식은 죽 먹기였다. 그가 전쟁터에서 돌아왔을 때 조정의 문무 대신들은 모두 그가 어떤 보복을 할지 촉각을 곤두세우고 있었다. 곽자의는 황제에게 말했다.

"지난 수년간 전쟁터에서 병사들이 적군의 무덤을 파헤쳤던 적이 수없이 많았습니다. 저희 집안의 묘가 파헤쳐진 것은 신의 불효와 불충을 더 이상 눈감아줄 수 없어 하늘이 내린 벌일 뿐이며, 누구의 잘못도 아닌 소신의 인과응보에 불과하옵니다."

남의 집 묘를 파헤친다는 것은 그 집안을 모욕하는 반인륜적 행위였지만 곽자의는 이를 문제 삼지 않음으로써 황제의 면을 세워주는 도량을 보였다. 그는 대의를 위해 한순간의 분노를 참아냈고, 환관이 득세하며 황제의 판단을 흐리게 만드는 시대에 정치적 난관들을 슬기롭게 헤쳐 나아갔다.

사회생활을 할 때 '인'은 매우 중요하다. 한 사람이 어떤 상황에서도 무탈하게 뜻을 이루는 것은 불가능하기 때문이다. 감정에 따라 일을 처리하는 사람은 한순간의 심리적 압박에서 벗어날 수 있을지 몰라도, 장기적으로 보면 '작은 일을 참지 못해 큰일을 도모하지 못하는' 우를 범하게 된다.

사는 동안 우리는 수많은 골칫거리와 시련을 겪게 마련이다. 만약 인내로써 감정과 의지를 제어할 수 있다면 아무리 큰 문제가 닥쳐도 해결할 수 있다.

역사상 '인'으로 유명한 인물로 가랑이 밑을 기어가는 치욕을 견뎌낸 한나라 명장 한신(韓信)을 빼놓을 수 없다. 당시 한신은 입에 풀칠하기도 힘들 만큼 가난했지만 마음속에 큰 뜻을 품고 있었기에 늘 큰 칼을 차고 다녔다. 그러던 어느 날 동네 왈패들 중 한 명이 사람을 죽일 용기가 있으면 그 칼로 자신을 찌르든지, 죽기 싫으면 자신의 가랑이 밑으로 기어가라며 시비를 걸었다. 한신은 잠시 고심하다 묵묵히 그의 가랑이 아래로 기어갔다.

방연 앞에서의 손빈 이야기도 이와 다르지 않다. 손빈은 한때의 화를 피하고 더 큰 뜻을 이루고자 스스로 미친 척을 하고, 치욕을 견뎌내며 위기를 모면했다.

이 두 사람이 치욕을 견뎌낸 결과는 어떠했는가? 한신은 서한의 개국 명장이 되었고, 손빈은 전장에서 자신을 배신한 방연에게 통쾌한 복수를 했다. 만약 그가 당시 분노를 참지 못했다면 아마도 일찌감치 방연의 손에 죽임을 당하고 말았을 것이다.

한신과 손빈은 모두 한순간의 분노를 참아내고 큰 뜻을 이루며 후세에 그 이름을 떨쳤다. 그들의 정신은 지금을 살아가는 우리가 한 번쯤 되새겨볼 만하다. 걸핏하면 서로 욕과 폭력을 일삼고, 조금이라도 불만이 생기거나 눈에 거슬리는 일이 보이면 죽기 살기로 달려들어 헐뜯으며 싸운다. 이는 바로 도량과 성숙하지 않은 자질 탓이다. 문제가 생기면 그 결과를 먼저 고려해야지, 작은 일 때문에 큰일을 망쳐서는 안 된다.

사람은 누구나 자신의 뜻을 마음껏 펼치기 어려울 만큼 힘든 시기와 조우할 수 있다. 이런 상황이 닥쳤을 때 어떤 사람은 늘 자신의 감정에 따라 일을 처리한다. 누군가에게 모욕을 당하면 성질 내키는 대로 한바탕 싸우고, 사장한테 한 소리를 들으면 아예 의자를 박차고 일어나 회사를 관두는 식이다. 이런 식으로 행동하면 그 순간만큼은 통쾌할지 몰라도 뒷일은 수습이 불가능해진다.

큰일을 하고자 한다면 한순간의 모욕을 참아낼 줄도 알아야 하는데, 이것이야말로 성공을 위해 반드시 갖춰야 할 기본 자질이다.

인생의 나침반

작은 일을 참아낼 줄 모르는 사람은 큰일 앞에서도 감정에 휘둘리기 쉽다. 한순간의 화를 참지 못하는 사람은 거센 풍랑에 힘쓸리게 되고, 인내할 줄 아는 사람만이 성공의 단 열매를 맛볼 수 있다. 안목이 짧은 사람은 인내하며 감정을 제어할 줄 모르니, 영원히 자신을 둘러싼 굴레에서 벗어날 수 없다.

자리가 없음을 걱정하기 전,
그 위치에 설 자격이 있는지 돌아보라

_{자 왈}
子曰

_{불 환 무 위   환 소 이 립}
不患無位, 患所以立.

_{불 환 막 기 지   구 위 가 지 야}
不患莫己知, 求爲可知也.

공자가 말했다.
"벼슬이 없음을 근심하지 말고, 그런 자리에 설 능력이 없음을 근심하며, 남이 자신을 알아봐주지 않음을 근심하지 말고, 내가 알려지도록 능력을 기르는 데 애써라."

미국의 제30대 대통령 캘빈 쿨리지는 말했다.
"이 세상에는 똑똑하지만 성공하지 못한 사람이 수두룩하고, 양질의 교육을 받고도 기회를 만나지 못했다며 세상을 탓하는 사람들도 넘쳐난다. 그들은 모두 인내할 줄 모른다는 공통점이 있다. 인내와 의지만이 모든 것을 가능하게 만든다."
지금은 개방적인 세상이라 기회 역시 넘쳐날 정도로 많고, 누구라도 그 기회를 잡아 마음껏 능력을 펼칠 수 있다. 이런 상황에서 능력이 있는데도 기회를 만나지 못했다면 세상이 나를 알아봐주지 않는다고 투정 부리기 전에 자신의 문제점부터 돌아봐야 한다.

많은 이가 세상에 자신의 자리가 없다고만 말할 뿐 자신에게 그 자리에 설 자격이 있는지는 고민하지 않는다. 공자의 가르침을 통해 '세상이 알아주지 않아 큰 인재가 썩고 있다'는 생각이 얼마나 자기중심적이고 발전을 가로막는 생각인지, 다시 한 번 생각해봐야 한다.

루칭은 명문 대학을 졸업한 후 한 회사에 취직했다. 그녀와 함께 입사한 동료는 학력과 졸업 학교만 봐도 그녀와 비교가 되지 않았다. 그래서 그녀는 무의식중에 우월감을 갖고 다른 사람을 대했다.

회사가 그녀에게 가장 기본적인 업무를 맡겼을 때 그녀는 자신의 능력을 무시하는 처사라며 곧바로 불만을 터뜨렸다. 한번은 결산을 할 때 그녀가 예금의 이자를 두 번이나 중복 계산하는 실수를 저질렀다. 비록 회사에 큰 손실을 입히지는 않았지만 회사 전체의 재무 계획이 조금씩 틀어지는 일이 벌어졌다.

그 후에도 그녀는 마치 수학 문제를 하나 틀린 것처럼 이 일을 받아들였고, 다음에 주의하면 된다는 식으로 가볍게 넘겨버렸.

팀장은 그녀의 태도가 영 마음에 들지 않았고, 이후 중요한 업무가 있을 때마다 그녀를 제외시켰다. 얼마 지나지 않아 이 명문 대학 출신의 고학력 직원은 자신의 첫 번째 직장과 영영 이별을 고했다. 안타깝게도 그녀는 다른 사람도 아닌 자신에게 지고 말았다.

자신의 능력을 과대평가하고 남들이 알아봐주지 않는다고 여기는 것은 소극적이고 부정적인 사고방식이다. 그러기 전에 자신의 재능을 객관적으로 평가해본 후 능력에 대한 재정립이 필요하다. 또한 어떤 일을 하든 그 일만큼은 완벽하게 처리하는 것 역시 자신의 능력을 증명할 좋은 방법이다.

2002년 광화의 MBA 취업서비스센터 헤드헌터가 담배 회사 훙타 그룹을 방문했을 때 인사 부서의 팀장이 물었다.

"예전에 그쪽 회사를 통해 MBA 인재를 초빙했는데 지금은 한 명도 남아 있지를 않습니다. 왜 다들 오래 버티지 못하고 회사를 나가는지 그 이유를 아십니까?"

헤드헌터는 그 물음에 아무런 답을 줄 수 없었다.

중국 가전업체 창웨이 그룹의 인력자원부 팀장 왕다쑹도 이런 말을 했다.

"이천일 년에 전국에서 여덟 명의 MBA 출신자들을 채용했지만 일 년도 안 되어 모두 퇴사했습니다."

그는 한숨을 내쉬며 한마디 덧붙였다.

"그런데 MBA라고 해서 별다를 게 없더군요."

왕다쑹이 베이징대학에서 MBA 과정을 밟는 학생들을 대상으로 네 번째 취업설명회를 나갔을 때 최소 2천 위안 이상의 월급을 보장하겠다고 말하자, 객석에서 웃음소리가 터져 나왔다.

창웨이 그룹은 인재를 모집할 때 왜 이렇게 임금 책정을 낮게 하는 것일까? 사실, 그들이 돈이 없거나 인색한 것은 절대 아니다. 조사한 바에 따르면, 창웨이의 경영진이 받는 연봉은 30-50만 위안에 달했고, 일반 사원들의 연봉도 5만 위안 내외였다. 그런 그들이 MBA 출신들에게 기대 이하의 낮은 임금을 제시한 이유는 무엇일까? 그 이유는 바로 이제 막 대학 문을 나온 이들이 자신의 능력을 과대평가하고, 조금이라도 낮은 대우를 용납하지 않는 오만함으로 똘똘 뭉쳐 있기 때문이다. 그들은 밑바닥부터 차근차근 시작하기보다 단숨에 꼭대기까지 뛰어 올라가기를 원한다. 많은 기업 인사 담당자의 한결같은 질문만 봐도 그들의 문제점이 무엇인지 단적으로 드러난다.

"그들은 왜 밑바닥부터 시작하려고 하지 않는 거죠?"

사실 진정한 인재들은 직위나 일의 종류에 대해 지나치게 따지거나, 혹은 인재를 제대로 쓸 줄 모르고 썩힌다는 생각 자체를 하지 않는다. 그들은 자신들의 가치를 누구보다 잘 알고 있기 때문이다.

양타이쉬안은 타이완 푸런대학에서 경영학을 전공했다. 졸업 후 그는 영국 명문 대학에서 경영학 석사 과정을 밟았다. 석사를 마친 후 그는 자신의 생각과 주위 사람들의 조언을 취합해 자신을 객관적으로 평가했고, 가장 밑바닥 일부터 시작해 경험을 쌓고 능력을 키워보기로 결심했다.

그는 타이완으로 돌아간 후 현지 대기업에 입사지원서를 내면서 가장 밑바닥 일부터 배우겠다고 강한 의지를 피력했다. 하지만 안타깝게도 회사는 그의 요구를 거절했고, 그의 학력이 너무 높아 함께 일할 수 없다고 했다. 양타이쉬안은 좌절하거나 결심을 꺾지 않았다. 그는 영국 무역상이 세운 더지양항에 다시 입사지원서를 제출했고, 이 말도 빼놓지 않았다.

'제 학력을 이유로 차별 대우는 절대 하지 말아주십시오!'

더지양항의 사장은 보통내기가 아닌 이 젊은이에게 흥미를 느꼈고, 그에게 일할 기회를 줬다. 양타이쉬안은 매일 자전거를 타고 사방을 돌아다니며 차근차근 일을 배웠다. 그는 모두의 기대를 저버리지 않았고, 심지어 다들 꺼리는 일도 적극적으로 나서서 맡은 바 소임을 다했다. 그렇게 3년 반이 흐르고 나서야 그는 지금까지 일했던 부서의 팀장이 될 수 있었다. 그 시간 동안 그는 일선에서 일하는 직원들의 수고와 업무 강도가 얼마나 센지 알게 되었고, 사소한 것조차 놓치지 않고 꼼꼼히 업무 처리하는 습관을 몸에 익혔다.

그 후 양타이쉬안의 잠재력이 조금씩 드러나기 시작했다. 그는 끊임없는 노력과 학습을 통해 일선 부서의 팀장에서 부사장 자리를 거쳐 타이완 지역 마케팅 총괄 사장 자리까지 올라갔다. 그 뒤로도 미국 제약 회사 존스 앤드 존슨의 중국 지역 판매총괄 사장으로 임명되는 등 승승장구했다.

'천 리 길도 한 걸음부터'라는 말처럼 모든 성공은 작은 노력들이 수백 번, 수천 번 쌓여 이루어진 것들이다. 밑바닥 일부터 시작했다고 해서 계속 그 안에 머물러 있어야 할 이유는 없다. 자세를 낮추고 작은 실천부터 시작하여 실력을 쌓아간다면 그것이 바로 성공을 향해 한 발 한 발 나아가는 발걸음이 될 것이다.

유명 기업인 양줘수는 호텔리어 양성 과정에서 이런 말을 했다.

"어떻게 하면 나만의 경쟁력을 가질 수 있을까요? 그것은 바로 자신이 몸담고 있는 곳에 뿌리를 내리고 서비스 일부터 시작하는 겁니다. 여러분이 가장 밑바닥 일부터 경험을 쌓아간다면 다양한 부서의 일을 모두 꿰뚫고 있게 되니 훗날 사장이 되었을 때 누구도 여러분을 속일 수 없겠죠. 더구나 일선에서 일해본 경험 덕에 실제와 동떨어진 업무로 경영에 혼선을 주는 일도 줄어들 겁니다. 자고로 사병을 거치지 않은 장군은 없습니다. 미국 웨스트포인트사관학교의 졸업생도 모두 사병부터 시작하며, 졸업과 동시에 상급 장교가 되는 경우는 없었죠. 성공한 사람들이 걸어온 길 역시 이와 다르지 않습니다."

인재를 알아보는 눈이 없다느니, 인재를 하찮은 일에 쓴다느니 등등 자신의 처지를 비판하고 불평을 쏟아낸다면 삶의 아름다운 면을 놓치고

살게 될지도 모른다. 이런 태도는 의지를 약하게 만들고, 세상을 부정적으로 보는 패배주의자가 되기 십상이다.

그래서 '벼슬이 없는 것을 고민하기 전에, 그 자리에 오를 능력이 있는지 먼저 고민하라'는 성현의 말을 가슴에 새기며 자신을 반성하고, 오로지 실력으로 자신의 경쟁력을 증명해 보여야 한다. 어떤 자리에 있든지 노력과 실력은 결국 빛을 발하게 마련이다.

인생의 나침반

이 세상에는 머릿속으로 환상만 품은 채 실천하지 않는 사람, 그리고 무작정 일만 하고 꿈을 꾸지 않는 사람이 많다. 꿈을 꾸고 그 꿈을 이루기 위해 노력하는 사람은 극히 드문데, 이들이야말로 진정 성공한 인생을 사는 사람들이다.

감사하는 법을 배워라

_{자 왈}
子曰

_{부 모 지 년   불 가 부 지 야}
父母之年, 不可不知也.

_{일 즉 이 희   일 즉 이 구}
一則以喜, 一則以懼.

공자가 말했다.
"부모님의 연세를 유념하지 않으면 안 된다. 한편으로 생각하면 오래 사셔서 기쁘지만, 한편으로 생각하면 연로하셔서 두렵다."

스티븐 호킹의 학술보고회가 끝난 뒤, 한 기자가 질문을 던졌다.
"박사님, 루게릭병이 당신을 휠체어에 영원히 묶어놓아 당신의 인생에서 많은 것을 잃었다고 생각하지 않나요?"
강연장 안이 일순간 쥐죽은 듯 조용해졌다. 그렇지만 스티븐 호킹은 미소를 지으며 손가락으로 자판을 쳐 내려갔고, 곧바로 스크린에 그의 대답이 떠올랐다.
'나에게는 꿈이 있고, 내가 사랑하고 나를 사랑하는 가족과 친구가 있습니다. 아, 모든 것에 감사하는 마음도 하나 더 있군요.'
그 순간 강연장 안에 우레와 같은 박수와 함성이 울려 퍼졌다. 생명은 일종의 기적이고, 감사할 줄 아는 생명은 축복이다.

효는 공자의 사상 중 중요한 부분을 차지하는 덕목이고, 이 효에 대해서는 앞서 언급한 바 있다. 여기서는 효에 관한 공자의 말씀을 통해 감사할 줄 아는 마음에 대해 돌아보고자 한다. 부모의 사랑뿐 아니라 모든 사람이 베풀어준 마음에 감사할 줄 알고, 그런 마음으로 주위 사람들과 일을 대할 수 있어야 한다.

공자의 아들이 태어나자 노나라 소공이 축하하며 잉어를 선물로 보냈다. 공자는 그 선물을 받은 데서 그치지 않고 아들의 이름을 '공리(孔鯉)'라고 지어 감사한 마음을 전했다. 어쩌면 이런 이유 때문인지 모르겠지만 훗날 공자는 열국을 주유하면서도 마치 연처럼 그 끈을 늘 노나라와 연결시켜두었고, 노나라를 영원히 은혜에 보답해야 할 땅으로 생각했다. 공자는 노나라로부터 몇 차례 수모와 배척을 받기도 했지만 고국에 대한 그의 정절은 꺾인 적이 없다. 노나라가 그를 중용하지 않아도 원망하는 법이 없었다.

은혜에 감사하는 차원에서 보자면 공자는 우리가 본받아야 할 대상이다. 지금을 사는 우리도 늘 감사하는 마음을 가지고 살아야 하며, 이것이 바로 사람됨의 기본 도리이기도 하다.

그렇지만 현실을 돌아보고 급하면 사방에 도움을 청하고, 문제가 해결되고 나면 안면 몰수하는 사람이 적지 않다. 이런 사람은 한순간 남을 이용해 이익을 취한 대가로 영원히 신뢰를 잃게 된다. 은혜와 도의를 저버리는 행동은 인생에 오점을 남기게 되고, 그 누구에게도 용인될 수 없다.

몹시 궁색하게 살던 한 아이가 학비를 벌기 위해서 집집마다 돌며 물건을 팔았다. 처음에는 생각만큼 물건이 잘 팔리지 않았다. 어느 날 저녁 무렵이 되도록 아이는 한 푼도 벌지 못했다. 그는 너무 지치고 배가 고파 모든 것을 포기하고 싶어졌다. 막다른 곳까지 내몰린 아이는 마지막으로 한 집의 문을 두드렸고, 그곳에서 물 한 잔이라도 얻어 마실 수 있기를 바랐다.

문을 열어준 젊고 아름다운 여성은 미소를 지으며 그에게 따뜻한 우유 한 컵을 대접했다. 아이는 눈물을 글썽이며 우유를 단숨에 마셨고, 다시 일어날 힘을 얻었다.

수년이 흐른 후 아이는 유명한 외과의사가 되었다. 어느 날 병세가 위중한 부인이 그가 일하는 병원에 실려 왔다. 수술은 무사히 마쳤고, 그녀 역시 위험한 고비를 넘겼다. 그런데 그 부인의 얼굴이 이상하게 낯익었다. 기억을 더듬어보니 그녀는 바로 그에게 따뜻한 우유를 한 잔 건네준 사람이었다. 그는 그녀에게 그때 일을 말하기보다 그녀를 위해 무언가를 해주기로 결심했다.

퇴원할 때가 되어 병원비 계산서를 받아본 순간 그녀는 두 눈을 의심했다. 그녀가 본 것은 바로 '수술비=우유 한잔'이라는 글자였다.

사람됨의 도리는 바로 이런 것이 아닐까? 물 한 방울의 은혜를 넘치는 샘물로 갚는 것처럼 자신이 받은 작은 은혜도 마음속에 기억해두었다가 기회가 되면 그 이상으로 되갚을 줄 알아야 한다.

미국인들은 추수감사절을 통해 그날만큼은 하나님이 주신 모든 것에 감사하고, 자신의 가족, 친구, 동료, 사장에게 감사한다. 내가 살아온 모든 것에 감사하고, 심지어 경쟁자에게도 감사하고, 나를 둘러싼 세상과 생활에 감사하는 계기로 삼는다.

어쨌든 감사할 줄 아는 사람만이 남들이 쉽게 느끼지 못하는 삶의 밝은 면, 화합과 아름다움을 볼 수 있다. 감사할 줄 아는 사람은 강한 친화력으로 사람들을 자석처럼 끌어당기고, 가장 빛나는 존재가 되어 모두한테 기쁨이 되는 존재로 살아가게 된다.

인생의 나침반

미국 사우스웨스트항공의 CEO 허브 켈러허는 말했다.
"감사할 줄 아는 사람이 반드시 성공할 수 있는 것은 아닙니다. 하지만 감사할 줄 모르는 사람은 절대 성공할 수 없습니다. 세계적으로 성공한 사람들은 모두 감사할 줄 아는 마음을 가진 사람들이었으니까요. 감사할 만한 일은 날로 많아지고, 당연한 일은 갈수록 줄어들고 있다면 머지않아 당신은 반드시 큰 성공을 거둘 겁니다!"

:

조조에게 배우는
처세의 도

왕이 되어 허울뿐인 천자를 끼고
천하를 호령하다

누구나 명성과 이익이라는 두 마리 토끼를 좇는다. 하지만 두 가지를 모두 손에 넣기란 쉬운 일이 아니다. 그중 하나만 선택해야 하는 기로에 직면했을 때, 일단 허망하기 그지없는 '명(名)'을 버리고 실질적인 '이(利)'를 취하는 것이 현명한 처세술이다.

서기 210년, 조조는 세상 사람들에게 자신이 한나라 황실의 충신임을 보여주기 위해 '양현자명본지령(讓縣自明本志令)'을 써 내려갔다.

이 글에서 조조는 효렴(孝廉)으로 천거된 시점부터 시작하여 자신의 이야기를 풀어갔다. 그는 젊은 시절의 꿈이 제후로 봉해져 정서(征西)장군이 되고, 나중에 죽어서 무덤 앞에 '한나라 고(故)정서장군 조후(朝侯)의 묘'라는 비명이 새겨지는 것이었노라 밝혔다. 그 말인즉슨 자신의 뜻이 비록 원대하나 황제로 불리기를 바랄 만큼의 야심은 없다는 것이었다.

조조는 군대를 이끌고 동탁(董卓)을 토벌하고, 원소(袁紹)와 유표(劉表)를 제거해 천하의 난을 평정한 공을 인정받아 신하로서 최고 자리까지 올라갔으니, 이미 당초 가슴속에 품었던 뜻을 이루고도 남음이 있다고 회고했다. 이 말 역시 자신에게 더 이상의 야심이 없음을 드러낸 것이다. 그는 이렇게도 기술했다.

'만약 이 나라에 내가 없다면 도대체 얼마나 많은 이가 참칭하며 황제가 되려 할 것인가. 내가 강성해진 것은 천명이거늘 혹자는 이를 믿지 않고 사사로이 험담하고, 나에게 불손한 뜻이 있다고 억측하며 도를 넘는 행동도 서슴지 않고 있다. 제환공, 진문공이 지금까지도 칭송받는 이유는 강한 군사력을 가지고도 주나라의 천자를 섬겼기 때문이다.'

조조는 이미 회하 이북의 광활한 땅을 통일했고, 정권은 점차 공고해졌다. 그러자 누군가는 조조가 권력을 찬탈해 위나라를 세우려 한다 했고, 또 누군가는 조조가 이런 생각을 하는 것도 당연하다 말했다. 그러나 조조가 심혈을 기울여 쓴 문장 의도는 딱 하나였다.

'나는 단지 왕이 되고자 할 뿐 황제로 불리기를 원하지 않았으니, 이런 마음을 만천하에 알리고 싶었을 뿐이다.'

조조는 나라를 어지럽힌 역적이라는 오명을 대대손손 남기고 싶지 않았다. 더군다나 당시 그는 황제로 불릴 만한 조건을 전혀 갖추지 못했다. 조조는 이미 한나라 황실의 절대 통치권을 쥐고 있었지만 그의 세력은 여전히 북방에 국한되어 있었다. 게다가 손권과 유비가 세력을 확장하기 위해 호시탐탐 기회를 엿보고 있었다. 만약 이때 조조가 스스로를 황제로 칭했다면 도의를 저버린 죄를 물어 세인들의 멸시를 받을 것이고, 공공의 적이 될 것이었다.

사실 조조는 현실주의자로서 허명에 연연하지 않고, 실리를 더 중시했다. 북방 통일 후 조조는 이미 한나라 헌제(憲帝)를 꼭두각시로 만들었고,

천자의 권력을 행사하며 조정의 모든 대권을 쥐었으며, 천자와 비슷한 옷차림과 격식을 차리기까지 했다. 조조는 황제라 칭하지만 않았을 뿐 승상으로서 황제의 일을 했으니, 그야말로 실질적인 황제였다.

당시 상황에서 그가 스스로를 황제라 부르지 않은 것은 자신을 낮추고 한나라 황실에 충성하는 신하의 모습을 드러낸 지혜로운 선택이었다. 실력이 약할 때는 큰 좌절이나 상대의 협공에 쉽게 무너질 수 있다. 따라서 이 단계에서 스스로를 낮추고, 자신의 성장과 발전을 위해 시간을 버는 것도 좋은 전략이라 할 수 있다.

똑똑한 사람은 열세를 우세로, 나쁜 일을 좋은 일로, 위기를 기회로 전환시키는 능력이 뛰어나다. 무엇보다 실력이 부족할 때 자기 보호와 발전을 위해 스스로를 낮출 줄 안다.

실력이 적을 무너뜨릴 만큼 충분하지 않다면 가장 좋은 방법은 자신의 진짜 생각을 드러내지 않고 스스로를 낮추는 것이다. 그래야 안정적인 환경 속에서 날개를 펼치고 마음껏 날아오를 수 있다.

인생의 나침반

상대방이 쥔 패가 무엇인지 모를 때 무작정 함부로 패를 내밀어서는 안 된다. 마찬가지로 일을 할 때 숨겨둔 비장의 카드를 너무 빨리 내놓으면 안 된다.

능굴능신의
귀재가 되라

청나라 명사 정윤승(程允升)은 무릇 사내대장부라면 '능굴능신(能屈能伸, 펼 줄도 알고 굽힐 줄도 알아야 한다)'의 처세를 할 줄 알아야 한다고 했다. 자신한테 닥친 상황에 따라 지혜롭게 뜻을 굽혔다, 폈다 할 줄 알아야 현실과 조화를 이루며 뜻을 실현해갈 수 있다.

서기 195년, 조조는 한헌제의 명을 받아 연주목으로 부임했다. 그 당시 조조는 아직 본거지가 없었고, 충분한 실력과 세력을 갖추지도 못했다. 그런 까닭에 그는 잠시 연주 지방에서 웅거하며 기회를 기다렸다. 비록 관직은 보잘것없었지만 그는 연주목 시절에 이미 경제력을 갖추고 병마를 모아 착실히 기반을 닦아 나아갔다. 당시 진류태수 장막(張邈)은 조조에게 중요한 인물이었다. 일단 거사를 일으키면 군대 보급품과 후방 지원 방면으로 그의 도움이 절실했기 때문이다.

바로 이런 이유 때문에 조조는 장막의 호감을 얻기 위해 적극적으로 나서서 그의 휘하에 들어갔다. 얼마 후 조조는 장막과 함께 전선으로 나갔고, 장군의 직책을 대행하며 자신의 전군 통솔 능력을 검증해 보았다.

조조의 '굴(屈)'은 훗날 '신(伸)'을 기약하며 행해진 것이었다. 그는 연주에서 몸을 한껏 낮췄고, 장막의 휘하에서도 몸을 낮추어 그의 지휘를 받아들였다. 하지만 한편으로는 자신의 세력을 키우며 천하를 제패할 준비를 차근차근 해나갔다.

대업을 이루고자 한다면 누구나 인생의 밑바닥에서 몸을 낮출 줄 알아야 비로소 자신을 온전히 지켜내고, 향후 '신(伸)'을 위해 힘을 비축할 수 있다. 역사적으로 유명한 '능굴능신'의 이야기 중 월나라 왕 구천(句踐)의 '와신상담(臥薪嘗膽)'을 빼놓을 수 없다.

춘추 시대 때 오나라와 월나라 사이에 전쟁이 일어났다. 당시 월왕 구천은 범려(范蠡)를 책사로 삼아 오나라 군대를 대파했고, 늙고 쇠약했던 오왕이 중상을 입어 죽자 젊은 부차(夫差)가 왕위에 올라 월나라를 반드시 멸하겠노라 맹세했다. 3년간 철저한 준비 과정을 거친 후 부차는 대군을 이끌고 월나라를 공격했다. 이 전쟁에서 오나라는 지난 치욕을 씻어냈고, 월나라 도성 회계 근방까지 공격해 들어갔다.

긴박한 상황이 닥치자 월나라 대부는 오나라 대신과 내통해 부차에게 간언을 넣었고, 마침내 부차는 월나라 공격을 잠시 멈추며 조건을 내걸었다. 그 조건은 바로 월왕 구천이 왕후와 범려를 데리고 함께 오나라에 들어와 노예살이를 하는 것이었다. 3년 뒤 부차는 구천을 월나라로 돌려보냈다.

월나라로 돌아온 후 구천은 복수를 다짐하며 매일 밤 장작더미 위에서 잠을 자고, 끼니때마다 쓰디쓴 쓸개를 핥았다. 쓴맛을 느낄 때마다 그는 스스로에게 물었다.

"너는 회계에서 패배했던 치욕을 잊었느냐?"

그는 20년간 단 하루도 거르지 않고 이런 삶을 고집했다. 그리고 그 세월 동안 인구를 늘리고, 경제력을 키우고, 군대를 훈련시켜 국력을 점차 강화했다. 그는 마침내 대군을 이끌고 오나라로 쳐들어가 오나라를 멸망시켰다.

월왕 구천은 보통 사람이 상상할 수 없을 정도의 초인적인 인내심으로 3년간의 노예생활을 견뎌냈다. 그리고 마침내 자유를 얻어 월나라로 돌아간 순간부터 복수의 칼날을 갈아 치욕을 씻어냈다. 만약 '굴신(屈伸)'의 도를 깨우치지 못한 사람이라면 이런 엄청난 치욕을 견뎌내지 못했을 것이다.

이처럼 '능굴능신'은 상상 이상의 고통을 감내해야 하는 처세술이다. '능굴능신'의 진정한 귀재가 되려면 심리적 장애를 극복하고, 언제 어디서라도 고개를 숙일 준비가 되어 있어야 한다. 굴욕·치욕·설움·외로움 따위에 절대 흔들려서는 안 된다.

한 20대 여성이 도쿄 임페리얼호텔 직원으로서 사회생활의 첫발을 내디뎠다. 그녀는 자신의 첫 출발을 멋지게 장식하기 위해 첫 임무를 완벽하게 처리하겠노라 결심했다. 그런데 출근 첫날, 매니저가 그녀에게 맡긴 첫 번째 임무는 놀랍게도 화장실 변기 청소였다. 화장실 청소는 누구나 꺼리는 일이었고, 하물며 갓 대학을 졸업한 젊은 아가씨가 출근 첫날부터 할 일은 더욱 아니었다.

하지만 무슨 일이 있어도 그 일을 해내야 했다. 그녀는 이 일을 잘해낼 수 있다고 스스로에게 주문을 걸었다. 그러나 변기를 보는 순간 비위가 상했고, 모든 걸 포기하고 싶은 마음이 솟구쳤다. 하지만 힘들게 들어온 직장을 이런 일 때문에 그만두고 싶지는 않았다.

잠시 후 매니저가 화장실에 들어와 그녀의 상황을 지켜보았다. 사실, 그 역시 입사 초기에 똑같은 경험이 있었기에 누구보다 그녀의 마음을 잘 알았다. 매니저는 말없이 걸레를 집어 들고 변기를 닦기 시작했다. 그녀는 그가 잠깐 시범을 보여주는 거라 생각해 인내심을 가지고 그의 행동 하나하나를 주의 깊게 지켜보았다. 얼마 후 변기는 마치 새것처럼 광이 났고, 그녀는 미안한 마음과 더불어 자신의 나약했던 마음을 다소나마 다잡을 수 있었다.

그런데 잠시 후 놀라운 장면이 그녀의 눈앞에서 펼쳐졌다. 매니저는 컵을 하나 가져와 변기에서 물을 뜨더니 그녀 앞에서 여봐란듯이 단숨에 마셔버렸다. 이는 누가 시켜서 억지로 한 행동이 아니었다.

그 행동 하나가 그녀에게 한 가지 커다란 깨달음을 안겨주었다. 한 가지 일에 적응하는 것도 중요하지만 그 일을 완벽하게 처리하는 마음가짐과 실천이 중요했다.

'설사 앞으로 평생 화장실 청소를 한다 해도 일단 그 일이 내 일이라고 생각한다면 일본 최고의 화장실 청소 전문가가 되어야 한다!'

그 일을 통해 그녀는 이전과는 다른 마음가짐으로 화장실 청소에 임하게 되었다. 또한 회사 업무도 완벽하게 처리하고, 항상 최선의 결과물이 나오도록 노력했다.

자신에게 주어진 일에 대한 빠른 적응과 집중을 통해 그녀는 능굴능신의 정신을 깨우쳤고, 어떤 시련에도 버틸 단단한 마음을 갖게 되었다. 그녀는 모든 도전을 용감하게 받아들였고, 제아무리 열악한 조건과 환경도

'능굴능신'의 정신으로 극복해갔다. 그렇게 그녀는 한 발짝씩 성공을 향해 걸어갔고, 몇십 년 뒤 일본 정부 내각의 주요 인사로 이름을 올렸다. 그녀가 바로 일본 우정대신 노다 세이코다.

비바람을 견뎌내지 않고 어떻게 무지개를 볼 수 있겠는가? 노다 세이코는 자신의 행동을 '능굴능신' 네 글자에 담아냈다. 도무지 감당할 수 없을 만한 일 앞에서도 그녀는 그 상황을 받아들였고, '굴신'의 자세로 문제를 해결해 나아갔다.

'능굴능신'의 관문 앞에서 물러서는 선택을 한다면 누구도 성공을 거두기 어렵다. 반면, 이 도전을 받아들인다면 적응 능력과 레벨은 큰 폭으로 상승할 것이다.

인생의 나침반

'능굴능신'에 능한 사람은 환경과 변화에 빠르게 적용하고, 이런 과정을 통해 강한 경쟁력을 갖출 수 있다.

물러서고 나아갈 때를 아는
능력을 키워라

앞으로 나아가는 것만큼이나 물러서는 것 역시 중요하다. 사실, 물러서는 행동은 생존을 위한 하나의 수단이다. 이를 통해 자신을 지킬 수 있고 일을 이룰 수 있으니, 이 또한 크나큰 용기와 지혜가 필요하다. 진정한 영웅은 나아갈 때와 물러날 때를 잘 알기에 실패하는 법이 없다. 물러서기만 하고 나아가지 못하면 유약하다 할 것이고, 나아가기만 할 뿐 물러설 줄 모른다면 경솔하고 무모하다 할 것이다. 둘 사이의 균형을 이루어야 멋진 인생을 살아낼 수 있다. 요컨대 나아가고 물러서는 법을 배워야 바름을 유지하며 뜻하는 바를 모두 이룰 수 있다.

조조는 영천을 어지럽히는 황건적을 토벌한 후 제남국상으로 임명되었다. 그 자리에 있는 동안 그는 여러 혁신정책을 과감히 추진하고, 탐관오리를 축출하고, 백성들이 귀신 섬기는 것을 척결해 그들의 두터운 신망을 얻었다. 이런 치적 덕분에 조조의 출셋길은 탄탄대로였다.

하지만 그가 승승장구하는 사이, 그의 급진적 정치 행보와 언행은 당대 조정 실권자들의 심기를 불편하게 만들었다. 게다가 지방 권세가들은 직접적으로 피해를 입은 탓에 조조를 증오했고, 보복할 기회를 잡으려고 혈안이 되었다. 조조는 위기감을 느꼈지만 권세가들과 영합해 자신의 원칙을 무너뜨리고 싶지 않았다. 하지만 한편으로는 시종일관 강하게 앞으로 나아가기만 하면 자기뿐 아니라 가족에게도 큰 화가 미칠 것 같았다. 조조는 심사숙고 끝에 제남국상 자리에서 물러나 궁의 직숙으로 돌아가기를 바랐다.

그렇지만 조정의 권세가들은 조조를 동군태수로 보내려 했다. 이 자리는 제남국상만큼 중요한 직위였다. 그런 인사 조치를 통해 자신이 염려했던 바를 확인한 조조는 병을 핑계로 그 자리에 가기를 거절했다. 후에 조정은 그를 한직인 의랑으로 임명했다. 조조는 자신에게 머지않아 위기가 닥치리라는 위기감을 느끼며 새로운 돌파구를 찾았다. 결국 그는 의랑 자리도 병을 이유로 거절했고, 관직에서 물러나 귀향했다.

이후 조조는 성 밖에 집을 짓고, 봄과 여름이면 서책을 읽고, 가을과 겨울이면 사냥을 나가는 낙으로 살았다. 이렇게 조조는 1년여 동안 날카로운 발톱을 숨긴 채 외부의 정세 변화에 늘 촉각을 곤두세우고 있었다. 훗날 황건적 잔당들의 난이 끊이지 않자 조정은 통치권을 보호하기 위해 새로운 군대를 조직했고, 교위 여덟 명을 뽑아 통솔하도록 했다. 당시 환관 새석(賽碩), 무관 원소 등이 교위로 뽑혔고, 때마침 조조에게도 조정의 부름이 당도했다. 조조는 당장 도성으로 달려가 조정의 명을 받들었다.

조조는 언제 나아가고 언제 물러나야 하는지를 정확히 알았다. 그는 위기를 예감하는 순간 과감하게 한 발짝 물러나 기회를 기다렸다. 그리고 조정에서 내린 관직이 자신의 요구에 부합한다 판단하는 순간 주저하지 않고 움켜쥐었다. 언제 나아가고, 물러설지 정확히 판단할 줄 아는 능력이 바로 조조를 성공으로 이끈 비결이었다.

기나긴 인생의 길 위에서 한 발짝 물러서서 좀 기다리는 것은 잠깐 쉬어가는 것에 불과하다. 잠시 고개를 숙이는 것은 더 멀리 나가기 위해, 더 높이 날아오르기 위해 힘을 비축하는 과정이다.

학생 몇이 벽에 용과 호랑이가 싸우는 그림을 그린 후 선생님에게 평가를 부탁했다.

"아주 잘 그리기는 했는데 용과 호랑이의 특징이 잘 살아나지는 못한 듯하구나. 용은 공격을 하기 전에 머리를 뒤로 빼고, 호랑이는 앞으로 돌진하려 할 때 머리를 아래로 낮게 수그리지. 용은 목이 뒤로 휘어지는 각도가 클수록, 호랑이는 머리가 바닥에 가까워질수록 더 빨리, 더 높이 공격할 수 있단다."

"듣고 보니 이 그림의 문제가 무엇인지 정확히 알 것 같아요!"

학생들은 큰 깨우침을 얻은 듯 고개를 끄덕였다. 그중 한 학생이 말했다.

"그러고 보니 우리가 용의 머리를 너무 앞으로 기울게 그리고, 호랑이의 머리 역시 너무 꼿꼿하게 세웠네요. 어쩐지 생동감이 부족하다 했는데 말이죠."

"사람됨이나 처세의 도 역시 마찬가지란다. 한 발짝 물러서야 더 멀리 나아갈 수 있고, 반성을 할 줄 알아야 더 높이 올라갈 수 있지."

이익을 좇아 움직이는 것이 '나아감'이고, 화를 피해 움직이는 것이 '물러섬'이다. 이익을 좇고 화를 피하는 것은 나아감과 물러섬을 아는 현실적 반응이자 인지상정이다.

서기 228년, 제갈량(諸葛亮)이 기산으로 출격해 조진(曹眞)을 물리쳤다. 하지만 그는 여세를 몰아 진군하지 않은 채 전군 철수 명령을 내렸다. 장사 양의(楊儀)는 그의 결정이 도무지 이해되지 않아 물었다.

"현재 대군이 승리를 거두었고 위나라 군대는 그 기세가 크게 꺾이지 않았습니까? 지금이야말로 위군을 단숨에 무너뜨릴 절호의 기회입니다. 그런데 어찌하여 철수를 명하십니까?"

제갈량이 그 이유를 설명했다.

"아군은 식량이 부족하니 속전속결이 상책이네. 비록 조진이 첫 싸움에서 패했으나 험지를 끼고 대오를 정비할 테니 우리 군에 불리하게 작용할 걸세. 만약 위군이 아군의 식량 보급로를 차단한다면 우리는 진퇴양난에 빠질 것이고, 그리되면 철수조차 쉽지 않네. 그러니 서둘러 치고 빠지는 것이 상책이네."

촉군은 곧바로 철수했고, 조진은 그들이 완전히 철수한 후 이틀이 지나서야 그 사실을 알게 되었다.

싸워서 이길 수 있으면 싸우고, 이길 수 없다면 무의미한 희생을 피해야 한다. 이것이 바로 진격과 후퇴의 도를 명확히 알고 있던 제갈량의 병법 중 하나다. 이 병법은 자신의 안전을 지키면서 적의 공격을 무력화하는 힘이 있다.

춘추 시대 진나라와 초나라의 전쟁에서 진나라 문공 중이(重耳)가 감행한 '퇴피삼사(退避三舍, 대치하고 있는 적군으로부터 3사(90리)를 물러서다)' 역시 공격과 후퇴의 도를 아주 잘 보여주고 있다.

중이가 초나라로 도망간 뒤 초왕이 성대한 연회를 베풀며 장차 진나라로 돌아가면 어떻게 보답하겠느냐고 물었다. 중이는 진나라와 초나라 사이에 전쟁이 일어나면 왕을 위해 삼사를 물러서겠다고 약조했다. 그 후 두 나라가 성복에서 교전할 때 중이는 과연 자신의 약속대로 '퇴피삼사' 하여 군대를 90리 밖으로 철수했다.

중이의 이런 행동이 어쩌면 고지식하고, 병사들의 목숨을 담보로 장난치는 것처럼 보일지 모른다. 하지만 사실상 그의 '퇴피삼사' 전략은 여러 면에서 긍정적인 효과를 발휘했다. 첫째, 중이는 자신의 약속을 지킴으로써 도의상 우위를 점하였다. 둘째, 철수를 함으로써 서슬 퍼런 초나라 군대의 사기를 느슨하게 만드는 목적을 달성했다. 중이의 외숙부 호언(狐偃)은 이에 대해 이런 분석을 내렸다.

"우리가 적군으로부터 삼사를 물러서는 것은 천하에 신의를 보여준 것에 그치지 않는다. 만약 우리가 철수하면 초나라도 물러서야 하니 양국은 강화로 나아갈 수 있다. 만약 우리가 물러섰는데도 초군이 계속 추격해 온다면 그들은 이치에 맞지 않는 행동을 하는 것이니 세상의 지탄을 받을 것이다. 이렇게 되면 아군은 초나라와 세상에 떳떳해지니 나라의 대의를 위해 초나라와 싸울 것이다. 만약 초나라가 자만하여 대의를 생각하지 않는다면 이 또한 우리에게 유리하다."

무엇을 버리고 무엇을 취할 것인지 알고, 진격해야 할 때와 물러서야 할 때를 명확히 판단할 줄 알아야 최후의 승자가 되어 고지에 설 수 있다. 물러섬과 나아감은 사람됨과 처세를 위한 일종의 철학이자 기술이다. 그 옛날의 병법은 물론 오늘날 우리의 사회생활, 사업, 대인관계 등에서도 항상 언제 물러서고 언제 나아가야 할지를 아는 게 중요하다.

그렇지만 현실 속에서 이 진퇴의 적정선을 제대로 아는 사람은 그리 많지 않다. 특히 물러서야 할 때 지나친 타협과 양보로 말미암아 자신의 원칙을 지키지 못하고, 결국 자신의 일과 인생에 메울 수 없는 손실을 가져오기도 한다.

현실 속에서 자신의 이익이 불필요한 손해를 입지 않게 하려면 진격할 때와 물러설 때를 정확히 알아야 한다. 언제 진격해야 하는지, 언제 물러서야 하는지를 알고 싶다면 조조의 책략을 참고해볼 필요가 있다. 일단 진군과 양보의 폭을 철저하게 따져본 뒤 결정해야 한다. 자신의 이익이 너무 큰 손해를 봐서도 안 되고, 상대방의 이익 또한 일정 정도의 만족감을 갖도록 그 수위를 결정해야 한다. 그래야 공감대를 형성하고 '윈윈'이 이루어질 수 있다.

인생의 나침반

진격할 때와 물러설 때를 아는 기술은 위험에서 벗어나 평정을 찾는 데 도움이 되고, 그 이치를 알고 실천하는 것만으로도 평생 화(禍)를 멀리할 수 있다.

머리를
숙일 줄 아는 것도
삶의 지혜다

'군자는 자신을 한없이 낮춤으로써 스스로를 키운다.'
이는 『주역·겸(周易·謙)』에 나오는 구절이다. 사마천의 『사기(史記)』에도 '복숭아와 오얏은 그 열매의 맛이 좋으니 널리 말하지 않아도 그 아래로 사람들이 모여들어 자연히 길이 생긴다'라고 했다. 고개를 숙인다는 것은 일종의 지혜다. 그것은 서로 다름을 인정하고, 순리를 따르며, 겸손할 줄 아는 과정을 통해 완성된다.

동탁의 난을 겪은 후 한나라 왕조는 이미 이름만 남은 허수아비에 불과했다. 외척 동승(董承)과 대신들은 헌제를 모시고 도망쳐, 잠시 낙양에 거했다. 황제는 재난을 입고 곤경에 빠져 의식주조차 제대로 해결하기 힘들어졌다. 당시 조조는 허성에 주둔 중이었고, 책사 순욱(荀彧)은 조조에게 헌제를 허창으로 모시라고 제안했다. 조조는 그의 제안을 받아들여 헌제를 허창으로 모셔갔다.
이때까지만 해도 조조는 아직 노골적으로 '천자를 끼고 제후를 호령하는' 행동을 할 수 없었다. 그의 실력이 여전히 원소 등에 미치지 못했기 때문이다. 게다가 당시 원소는 조조가 천자를 등에 업고 있다는 것에 불만을 드러내며 도발했다. 원소는 허창이 퇴락했다는 이유로 헌제를 자신의 세력권에서 비교적 가까운 견성으로 모셔야 한다고 주장했다. 조조는 원소의 요구를 단칼에 잘랐고, 헌제의 명의로 원소를 지탄하는 글을 내렸다. 원소는 어쩔 수 없이 헌제에게 자신의 충심을 밝히는 글을 올릴 수밖에 없었다.

원소는 공개적으로 조정을 거역하는 일을 감히 저지르지 못했고, 누구보다 이 사실을 잘 아는 조조는 천자의 이름으로 원소를 태위에 봉해 그의 일거수일투족을 감시하고자 했다. 하지만 '삼공(三公)'의 위치인 태위는 대장군(당시 조조가 역임)의 아래 계급이었으므로 원소는 이 명을 거절했다.

이 국면을 어떻게 수습했을까? 이것은 조조 앞에 놓인 난제였다. 조조는 실력 면에서 아직 원소만 못했고, 이 일로 그와 등을 돌리고 싶지 않았다. 그리되면 자신의 원대한 계획이 틀어질 수밖에 없었다. 그는 잠시 원소에게 '고개를 숙이기로' 결심했다. 대장군 직책을 원소에게 넘기고, 자신은 사공(司公, 삼공 중 하나)의 자리로 물러나 둘 사이의 갈등을 봉합해버린 것이다.

사실상 조조는 자신을 낮추는 것 외에 그 무엇도 실질적 손해를 보지 않았다. 원소는 평소 허창에 있지 않았기 때문에 조조는 전과 다름없이 계속 조정을 장악할 수 있었다. 조조는 이 기회를 이용해 조정과 군에 자신의 심복을 연이어 심어두고 암암리에 세력을 키워나갔다.

깃털이 풍성해지기 전에는 날개를 펼쳐 높이 날아오르기 힘들다. 조조는 자신의 실력이 원소보다 못함을 누구보다 잘 알기에 강경하게 맞불을 놓기보다 대업을 위해 일단 몸을 낮췄다. 이것은 굴욕이 아니라 교묘하게 적을 이용하는 지혜라 할 수 있다.

어떤 남자가 소크라테스에게 물었다.
"하늘과 땅은 얼마나 떨어져 있습니까?"
"삼 척(尺)이네."
"사람 키가 오 척이 넘는데 하늘과 땅이 삼 척밖에 안 되다니요?"
소크라테스가 말했다.
"그러니 키가 삼 척이 넘는 사람은 고개를 숙일 줄 알아야 하는 게지."
'고개를 숙일 줄 아는 것'은 처세의 경지다. 고개를 들고 숙이는 것은 사는 동안 늘 하는 행동이다. 우리 일생은 사람과 사람, 사람과 사회, 사람과 자연 그리고 자신의 모순을 끊임없이 해결하며 흘러간다. 만약 이런 갈등을 해결할 때 고개를 숙일 줄 모른 채 독단적으로 행동한다면, 난관에 부딪히고 말 것이다.

고개를 숙이는 일은 용기가 필요하다. 그렇지 않고서야 어떻게 질 걸 뻔히 알면서도 잘못된 길로 계속 갈 수 있겠는가? 역사를 쭉 돌아봐도 '고개를 숙일 용기'가 없어 분노로 일관하며 간언을 올린 신하의 목을 치는 어리석은 군주들이 자주 등장한다. 조조처럼 남부럽지 않은 지위와 실력을 갖추고도 필요할 때 고개를 숙일 줄 아는 인물은 그리 흔하지 않다.

인생의 나침반

남에게 고개를 숙이는 일은 타협이 아니라 눈앞에 닥친 고난을 극복하기 위한 이성적 판단이자 인내이자 양보이다. 이는 남 앞에서 자신을 무너뜨리는 것이 아니라 더 흔들림 없이 견고하게 발붙이고 서 있기 위한 포석이다. 고개를 숙여야 할 때 숙이고, 목표를 조정하며, 생각을 바꾸라. 그러면 인생의 가시밭길을 지나 희망으로 가득 찬 새로운 길이 눈앞에 펼쳐질 것이다.

규율에 얽매이지 않아야
큰일을 할 수 있다

멍뉴의 뉴건성 회장은 말했다.

"알고 싶다면 거꾸로 해보십시오. 나사가 어떤 모양이든 정방향으로 돌려보고 안 되면 반대 방향으로 돌리세요. 그러면 풀리게 되어 있습니다. 산과 물로 둘러쳐져 길이 없을 것 같아도 자리를 바꾸고 방향을 바꾸다 보면 탁 트인 길이 열리기도 합니다."

이 변화무쌍한 시대에 때로는 반대 방향으로 가봐야 한다. 그럴 때 남다른 개성으로 평범함을 깨며 자신만의 성공길을 찾을 수 있다.

『조만전(曹瞞傳)』에 이르기를, 조조는 어려서부터 매를 날리고 사냥하며 자유롭게 노니는 것을 즐겼다. 숙부가 조조의 부친, 즉 조숭에게 그 행실을 고하며 엄격히 가르쳐야 한다고 수차례 충고했고, 이 사실을 안 조조는 숙부를 미워했다. 어느 날 조조는 숙부와 마주치자 일부러 눈과 입을 일그러뜨리며 바닥에 쓰러지는 시늉을 했다. 숙부가 괴이하게 여겨 연유를 묻자 조조는 중풍에 걸린 것 같다고 대답했다. 숙부는 이 일을 곧장 조숭에게 알렸다. 조숭이 놀라 조조를 불렀지만 조조의 입 모양은 예전과 똑같았다. 조숭이 의아한 표정으로 물었다.

"네 숙부가 말하기를 네가 풍에 걸렸다고 하던데, 어찌된 일이냐?"

조조가 태연하게 대답했다.

"중풍이라니요? 전 그런 병에 걸린 적이 없습니다. 아마도 숙부님께서 잘못 보셨거나 제가 너무 미워 그런 말씀을 전한 것이겠지요."

조조의 이 말은 숙부에 대한 도전이었다. 그 후 숙부는 더 이상 조조에 대한 험담을 하지 않았고, 그의 부친도 숙부 말에 의심을 품게 되었다. 이렇게 해서 조조는 모든 상황을 자신한테 유리하게 만들었고, 이전보다 더 자유롭게 하고 싶은 일을 하며 지냈다.

조조는 환관 집안에서 태어났고, 줄곧 전통적인 유교교육을 받았다. 그는 어릴 때 어머니를 잃고, 아버지의 가르침마저 제대로 받지 못해 고삐 풀린 망아지처럼 자유분방했다. 이런 성격은 당시 난세를 살아가는 데 더 유리하게 작용했다. 조조는 어린 시절부터 규율을 따르지 않는 법을 배웠고, 남들과는 다른 방식으로 생각하고 행동했다.

남조 송나라의 문학가 유의경(劉義慶)은 『세설신어(世說新語)』에서 조조를 다음과 같이 기술했다.

조조는 어릴 때 낙양성에 살며 친한 벗 원소와 함께 늘 짓궂은 장난을 쳤다. 어느 날 한 집안에서 혼사를 치를 때 두 사람은 야밤을 틈타 그 집의 정원으로 숨어들어 큰 소리로 "도둑이야!" 하고 외쳐댔다. 축하연을 벌이고 있던 신랑과 친구들이 놀라 허둥지둥 밖으로 뛰쳐나와 이리저리 도둑을 찾아다녔다. 조조는 혼란을 틈타 신부를 칼로 위협해 납치했다. 조조는 집 밖으로 나왔으나 뒤에서 사람이 쫓아오자 당황해 길을 잃었고, 앞서던 원소마저 가시덤불 위로 넘어져 벗어나지 못한 채 허우적댔다. 사람들이 바싹 추격해 오자 조조는 황급히 꾀를 내어 소리쳤다.

"도둑이 여기 있다!"

원소는 그 소리에 너무 놀라 죽을힘을 다해 가시덤불에서 빠져나와 도망쳤다. 그의 옷은 찢기고 몸은 온통 피투성이로 변해 있었다.

조조의 이런 행동은 지금 봐도 도가 지나친 감이 없지 않다. 그러나 위기를 모면하기 위한 그의 남다른 기지와 지모만큼은 인정하지 않을 수 없다. 그는 세속의 구속에서 벗어나는 비상식적인 생각의 틀과 흐름을 가지고 있었는데, 이는 훗날 그의 성공에 중대한 역할을 했다.

정해진 틀에서 벗어나 모두가 생각지도 못한 방식으로 문제의 해결점을 찾는 것은 창의적이고 개성이 넘치는 사고를 중시하는 지금 시대에 특히 중요하다.

중국의 비즈니스 평론가 진춰다오는 자신이 직접 경험한 두 가지 사례를 소개했다.

2006년 3월 4일 〈제일재경〉의 브레인스토밍 프로그램 분장실에서 나는 처음 리옌훙을 봤다. 그 프로그램의 주제는 '검색 전국 시대'로 검색 엔진 포털 사이트계의 달인 몇 명이 초청되었다. 바이두 CEO 리옌훙, 야후 중국 CTO 우지옹, 중써우 회사 CEO인 천페이 등이 출연했고, 나는 평론가로서 특별 초대되었다.

당시 리옌훙은 넥타이 없이 보라색 셔츠 위로 가죽 재킷을 입었다. 나는 이 작은 부분에 특히 주목했다. 방송국 제작진은 정장에 넥타이를 매고

와달라 출연진에게 특별히 부탁했기 때문이다. 다른 출연자들은 모두 이 드레스 코드 원칙을 지켰는데, 리옌훙은 '실리콘밸리'의 스타일을 고수했다.

또 다른 경험은 빈트 서프에 관한 것이다. 그는 인터넷 구조를 설계했고, 비록 개발자는 아니지만 '인터넷의 아버지'로 불렸다. 2007년 2월 나는 구글의 베이징 본부에서 서프를 보았을 때 조금 놀랐다. 그는 아주 신경을 쓴 듯 조끼까지 갖춘 쓰리피스 양복 차림이었는데 상의 주머니에 붉은색 스카프 장식까지 되어 있었다. 구글처럼 자유로운 분위기 속에서 이렇게 엄숙하고 진중한 옷차림을 보니 더 눈에 띠었다. 그와 마주 앉았을 때 그가 먼저 말했다.

"우선 옷차림부터 이야기해볼까요? 사실, 일부러 이렇게 차려입은 겁니다. 고등학교 시절, 다른 학생들은 티셔츠에 재킷을 입고 등교했지만 나는 양복을 입고 넥타이를 맸죠. 구글에 다니는 사람들은 모두 복장이 자유롭지만 쓰리피스 양복을 입는 사람은 나뿐일 겁니다. 한마디로 나의 개성을 보여주는 거죠."

리옌훙과 빈트 서프의 성취 결과를 두고 본다면 그들의 행동은 단순히 자신의 개성을 표방하는 수준에 머물지 않았다. 그들의 뼛속 깊이 박힌 특징은 바로 기발하고 새로운 주장과 생각으로 자신의 뛰어난 면을 드러내고, 기존의 틀 안에 자신을 가두지 않는 것이었다. 그리고 이런 특징이 그들을 성공의 길로 빠르게 이끌어주었다.

혁신, 창의적 사고의 최대 적은 습관적 사유다. 우리는 생활 속에서 수많은 경험을 쌓고, 그 경험들은 시시각각 우리의 사유에 영향을 주며 혁신과 창의적 아이디어를 제약한다. 창의적 능력을 갖춘 사람이 되고 싶다면 경험, 권위, 규칙, 규범, 관성적 사고의 틀에서 벗어나야 한다. 관례와 관습을 과감히 깨고 관성적 사고를 타파해야 창의적 사고의 날개를 활짝 펴 높이 날아오를 수 있다. 그럴 때 새로운 성공의 패러다임을 만들어낼 수 있다.

인생의 나침반

규율만 따르려는 사람은 큰 혼란을 피해 현실에 안주할 수 있을지 모르나 큰 성공 또한 절대 거둘 수 없다.

자기표현을 잘하는 것도 경쟁력이다

자기표현은 인간의 천성 중 가장 중요한 요소다. 공작새가 자신의 화려한 깃털을 뽐내는 것처럼 사람도 스스로 표현하기를 좋아한다. 그러나 적시에 자신을 표현할 줄 아는 사람도 공작새처럼 가능한 모든 기회를 잡아 언제 어디서나 가진 능력을 모두 보여주고 사람들의 관심을 끌어들여야 한다. 그래야 비로소 상응하는 대우를 받을 수 있다.

조조는 스무 살에 효렴으로 천거되어 낭(郞)이 되었고, 도성 낙양의 북부위(北部尉)로 임명되었다. 비록 말단 관직에 불과했지만 조조는 출세를 위한 첫걸음이라 생각하며 재능을 마음껏 발휘해 조정의 주목을 받겠노라 결심했다.

조조는 부임하자마자 단호한 정책 집행 능력을 드러냈다. 이와 관련해 『사서』에 이런 기록이 나온다.

태조는 태위부(太尉部)에 부임하여 네 군대의 관아 문을 엄격히 다스렸다.

그는 오색곤봉을 만들어 성문 입구에 매달고, 좌우로 각각 십여 개를 더 놔두었다. 만약 누군가 금령을 위반하면 신분의 고하를 막론하고 법에 따라 곤봉으로 곤장을 쳐서 죽였다. 당시 한나라 영제(靈帝)가 총애했던 어린 환관 건석(蹇碩)의 숙부가 금령을 어기고 야행했다는 이유로 죽임을 당했다. 이 일이 일어난 후 도성의 범죄율은 줄어들었고, 사람들은 더 이상 금령을 위반하지 않았다.

후에 영제 곁을 지키며 신임받던 측근들도 몸을 사리며 조조를 제거하려 했지만 그럴만한 근거를 찾아내지 못했다. 그래서 그들은 겉으로 조조의 능력을 치켜세우며 돈구령(頓丘令)으로 승진시켰다.

조조는 돈구령으로 부임한 후 가장 먼저 황제가 총애하던 태감의 친속들을 죽였다. 이 일로 조조의 이름은 만천하에 알려졌고, 더 중요한 관직에 오르며 명예와 잇속을 모두 손에 쥘 수 있었다. 그는 자신을 드러내고 알리려는 본래의 목적을 완벽히 달성한 것이다.

매년 봄이 오면 공작새는 암컷의 환심을 사기 위해 오색찬란한 꼬리털을 부채처럼 활짝 펼치고 가장 아름다운 모습을 드러낸다. 공작의 이런 행동은 자기를 홍보하는 절묘한 방식이기도 하다. 공작새는 적당한 시기에 자신의 가장 아름다운 부분을 암컷에게 뽐낸다.

공작새의 꼬리털 자랑을 통해 우리는 재능이 비범하다고 해서 반드시 두각을 나타내는 것은 아니라는 가르침을 얻을 수 있다. 하물며 사람의 주목을 끌 만큼 재능을 드러낼 줄 아는 사람은 더 드물다. 설사 비범한 능력을 가진 이도 자신을 드러내는 일에 능수능란해야 한다. 조조의 경험을 통해 보듯, 약자는 기회를 기다리고 강자는 기회를 만든다.

좋은 술은 어디에 있든 그 향기로 사람을 끌어모은다고 하지만 이제 그런 시대는 지나갔다. 적극적으로 자기를 홍보하는 능력을 갖추는 것이 시대적 흐름이다. 이런 능력이 있어야 나를 알릴 수 있고, 더 좋은 발전 기회를 얻을 수 있다.

다음은 『전당시화(全唐詩話)』의 한 내용이다.

자앙(子昻)이 장안에 처음 들어갔을 때 사람들이 그를 모르니 뜻을 펼칠 방도가 없었다. 어느 날, 시전에서 비파의 값으로 천 관(貫)을 부르는 사람을 보게 되었다. 장사꾼 주위로 사람들이 몰려들고 다들 넋을 잃은 채 비파 연주 소리를 듣고 있었다. 자앙은 사람들 틈을 비집고 들어가 천금을 주고 그 비파를 샀다. 다들 놀라서 그에게 왜 비파 하나를 사는 데 천 관이나 쓰냐고 물었다. 그러자 자앙이 대답했다.

"나는 어릴 때부터 악기 연주를 잘했으니 이 비파가 나한테는 꼭 필요한 악기라 그렇소."

누군가가 또 물었다.

"그럼 한 곡 연주해줄 수 있겠소?"

자앙은 연주를 듣고 싶으면 다음 날 모 술집으로 오라고 말했다.

이튿날 사람들이 약속이나 한 듯 술집으로 몰려갔다. 그곳에 들어가니 상 위에 산해진미가 가득 차려져 있었다. 자앙은 상석에 앉아 천 관을 주고 산 비파를 탁자 위에 올려놓았다. 손님들이 술잔을 세 번 비우고 나서야 자앙은 비파를 들고 일어섰다.

"촉인 진자앙은 지금까지 쓴 시문이 백 권이고, 큰 뜻을 품고 힘들게 장안까지 왔으나 아무도 알아주는 이가 없더이다. 그러다 뜻밖에도 어제 산 이 비파 덕에 이름을 알렸으니 세상일은 참으로 알다가도 모를 일입니다. 그러나 비파를 연주하는 일은 내가 가진 미천한 재주에 불과하니 자리에 계신 여러분의 귀에 누가 되지 않을까 저어됩니다!"

그는 말을 마치자마자 비파를 땅에 내던졌고, 비파는 순식간에 산산조각이 났다. 모두 너무 놀라 아무 말도 하지 못했다. 자앙은 시가 적힌 종이를 모두에게 나눠주었고, 사방에서 그의 시를 읽는 소리가 들려왔다. 그렇게 하루 만에 진자앙의 이름은 장안에 퍼지게 되었다.

이 이야기는 초당 시기 시인 진자앙이 장안에 처음 와서 자신을 알리기 위해 썼던 방법이다. 그가 거액의 돈을 주고 비파를 산 것은 세인의 관심을 끌어내는 신의 한 수였다.

정보의 전달 속도가 극도로 낮았던 그 시대에 자신을 알리기란 결코 쉬운 일이 아니었다. 그럼에도 불구하고 진자앙은 놀라운 기지를 발휘해 그 기회를 만들었다. 지금처럼 경쟁이 치열한 환경 속에 사는 우리는 남들보다 부각되고 싶다면 자신을 알리기 위한 기회와 방법을 스스로 찾아야 한다.

오늘날, 하나의 제품이 시장에 출시될 때 적극적인 홍보 마케팅을 하지 않으면 그 제품의 정보가 소비자에게 전달되거나 구매로 이어지기 어렵다. 그래서 제품을 생산 혹은 판매하는 회사의 관련 부서들은 TV, 라디오, 인터넷 등 각종 매체를 이용해 자사 제품을 홍보하는 데 열중한다. 이런 광고를 통해 소비자는 해당 제품을 기억하고, 그것이 제품의 구매로 이어지게 된다.

똑같은 이치로, 사회의 구성원으로서 인정받고 더 강력한 경쟁력을 갖춰 재능을 마음껏 펼치고자 한다면 가능한 모든 기회를 동원하여 자신을 홍보하는 데 활용할 줄 알아야 한다.

인생의 나침반

현실 속에서 이름을 세상에 알리지 못했다는 것은 경쟁력이 없다는 증거다. 자신을 알리는 데 능수능란한 사람은 자기 발전의 기회와 그 가능성을 만들기 위해 스스로 기회를 찾아 나선다. 그렇게 최고의 경쟁력을 갖춘 사람만이 자신이 원하는 분야에서 빠르게 두각을 나타낼 수 있다.

대담하게 생각하고
과감히 행동하라

영국의 대표 시인 엘리엇은 말했다.
"세상에 위대한 업적을 내놓지 못한 이유는 무슨 일을 하든 승산이 있는 것만 찾아 움직이려 한 우유부단함 때문이다."
무슨 일을 하든 어느 정도 고민이 끝났으면 대담하게 행동해야 한다. 모든 조건이 갖춰지고 준비가 완벽해질 때까지 기다려서는 안 된다. 대담하게 생각하고 과감히 행동하는 것이야말로 눈 깜짝할 사이에 지나가버리는 기회를 낚아채 최대의 수익을 올리는 비법이다.

서기 180년 6월, 한영제는 공경들에게 『상서(尙書)』, 『모시(毛詩)』, 『좌전(左傳)』, 『곡량춘추(穀梁春秋)』에 통달한 사인(士人)을 각자 추천해 의랑에 임명하라 명했다. 조조는 고문과 경학에 능통했으므로 의랑에 봉해질 수 있었다. 의랑은 황제 곁에서 정사(政事)의 옳고 그름을 간하는 근신(近臣)의 일종이었다. 비록 구체적 직무는 없었지만 의정의 권력을 가졌다.
임기 동안 조조는 자신의 의정 권력을 충분히 발휘하며 과감히 생각하고 용감하게 행동했다. 그는 당시 사회의 병폐를 지적하고 시정했으며, 계책을 올릴 때도 조정 권세가들의 눈치를 보지 않았다. 그중 가장 유명한 일화는 상소를 올려 두무(竇武)와 진번(陳藩)의 억울함을 호소한 사건이다.

비록 큰일은 아니었지만 보통 사람이 할 수 있는 일 또한 아니었다. 조조는 옳지 않다고 생각한 일을 외면하지 않았다. 조정에 상소를 올려 환관의 철천지원수였던 전 대장군 두무와 태부 진번의 억울함을 호소한 것이다. 10여 년 전, 이 두 사람은 환관의 권력 횡포를 참을 수 없어 실권을 쥐고 있던 환관들을 주살하고자 했다. 하지만 그 계획이 새나는 바람에 환관이 먼저 선제공격을 해 두 사람을 죽였다.

이 일을 통해 조조는 공공연하게 환관들과 정면으로 대항하게 되었다. 조조는 두 사람의 명예를 회복시켜 환관 세력에 타격을 줄 계획을 세웠다. 당시 한나라는 사회적 위기가 대폭발하기 일보 직전이었다. 장각(長角)을 중심으로 한 비밀 조직 태평도(太平道)가 사방에서 세력을 규합하며 모반을 꾀했고, 구금 중인 당인(黨人)도 사직의 안위를 걱정해 환관 축출과 정치적 혁신을 요구하고 나섰다. 조조는 자연히 머지않아 큰 변화를 겪을 것임을 예감했다. 조조는 두무, 진번의 억울함을 호소하며 위기의식을 드러냈고, 당인의 바람을 새롭게 받아들였다.

조조는 그 안에 얽히고설킨 이해관계를 명확히 간파한 후 과감하게 도전을 선택했고, 작은 불씨로 큰 불길을 지필 수 있는 이 일에 뛰어들었다.

과감히 생각하고 용감하게 행동하는 것은 조조의 일 처리방식이기도 하다. 조조는 잘 드는 칼로 헝클어져 뒤엉킨 삼 가닥을 잘라버리듯 복잡한 사안을 명쾌하게 처리하는 능력을 통해 비범한 정치적 재간과 담력을 드러냈다. 또한 이런 능력을 이용해 당시 어지러운 사회 속에서 자신을 위해 더 많은 기회를 찾아내고, 숨은 문제점들을 제거했다.

중국 기업계의 입지전적 인물인 난더 그룹 머우치중 전임 회장은 이런 말을 했다.

"세상에 해낼 수 없는 일은 없습니다. 단지 생각해내지 못한 일만 있을 뿐이죠."

머우치중은 남다른 생각을 실천으로 옮긴 인물이다. 그가 대량의 경공업 제품을 주고 구소련의 TU-154 민항기 네 대를 구입했을 때 사람들은 생각한 것을 행동으로 옮기는 그의 추진력에 혀를 내둘렀다. 이뿐 아니라 그는 자신의 뛰어난 상상력을 끊임없이 발휘해 위성 발사, 싼샤 주민의 미국 이민 추진, 히말라야산 폭파 계획, 만저우리 개발을 위해 100억 투자, 산베이에 50억 투자 계획 등을 추진하겠다고 호언장담했다. 비록 이런저런 이유로 계획은 실현되지 못했지만 머우치중의 지난 이력만으로도 과감한 생각과 추진력이야말로 성공의 출발점임을 충분히 증명해 주었다. 생각만 할 뿐 행동으로 옮길 줄 모르는 사람들은 좀처럼 성공의 문턱을 밟기 힘들다.

1996년은 중국 토종 자동차 브랜드 치루이 자동차 CEO 인퉁야오의 인생뿐 아니라 중국 자동차 산업의 일대 전환점이었다.

회사에 사표를 낸 인퉁야오는 자신과 뜻을 함께한 일곱 명의 젊은이와 남부 지역 안후이 완후로 내려갔다. 그의 꿈은 중국 토종 자동차 브랜드를 만드는 것이었다.

그렇지만 그들은 자신들의 꿈이 시작될 완후이에 도착했을 때 눈앞에 펼쳐진 광경에 덜컥 겁이 났다. 그곳은 그야말로 황무지와 잡초, 허물어져가는 초가집이 전부인 허허벌판이었다. 마치 사람의 발길이 닿은 적 없는 원시림에 발을 들여놓은 기분이었다. 하지만 그들은 마음을 굳게 다잡고 그 허허벌판에 엔진 공장의 말뚝을 박았다.

"아무리 열악한 상황이라 해도 우리는 꿈을 향해 한 발짝 내디뎌야 했습니다. 농민들이 살던 낡은 집을 빌려 사무실을 차리고 본격적으로 기술과 디자인 연구에 돌입했죠. 그런 후 한 발 한 발 앞으로 나아가며 사람을 모으고, 기술을 축적해갔습니다."

인통야오는 아주 담담하게 힘들었던 지난 일을 들려주었다.

"처음 시작할 때는 정말 고생이 이만저만 아니었습니다. 돈도, 사람도, 기술도 없었으니까요. 모든 일을 무(無)에서 시작해야 했고, 밥 먹을 시간조차 없이 대충 끼니를 때우며 일했지요. 어떨 때는 '이게 실화야?'라는 생각이 들 때도 있었습니다."

그들이 이런 가시밭길을 계속 걸어갈 수 있었던 것은 오직 마음속에 품은 꿈과 미친 열정 덕분이었다.

치루이의 창업주들은 누가 봐도 미친 외로운 싸움을 시작했다. 마음속 깊은 곳에 창업을 향한 꿈과 열정이 살아 숨 쉬고 있었기에 그 어떤 난관도 그들의 앞길을 막을 수 없었다.

"꿈이 눈앞에 있다면 위축되어 뒤로 물러서면 안 됩니다. 가장 중요한 것은 첫사랑 같은 열정이죠. 우리는 실패 앞에 무너지지 않습니다."

그때부터 치루이는 무슨 일이든 물러서는 법 없이 열정과 추진력으로 중무장한 조직이 되었다. 이런 과감한 추진력은 바로 발전의 가장 중요한 요인 중 하나이기도 하다.

1997년 3월 치루이의 첫 번째 공장이 드디어 가동을 시작했다. 인통야오와 동료 20여 명은 초가집을 개조한 사무실에서 몇 차례의 추운 겨울과 뜨거운 여름을 견뎌내며 열정을 불살랐다. 공장 시공부터 설비 배치까지 그는 일의 대소를 가리지 않고 일일이 신경 쓰며 직접 나서서 처리했다. 공장 부지인 황무지의 잡초를 뽑고, 땅을 고르고, 기계를 다루는 것까지 그는 늘 먼저 일을 찾아 했다. 그는 손발이 빨랐고, 말보다 행동이 앞섰고, 힘들어도 늘 긍정적인 마인드로 열정을 다했다.

"우리는 중국 자체 브랜드의 자동차를 만들고 있다는 자부심으로 그 시간을 견뎌냈습니다."

그들은 조건이 안 되면 조건을 만들어내며 무에서 유를 창조해냈다. 그리고 치루이 직원들은 과감한 추진력과 무모한 열정을 바탕으로 기어코 성공의 열매를 수확해냈다.

1999년 5월 18일, 드디어 치루이의 첫 번째 엔진이 생산라인에서 순조롭게 조립을 마친 후 시험 가동에 성공했다. 다들 흥분을 감추지 못한 채 얼싸안았고, 인통야오의 눈에서도 한 줄기 눈물이 흘러내렸다.

1999년 12월 18일 치루이의 첫 자동차 '펑원'이 생산되었고, 33개월 만에 현대화된 자동차 공장의 생산라인이 완성되었으니, 그야말로 세계 자동차 역사상 기적이라 불릴 만했다.

인통야오의 창업 과정은 돈, 사람, 기술 등 아무것도 없는 상태에서 이뤄낸 쾌거였다. 사실, 치루이의 창업자들은 '시장은 사람을 기다리지 않고, 사업 기회는 눈 깜짝할 사이에 지나간다'는 것을 누구보다 잘 알고 있었다. 그래서 그들은 열정과 추진력을 무기 삼아 자신들의 계획에 박차를 가했고, 가시밭길을 걸어가는 동안에도 꿈을 향한 도전을 멈추지 않았다.

우리 또한 다르지 않다. 생각한 바를 행동으로 옮기지 않으면 아무리 좋은 아이디어를 가지고 있다 해도 성장 동력이 되지 못한다. 설사 앞을 향해 작은 폭의 한 발을 내딛는다 해도 제자리걸음을 하는 것에 비할 바가 못 된다. 실천 속에서 쌓인 다양한 경험이 나의 변화와 발전에 밑거름이 되고, 이것이 쌓여 결국 성공으로 이어지기 때문이다. 기회가 오면 무조건 잡아야 한다. 기회를 기다리기만 한다면 아무리 큰 결심도 결국 무너지게 마련이다. 먼저 행동으로 옮겨야 열정을 유지하며 의지가 더 단단해질 수 있다. 행동은 두려움을 이기고 치유하는 힘을 가지고 있기 때문이다.

인생의 나침반

당신의 생각이 확고하다면 먼저 상응하는 행동 목표를 정하라. 그다음 그 목표와 계획을 행동으로 옮겨라. 이 과정이 없다면 모든 것은 터무니없고 실없는 말과 생각에 지나지 않는다.

사람 노릇도
열정이 필요하다

세상에서 가장 큰 포상을 받고 싶다면 위대한 개척자들처럼 자신의 꿈에 가치를 부여했던 헌신과 열정으로 자기 재능을 드러내고 발전시켜야 한다. 인생은 바로 이런 것이다. 자신의 청춘을 꼭 쥐고 열정을 다해 앞으로 나아가야 세상에 유의미한 결과물을 남길 수 있고, 이 세상에 온 발걸음이 헛되지 않을 수 있다.

조조의 시 '구수수(龜雖壽)'에 이런 내용이 나온다.

늙어 기력을 잃은 천리마가 마구간에 엎드려 있으나 그 웅대한 뜻과 이상은 여전히 천 리 밖에 있구나.
원대한 포부를 품은 선비들은 늘그막에도 그 진취적인 생각과 큰 뜻을 멈출 줄 모르는구나.
사람의 수명은 하늘의 뜻에 달렸으나, 마음의 즐거움을 누리는 자는 장수를 누리리라.

늘그막에 쓴 이 시에서 조조는 자신을 나이 든 천리마에 비유하며, 비록 늙고 쇠약해져 마구간에 머물고 있지만 가슴속에는 천 리를 질주하려는 호방한 열정이 여전히 살아 있음을 표현했다. 조조는 큰일을 도모하고자 뜻을 품은 이는 나이가 들어도 그 웅대한 포부와 투지가 영원히 사라지지 않는다고 여겼다.

조조는 이 시를 통해 노익장을 과시하며 앞으로도 계속 큰 공을 세우고 싶어 하는 열정을 토로했다.『삼국지』의 저자 진수(陳壽)는 조조를 이렇게 평가했다.

'한나라 말기에 천하가 크게 어지러워지자 영웅호걸들이 각지에서 일어났고, 원소의 세력은 사주(四洲)를 아우를 만큼 강성해 대적할 만한 이가 없었다. 태조가 전략을 세우고 세상을 이끄니, 신불해(申不害)와 상앙(商鞅)의 법술(法術)을 취하고 한신과 백기(白起)의 놀라운 책략을 더했다. 관직은 재능에 따라 수여하되 각각 그 그릇에 맞게 썼으며, 사사로운 감정을 억제하고 냉정한 판단 아래 옛 허물을 염두에 두지 않았다. 마침내 황제의 정무를 총괄하고 대업을 이루어냈으니, 이는 모두 그의 지략이 뛰어났기 때문이다. 그는 보통 사람을 뛰어넘는 비범함을 갖추었으니, 시대를 초월한 영웅호걸이라고 할 만하다.'

이처럼 조조는 열정을 불태워 혼란한 와중에서도 원소 같은 거물을 이기며 천하를 손에 넣을 수 있었다.

이제 한 인물에 대한 보고서를 한번 살펴보자.

이름 래리 앨리슨
직무 오라클 회장

국적 러시아에서 이민 온 미국 유대인 후예. 1944년 맨해튼에서 태어났고, 세 차례 결혼했음

학력 세 군데 대학(일리노이대학, 시카고대학, 노스웨스트대학)을 다니다 중도 포기함

목표 마이크로소프트 격퇴, 오라클을 세계 최대 소프트웨어 기업으로 키우기

망언 나의 성공은 결코 중요하지 않다. 중요한 것은 나 외의 모든 사람이 실패하는 것이다. 그것이야말로 나의 진정한 성공이다

기행 2,000만 달러를 들여 러시아 미그 전투기를 구입하려다 세관 당국과 마찰을 빚음. 이탈리아에서 제조한 전투기를 몰고 태평양 상공에서 다른 사람과 모의 전투를 흉내내며 날아다님. 몸을 사리지 않고 스포츠를 즐겨 여러 차례 병원 신세를 짐. 대학 시절에 축구를 하다 콧대가 부러졌고, 하와이에서 서핑보드를 타다 경골이 틀어졌고, 자전거를 타다 넘어져 팔목 뼈가 부러짐. 미사일을 탑재하지 않은 이탈리아 전투기를 구입함

래리 앨리슨은 세계적인 악동이자 열정이 넘치는 기업가 중 한 명이다. 그는 오만하고 변덕스럽고 기행을 일삼을 뿐 아니라 호전적이기까지 했다. 특히 빌 게이츠와의 힘겨루기에 열중했다. 래리 앨리슨을 놓고 실리콘밸리에서 이런 농담이 돌기도 했다.

"신과 래리 앨리슨의 차이가 뭘까?"

"적어도 신은 자신이 래리 앨리슨이라고 여기지 않지."

래리 앨리슨은 예측 불허의 제멋대로인 행동 때문에 악동 이미지가 있고, 한 번 적으로 인식한 존재에 대해서는 철저히 적개심을 드러내며 인

정을 두지 않았다. 그의 재산은 한때 빌 게이츠에 필적했다.

래리 앨리슨은 32세 전까지 이뤄놓은 일이 하나도 없었고, 대학을 세 군데나 다녔지만 끝까지 학업을 마친 곳은 한 곳도 없다. 이후 회사를 10여 군데 전전했고, 아내도 그를 떠났다. 창업할 때만 해도 전 재산이 고작 1,200달러에 불과했지만, 이후 그는 미친 듯이 성공 가도를 달렸다. 그는 오라클을 연속 11년 동안 판매액이 매년 배로 뛰게 만들었고, 단기간에 세계 2위의 소프트웨어 기업으로 성장시켰다.

래리 앨리슨의 성장 과정을 한 단어로 정리하자면 '승부욕'이다. 어떻게 승리를 거두고, 성공하고, 목표에 도달할지는 두 번째 문제였다. 그는 늘 호언장담을 서슴지 않았다. 그러다 보니 그가 약속한 제품은 몇 개월 혹은 몇 년이 지나서야 나오거나, 심지어 아예 개발조차 안 되는 경우도 있었다.

래리 앨리슨의 이러한 추진력과 승부욕은 현실 속에서 불도저 같은 기세로 사람들을 몰아붙이는 이미지를 만드는 데 일조했다. 그의 진취적인 성향은 회사 경영에도 그대로 반영되었다. 그는 매년 회사의 성장 목표를 100퍼센트로 정했다. 이 수치는 그를 옭아매는 저주였다. 이 성장률은 1980년대에 존재했던 그 어떤 회사보다도 높았고, 그를 제외한 모든 사람이 실현 불가능한, 한마디로 황당하고 미친 목표라고 입을 모았다.

그러나 거의 미치광이에 가까웠던 래리 앨리슨의 주도 아래 오라클도 미친 속도로 성장했고, 오라클 설립 후 무려 11년간 소프트웨어 판매액 100퍼센트 이상의 성장을 실현했다. 회사는 첫해 4명의 직원과 몇십만 달러의 소득으로 시작해서 1989년 직원 4,148명, 연간 판매액 약 583억 달러에 달할 만큼 빠르게 발전했다. 1990년대 초반 한 차례 혼란과 구조조정을 거쳤지만 1990년대 중반 이후부터 계속 고속 성장세가 이어졌고, 연간 판매액이 수십 억 달러에 달하는 세계 2위의 소프트웨어 회사가 되었다.

"오로지 편집광만이 살아남을 수 있다."

이는 인텔의 창업자 중 한 명인 앤드류 그로브 회장의 말이다. 적극적이고 진취적인 사람들이 바로 앤드류 그로브가 말한 '편집광'이다. 그들의 생활은 열정과 추진력으로 가득한데, 이것이 바로 실제적 성공을 거두는 중요한 요소로 작용한다.

인생의 나침반

유명 CEO이자 휴렛패커드 부총재 쑨전야오는 열정에 대해 다음과 같이 말했다.
"만약 당신이 일에 흥미가 있고 즐길 줄 안다면 열정은 저절로 생길 겁니다. 그러니 돈을 위해 노력하지 말고 꿈을 위해 노력하세요. 그러면 돈도 자연히 따라오게 됩니다. 무슨 일을 하더라도 최우선순위는 열정입니다."

천하를 우습게 보는 기백과 자신감을 가져라

소크라테스는 "한 사람의 성공 여부는 그 사람의 자존심과 자신감을 보면 알 수 있다"라고 했다. 시인 이백은 관직에 오르지 못하고 궁을 나오며 이런 말을 했다.

"하늘을 바라보고 큰 소리로 웃으며 궁궐 문을 나서련다. 나 같은 무리는 본시 들녘의 잡초 같았노라."

사는 동안 이런 자신감과 기백을 가져야 스스로 빛이 나고, 그 긍정의 에너지가 다른 사람에게도 영향을 미쳐 서로의 발전에 도움을 준다.

『삼국지집해(三國志集解)』에 따르면, 열 살 조조가 홀로 와하에서 수영을 할 때 갑자기 물속에서 교룡이 나타나 그를 쫓아왔다. 조조는 뒤로 물러서지 않고 있는 힘껏 교룡과 싸웠고, 교룡은 빈틈을 찾지 못하자 슬며시 도망쳤다. 조조는 그 후 누구에게도 이 일을 언급하지 않았다.

나중에 어떤 사람이 큰 뱀을 보고 놀라 도망을 치자, 조조가 웃음을 터뜨리며 말했다.

"나는 교룡과 맞닥뜨리고도 두려워하지 않았거늘 그대는 어찌 뱀을 보고 그리 겁을 먹는단 말이오?"

사람들은 조조의 용맹함에 놀라움을 금치 못했다.

조조가 물속에서 교룡과 싸웠던 사실을 고증할 방도는 없다. 다만, 그 이야기를 통해 위기 앞에서도 흔들림 없이 대처했던 조조의 기백만큼은 미루어 짐작할 만하다. 이는 보통 사람이 결코 해낼 수 없는 것이고, 천하를 발아래로 내려다보는 왕의 기백이기도 했다. 사실, 조조도 늘 자신이 특별하고, 큰일을 해낼 인재라고 믿어 의심치 않았다.

여남 출신 왕준(王俊)은 자가 자문(子文)으로, 젊은 시절에 이미 유명한 당인 범방(範滂)으로부터 그 재능을 인정받았다. 조조는 초야에 있을 때부터 왕준을 좋아했고, 왕준도 조조가 세상을 다스릴 인재라고 여겼다. 원소와 원술이 모친상을 입어 여남에서 장례를 치를 때 조문객이 3만 명에 달했다. 조조와 왕준도 함께 문상을 갔다. 조조는 원소와 원술이 조문객을 맞는 모습을 보며 왕준에게 귓속말로 말했다.

"천하에 대란이 일어나면 그 원흉은 분명 저 두 형제일 걸세. 그러니 천하를 평정하고 백성들이 편히 근심 걱정 없이 살도록 하려면 먼저 저 둘을 죽여야 하네."

왕준도 조조의 생각에 동조하며 더 나아가 이렇게 말했다.

"천하를 평정할 수 있는 분이 경 말고 또 누가 있겠습니까?"

조조는 그 말을 듣고 매우 기분이 좋아졌지만 한편으로는 당연한 말을 한다는 듯 왕준을 쳐다봤고, 눈을 맞춘 두 사람은 돌연 웃음을 터뜨렸다.

왕준의 칭찬에도 조조는 반박하거나 민망해져 얼굴이 붉어지기는커녕 도리어 너무나 당연하게 그 칭찬을 받아들였다. 이렇게 할 수 있는 사람은 안하무인의 무뢰한이거나 자신감이 지나치게 높은 강한 기를 가진 자들뿐이다. 조조는 이 두 가지에 모두 해당했다.

지나칠 정도로 넘치는 자신감은 강한 자들의 성공 비결이기도 하다. 실제로 인간관계에서 사람들은 유약하고, 결단성 없고, 자신감 없는 사람을 좋아하지 않는다. 이런 부류의 사람은 일을 할 때 자신이 무엇에 신경 쓰고, 무엇을 해야 하는지 전혀 모르는 경향이 강하다. 랠프 에머슨은 "자신감은 성공을 위한 첫 번째 비결이다"라고 했다.

자신감이 있다고 해서 반드시 성공할 수 있는 것은 아니지만 자신감이 없으면 절대 성공할 수 없다. 일, 공부, 생활 속에서 낯을 가리고, 담이 작고, 다른 사람만 못하고, 단점이 있고……. 이런 말로 자신을 낮추는 경우를 자주 볼 수 있다. 이런 표현은 자신의 지식·됨됨이·능력 등을 평가 절하하는 것이고, 자아를 끊임없이 부정함으로써 열등감·나약함·소심함·심리적 위축·지나친 걱정·우울증을 만들어낸다. 더 나아가 이런 자기부정의 악순환은 의지와 신념을 무너뜨리고, 몸과 마음을 피폐하게 만들며, 일에 대한 열정을 꺾어버린다. 결국 갈수록 비관적 시선으로 자신과 세상을 바라보게 되고, 그 늪에서 헤어나지 못한다. 이 모든 것은 자신감의 결여에서부터 시작된다.

자신감이 있으면 당신은 상대방과 소통을 할 때 적어도 동등한 위치에 설 수 있다. 반대로 자신감이 없으면 상대방 앞에서 한 수 접고 들어가게 되는 격이니 상대 또한 당신을 충분히 존중할 리 없고, 결국 소통의 긍정적 효과 또한 거두기 힘들다.

자신감이 충만한 사람은 어디에 있어도 빛이 나고 매력이 넘쳐난다.

이런 빛은 더 많은 에너지를 흡수하므로 모든 일에 플러스 효과로 작용한다.

1991년 펑룬과 왕공취엔 등이 돈을 벌기 위해 하이난으로 갔다. 그들은 완통실업주식유한공사를 설립하고 부동산 사업에 뛰어들었다. 그때 등록 자금이 1,000만 위안이었지만, 실제 장부에 기재된 금액은 단지 3만 위안에 불과했다. 3만 위안으로 부동산을 시작한다는 것은 황당하고 터무니없는 일이었다. 자금 문제를 해결하려면 우선 자금 동원력이 있는 사업 파트너를 찾아야 했다.

비록 당시 돈은 얼마 없었지만 펑룬은 자신과 회사의 이미지관리에 꽤 신경을 썼다. 누가 봐도 말과 행동에서 자신감과 실력이 배어 나오도록 노력했다. 자금을 모으기 위해서 펑룬이 가장 먼저 떠올린 곳은 신탁 회사였다. 당시 신탁 회사는 금융기관으로서 상당한 자금력을 가지고 있었다. 그는 한 신탁 회사의 사장을 찾아가 차분하게 자신의 이력을 소개했다. 사실, 펑룬의 이력은 듣기만 해도 눈이 휘둥그레질 정도였다. 그는 중앙당교(중국 공산당 간부를 양성하는 교육기관) 대학원을 졸업한 후 연이어 중앙당교, 중앙선전부, 국가체제개혁위원회, 무한시 정협위원회와 하이난성 위원회에서 일하며, 강사·부처장·부소장 등의 직책을 역임했다. 또한 『중국국정보고』 등의 책을 책임편집하기도 했다. 게다가 그는 상대방이 무시할 수 없을 만큼 자신감과 기백이 넘쳐났다.

펑룬은 자기 홍보를 한바탕한 뒤 그 여세를 몰아 눈앞의 사업 기회에 대해 이야기했다. 그는 수익이 안정적이고 절대 손해 볼 일이 없을 거라며 상대의 마음을 혹하게 만들었다.

"이것만이 아닙니다. 이 사업을 하게 되면 제가 천삼백만 위안을 낼 테니, 사장님은 오백만 위안만 내시면 됩니다. 어떠십니까?"

이렇게 믿을 만한 사람과 약간의 돈을 투자해 큰 수익을 거둘 수 있는 사업을 하는 데 마다할 사람이 누가 있겠는가? 결국 신탁 회사 사장은 흔쾌히 500만 위안을 사업에 투자했다.

500만 위안이 생기자 펑룬은 왕공취엔을 은행으로 보내 현금 저당을 잡힌 후 1,300만 위안의 대출을 받았다. 그들은 이 돈으로 별장 여덟 채를 구입했고, 약간의 인테리어를 거친 후 즉시 매물로 내놓았다. 건물을 팔고 난 뒤 각종 원가를 제한 순수익은 300만 위안이었다. 이것은 펑룬이 하이난 금광에서 캐낸 첫 황금이었다.

훗날 펑룬은 그때를 떠올리며 말했다.

"큰 사업을 하려면 당연히 먼저 돈이 있어야 했지만 아이러니하게도 우리에게는 돈이 없었습니다. 그렇다고 해서 남에게 그 사실을 드러내어서는 안 되었죠. 다들 내가 돈이 있다고 믿게 만들어야 하죠. 그렇게 합작에 동의하고 상대방이 돈을 투자하는 순간 당신에게 정말 돈이 생기는 겁니다."

사실상 펑룬은 중앙기관에서 몇 년간 일한 경험이 있어 보고 들은 것이 많았고, 말솜씨 또한 뛰어났다. 그러다 보니 사람들과 교류할 때 자신감이 넘치고, 마음먹은 대로 상황을 요리하며, 느긋하게 자신이 원하는 바를 얻어내는 능력을 발휘한 것이다. 펑룬이 투자자에게 투자 설명을 할 때 말과 행동에 자신감을 드러내면 상대방은 그가 대단한 능력의 소유자일 뿐 아니라 재력가라는 인상을 받았다. 바로 이런 자신감 덕에 펑룬은 가장 힘든 창업 초기 단계의 자금난을 무사히 통과할 수 있었고, 사업에 도움이 되는 인맥을 넓힐 수 있었다. 그리고 이런 인맥 형성은 바로 '금맥'이 되어 부를 창출하는 자원이 되었다.

'살아서는 사람 중의 영웅이더니, 죽어서도 귀신 중의 호걸이 되네.'

세상 누구도 타인에게 자신감 없고 위축된 인상을 남겨주고 싶어 하지 않는다. 이런 인상이 한 번 박히면 자신의 능력을 제대로 발휘할 수 없다. 사람됨의 가장 기본이라 할 수 있는 인간의 존엄을 지키기 위해서라도 자신 없는 생활 태도는 철저히 개선해야 한다.

살면서 만나게 되는 수많은 문제, 역경은 모두 자신감의 결여에서부터 시작된다. 일단 자신감이 생기면 주변의 모든 게 바뀔 것이다. 그 결과 삶은 낙관과 즐거움으로 채워지고, 능력 또한 더 강해지니 세상을 대하는 태도에 여유가 생길 것이다.

자신감은 일종의 미묘한 생활 태도이다. 그것은 지금까지 당신을 스쳐 갔던 즐거움, 건강, 사랑, 돈, 성공을 다시 가져다줄 수 있다.

인생의 나침반

소식(蘇軾)은 말했다.
"옛날에 큰일을 이루려는 사람은 세인들의 재간을 능가할 뿐 아니라 인내하며 흔들리지 않는 굳은 의지가 있었다."

가고자 하는 길은
혼자 힘으로 걸어가라

『논어·위령공(衛靈公)』에 이런 말이 나온다.
'군자는 모든 허물을 자신의 탓으로 돌리고, 소인은 뜻대로 안 되는 일을 남 탓으로 돌린다.'
『문자·상덕(文子·上德)』에도 비슷한 말이 있다.
'남을 원망하느니 자신을 원망하는 것이 좋고, 잘못의 원인을 남에게서 구하느니 스스로에게 구하는 편이 낫다.'
남을 원망하고 탓하느니 그 시간에 스스로 노력하는 편이 낫다. 자신의 길을 걷고자 한다면 결국 의지할 사람은 자신밖에 없다.

동탁을 토벌하고자 조조는 관동군과 연합하여 출정했다. 당시 조조는 호방한 기백이 하늘을 찔렀고, 지금이야말로 동탁을 멸할 절호의 기회이자 천하를 평정할 때라 확신했다. 하지만 전군이 명을 따르지 않으니 조조의 패배로 전쟁이 끝나게 될 줄 누가 알았겠는가. 원래 관동의 군대는 동탁을 토벌한다는 기치하에 연합했지만 사실 각자 다른 속내를 품고 있었다. 그들은 이 기회를 이용해 자신의 세력을 확장하고자 했고, 진심으로 조조와 협력하려 들지 않았다. 결과적으로 관동연합군은 진군하지 않았고, 조조는 어쩔 수 없이 자신의 군대만 이끌고 출정해 패배의 쓴맛을 봐야 했다.

이 전쟁은 조조에게 관동 지역 군대의 진면목을 보고 경각심을 갖추는 계기가 되었다. 그는 자신이 가려고 하는 길은 홀로 가야 하며, 다른 사람에게 의지한다면 일을 이루기 어렵다는 것을 깨달았다.

그 후 조조는 외부 세력의 도움을 빌려 자신의 목적을 달성하는 것도 중요하게 생각했지만, 자신의 세력을 확충하기 위해 군대를 키우고 본거지를 점거하는 일에 더 매진했다. 그리고 이런 일은 한 지역을 호령하는 제후가 되어 더 이상 남의 눈치를 살필 필요가 없을 때까지 이어졌다.

자신의 길은 스스로 걸어가야 한다. 그래야 타인의 제약을 받거나 상처를 입는 일이 없어진다. 조조의 경험은 이것이 얼마나 중요한지 다시 한 번 깨닫게 해주었다. 모든 일을 타인에게 의지하려 드는 것은 자기 주관이 없다는 방증이다. 이런 상태로는 영원히 다른 사람의 그림자에서 벗어나기 힘들뿐더러 절대 큰일을 이룰 수 없다.

춘추 시대 노나라 재상 공의휴(公儀休)는 생선을 즐겨 먹었다. 사람들은 그에게 잘 보이고 싶어서 앞다투어 생선을 선물로 보냈는데, 그는 한 사코 사양했다. 공의휴의 제자가 그 이유를 묻자 그는 이렇게 대답했다.

"그건 내가 생선을 즐겨먹기 때문이다. 만약 내가 그들로부터 생선을 받는다면 공적인 일을 할 때 법을 어기는 일이 생기게 될 것이다. 법을 어기면 관직에서 물러나야 하고, 그리되면 내 봉록으로 내가 좋아하는 생선을 사 먹을 수도 없고, 더 이상 선물하는 이도 없겠지. 내가 저들의 선물을 받지 않으면 관직을 그만둘 일도 없으니 먹고 싶은 생선을 마음껏 먹을 수 있지 않겠느냐?"

한비자(韓非子)는 공의휴의 말에 탄복하며 말했다.

"이 이야기는 남을 의지할 것이 아니라 자신을 믿어야 하며, 자기 일은 자기가 알아서 해야 한다는 것을 분명히 알려주고 있다."

자신을 믿고 의지해야 하며, 자신의 길은 자기 힘으로 걸어가야 한다. 그래야 일을 할 때 아무 상관없는 요인이 걸림돌이 되거나 나 아닌 타인의 생각에 휘둘리는 일이 없어진다.

어느 날 아기 달팽이가 엄마에게 물었다.

"왜 우리는 이렇게 무겁고 딱딱한 껍데기를 평생 지고 살아야 해요?"

엄마가 대답했다.

"우리는 몸을 지탱해줄 골격이 없어서 어딘가 올라가려면 기어갈 수밖에 없고, 그러다 보니 빨리 움직일 수도 없단다. 그래서 이 껍데기의 보호가 필요한 거란다."

"애벌레 누나도 뼈가 없어서 빨리 기어가지 못하는데 왜 우리처럼 무겁고 딱딱한 껍데기가 없는 건데요?"

엄마가 말했다.

"애벌레 누나는 나비로 변하잖니. 그때가 되면 하늘이 누나를 보호해준단다."

아기 달팽이가 계속 물었다.

"그럼 지렁이는 뼈도 없고, 빨리 기어가지도 못하고, 나비로 변하지도 못하는데 왜 등에 이렇게 무겁고 딱딱한 껍데기가 없어요?"

엄마가 인내심을 갖고 대답했다.

"지렁이는 땅을 파고 들어가니 땅이 보호를 해주는 거지."

아기 달팽이는 이내 울음을 터뜨렸다.

"우리는 너무 불쌍해요. 하늘이고 땅이고 다 우리를 지켜주지 않잖아요."

엄마가 아기 달팽이를 달래주었다.

"그래서 우리한테 껍데기가 있는 거란다. 우리는 하늘이나 땅에 의지하지 않고 오로지 우리 스스로를 의지해야 하거든."

모든 일은 스스로의 능력, 재능, 지혜에 의지해야 한다. 그렇게 할 때 생명의 힘과 성공의 희열을 마음껏 누릴 수 있다. 한사코 다른 사람에게 의지하면 바람 속에 이리저리 흔들리다 떨어지는 가을 낙엽처럼 중심을 잡고 자신을 지키기 힘들어진다. 변수로 가득 찬 시간 속에서 늘 불안에 시달리게 되니 이런 삶은 아무 의미가 없다.

사회생활을 할 때 이런 불만을 터뜨리는 사람을 자주 보게 된다.

"내가 능력이 없어서가 아니라 뒷배가 없어서 안 풀리는 거야."

"나도 누구처럼 도와주는 사람이 있으면 금세 성공했을 텐데……."

그렇지만 이런 평계는 우리가 제자리걸음을 하는 이유로 충분하지 않다. 만약 모든 사람이 이렇게 생각한다면 이 세상에는 스스로의 힘으로 성공한 영웅들과 자수성가한 부호들이 존재하지 않을 것이다. 사실상 이들은 늘 존재해왔으니, 당신도 그들 중 한 사람이 되고 싶다면 그동안 해왔던 생각과 일 처리의 방식을 바꿀 필요가 있다.

어느 날, 한 직원이 차를 운전해 자신의 사장을 집으로 데려다주었다.

운전하는 동안 안개가 자욱해 속도를 제대로 낼 수 없었다. 10여 분이 지나자 안개가 점점 짙어졌고, 도로 상황은 한 치 앞을 볼 수 없을 정도가 되어버렸다. 사장은 느긋하게 도로 상황을 지켜보며 직원과 이런저런 이야기를 나눴다. 사장은 직원에게 물었다.

"이렇게 안개가 짙게 낀 날에는 어떻게 해야 안전운전을 할 수 있다고 생각하나?"

"앞차의 후미등만 보고 따라가면 아무 문제없습니다."

"그럼 자네가 가장 앞에서 운전 중이라면 누구의 후미등을 쫓아가야 하지?"

직원은 생각지도 못한 질문에 신선한 충격을 받았다.

'내 차가 가장 앞차라면 과연 누가 나의 길을 이끌어줄 것인가?'

사장의 말 한마디가 직원에게 큰 깨달음을 안겨주었다. 직장에서 직원은 상사에게 의지할 수 있고, 상사가 하는 대로 따라가면 책임을 질 필요도 없다. 그러나 특수한 상황이 닥치면 직원은 오로지 자신의 혜안에 의지하여 판단해야 한다. 자신의 머리로 장단점을 분석하고 갈 방향을 선택해야 한다. 단지 다른 사람의 후미등만 졸졸 따라갈 줄 안다면 영원히 선두 주자가 될 수 없다.

이때부터 이 직원의 일 처리방식에 커다란 변화가 일어났다. 그는 늘 주체적으로 자신의 일을 대했고, 다른 사람의 눈치를 보거나 상사의 지시에만 따라 일을 처리하지 않았다. 훗날 그는 자신이 맡은 분야에서 두각을 나타냈고, 사장의 신임을 얻어 간부가 되었다.

다른 사람보다 앞서 나아가고자 한다면 독립적인 사고방식으로 자신이 갈 방향을 자유롭게 선택해야 한다. 선두에서 다른 사람을 이끌어주고자 할 때 당신은 더 나은 인생을 추구할 수 있다.

자기의 능력에 의지해 성공했다면 그것은 진정한 최고의 선택이라 할 수 있다. 물론 일상생활에서 어떤 문제나 고난이 닥쳤을 때 누구라도 적시에 다른 사람에게 도움을 청할 수 있다. 그러나 이것은 단지 2차적인 문제 처리방식일 뿐이다. 결국 자신을 돕고, 구제할 수 있는 존재는 자기 자신이다. 당신이 성공하도록 도울 수 있는 존재 역시 자신뿐이다.

스스로 운명의 주인이 되어 자신의 길을 자기 의지에 따라 걸어가야 한다. 그리고 이런 바탕 위에서 다른 사람의 힘을 적절히 빌려 사용할 줄 알아야 더 큰 성공을 거둘 수 있다.

인생의 나침반

타인의 도움을 바라는 것은 자신감이 부족하고 배짱이 없다는 또 다른 표현이므로 작은 발전밖에 이룰 수 없다. 자신의 능력에 의지할 줄 아는 사람은 하늘을 떠받들고 땅 위에 우뚝 서 있는 것이니, 쉬지 않고 노력한다면 반드시 큰 성공을 거둘 수 있다. 남에게 바라기만 하는 사람은 스스로를 낮출 수밖에 없고, 시시비비에 휘둘리며, 움츠러들고, 얻는 것보다 잃는 것이 많고, 행동에 제약을 받는다. 반면에 자신에게 의지하는 사람은 언제나 당당하고, 남의 눈치를 보지 않고, 자신감이 넘치니, 자립과 자강이 가능하다.

자신에게 엄격하고, 솔선수범하라

유명한 교육자 카토가 말했다.

"나는 모든 사람의 실수를 용서할 수 있지만 나 자신은 예외입니다."

자신에게 엄격한 잣대를 대고, 솔선수범할 수 있고, '높은 기준, 엄격한 조건'으로 자신을 구속할 수 있는 사람만이 더 멀리 나아간다.

출정길에 오른 조조는 연이은 전란으로 황폐해진 중원의 땅을 목도했다. 그는 장군들의 제안을 받아들여 병사들과 백성들을 상대로 둔전(屯田)을 시행했다. 이로 말미암아 황무지 논밭에서 작물이 자라고, 백성들은 농사를 지으며 먹고살고, 군대는 군량을 확보할 수 있었다.

그렇게 자리가 잡힐 즈음, 일부 장병이 군영 밖으로 나갔을 때 논밭을 함부로 가로지르며 농작물을 훼손하는 일이 자주 발생했다. 조조는 이를 막기 위해 엄격한 군령을 반포했다.

'농작물을 함부로 해치는 자가 있으면 지위의 고하를 막론하고 목을 베겠다!'

장병들은 승상 조조가 한 번 군령을 내리면 목에 칼이 들어와도 지킨다는 것을 알기에 늘 조심했고, 그 덕에 함부로 농작물을 밟아 훼손하는 일이 근절되었다.

한번은 조조가 장병들과 보리밭을 따라 행군하던 중 조조의 말이 갑자기 날아오른 꿩에 놀라 이리저리 날뛰며 밭으로 뛰어들었다. 조조가 놀란 말을 진정시키는 사이 말은 이미 보리밭을 아수라장으로 만들어버렸다. 조조는 바로 칼을 뽑아 들고 모두를 향해 엄숙하게 말했다.

"오늘 나의 말이 보리밭을 밟아 망가뜨리고 군기를 어겼으니 나 스스로 군령의 준엄함을 보여주겠노라!"

모두가 놀라 당황하는 가운데 곽가(郭嘉)가 나서서 그를 설득했다.

"'사대부에게는 형벌을 내리지 않는다'는 옛 법도에 따라 승상께서는 처벌받으실 필요가 없습니다."

조조가 반박했다.

"만약 사대부 이상의 관료가 법령의 구속을 받지 않는다면 그 법령이 무슨 쓸모가 있단 말인가? 하물며 농작물을 훼손하면 죽음으로 그 죄를 다스리겠다고 군령을 내린 것 역시 내가 아닌가? 내가 그 군령을 어긴다면 어찌 장병들에게 군령의 엄중함을 깨닫게 할 수 있겠는가?"

곽가가 다시 그를 설득했다.

"승상의 말은 꿩에 놀라서 보리밭으로 뛰어든 것이니, 승상께서 일부러 군령을 어기신 것이 아닙니다. 그러니 승상께서는 처벌받지 않으셔도 됩니다!"

"아닐세! 군령은 군령! 고의인지 아닌지는 중요하지 않네. 만약 다들 군령을 위반하고도 고의가 아니었다며 처벌을 면제받는다면 그 군령은 유명무실해지는 게 아닌가? 군령은 지위의 고하를 막론하고 지켜야 하니 나 역시 예외가 될 수 없네!"

곽가는 잠시 고심하다가 다시 그를 설득했다.

"승상께서는 전군의 사령관이십니다. 만약 군령에 따라 이 일을 처리한다면 누가 군대를 이끌고 나가 적과 싸울 수 있겠는지요? 더구나 조정 역시 승상이 없으면 아니 됩니다!"

신하들도 너나없이 앞으로 나와 조조에게 간곡한 청을 올렸다. 조조는 다들 그를 간곡히 말리자 못이기는 척 이렇게 말했다.

"내가 사령관인 이상 죽음으로 단죄할 수 없다 하나 죄를 지었으니 벌은 받아야 할 것이다. 그렇다면 나의 머리털을 잘라 나의 수급을 대신하겠노라!"

조조는 보검을 뽑아 자신의 머리카락을 잘랐고, 장병들에게 군령의 엄중함을 몸소 보여주었다. 장병들은 이처럼 자신에게 엄격하고, 잘못에 대해 스스로 책임을 지려 했던 조조를 우러러보게 되었다.

자신에게 아주 엄격하고, 몸소 실천해 모범을 보이는 것은 지도자가 반드시 갖추어야 할 덕목이다. 지도자로서의 조조는 이 덕목을 완벽하게 실행했고, 이로 인해 장병들의 추대를 받았다. 오늘날 이 덕목은 리더가 본보기로 삼아야 할 만큼 주목받고 있다.

남을 바로잡기 위해서는 먼저 자신을 바로 세워야 한다. 아랫사람에게 요구하고 명확한 잣대를 대려면 먼저 자신에게 엄격해야 한다. 리더로서 아랫사람을 잘 관리하려면 솔선수범이 필요하다. 몸소 시범을 보이려면 아랫사람을 대신해 책임을 져야 할 뿐만 아니라, 모든 일에 앞장서고, 자신이 하기 싫을 일을 남에게 시켜서도 안 된다. 일단 솔선수범을 통해 아랫사람들의 존경을 얻게 되면 지위의 고하를 막론하고 한마음이 될 수 있고, 조직의 전투력이 급상승한다. 사람의 마음을 얻으면 하늘을 얻는다는 말처럼 아랫사람의 존경과 지지를 받는 리더는 조직 경영 과정에서 노력 대비 더 큰 성과를 거둘 수 있다.

본보기의 파급 효과는 무궁무진하다. 소리 질러 목청을 상하게 하는 것보다 먼저 행동으로 보여주는 편이 낫다. 실제 행동으로 사람들의 마음을 움직이고 격려할 줄 알아야 효율적인 결과를 이끌 수 있다. 만약 큰 소리만 치면서 말만 할 뿐 행동으로 옮길 줄 모르면 아랫사람의 신뢰와 존경을 얻을 수 없을뿐더러 조직력이 흩어지게 된다.

'자신의 몸이 바르면 명령하지 않아도 따르고, 자신의 몸이 바르지 않으면 비록 명령을 내리더라도 따르지 않는다.'

자신의 행동으로 다른 사람을 이끄는 것은 정도를 벗어난 행동에 대한 소리 없는 꾸짖음이고, 그 효과는 대놓고 꾸짖는 것과 비교가 되지 않을 만큼 높다.

리더는 전 조직원의 모범이 되어야 하고, 일거수일투족이 자신의 이미지뿐 아니라 아랫사람의 사기는 물론, 더 나아가 조직의 분위기와 승패에까지 직접적 영향을 줄 수 있음을 명심해야 한다.

만약 상사가 솔선수범하지 않은 채 직원들을 감시하며 무리한 요구를 일삼는다면 직원들 역시 상사를 신뢰하지 않고 따르지 않을 것이다. 자신에게 관대하고 타인에게 무리한 잣대를 대는 상사는 직원들과 갈등을 빚기 쉽다. 결국 직원들은 일을 하면 할수록 지적을 많이 당하게 되니 차라리 안 하고 덜 혼나는 길을 선택하거나 혹은 상사와 같은 길을 걷는다.

자신에게 엄격하고 솔선수범하는 모습은 조직의 관리자뿐 아니라 일상 속 누구에게나 필요한 처세의 도다. 그 어떤 상황에서도 엄격한 잣대로 자신의 언행을 규제해야 각종 유혹에 흔들리지 않고, 단점을 극복하며, 무조건 목표를 향해 전진할 수 있다.

인생의 나침반

플라톤은 말했다.
"절제는 일종의 질서이자, 쾌락과 욕망에 대한 억제다."
자신에게 엄격한 잣대를 대려면 반드시 비범한 자제력이 동반되어야 한다.

위기의 순간에도
의연하라

소순(蘇洵)의 저서 『심술(心術)』에 이런 구절이 나온다.

'장군이 되고자 한다면 먼저 마음을 다스려야 한다. 태산이 눈앞에서 무너져도 안색이 변하지 않고, 사슴이 바로 옆에서 날뛰어도 눈 하나 깜빡하지 않아야 한다. 그런 연후에야 이해관계를 제압하고 적을 기다릴 수 있다.'

즉, 소순은 장령들에게 훌륭한 심리적 소양을 갖추어야 한다고 요구한 것이다. 어떤 상황에서도 놀라지 않고, 위기를 맞닥뜨려도 흔들리지 않고, 눈앞의 이익에 마음이 동하지 않아야 큰일을 이룰 수 있기 때문이다. 보통 사람의 처세의 도 역시 이와 다르지 않다. 위기와 대면했을 때 어떤 태도를 보이느냐에 따라 그 사람의 그릇 크기를 가늠할 수 있다.

『위서(魏書)』의 기록에 따르면 서기 190년 정월, 원소 등 연합군이 출정해 동탁을 토벌했다. 조조도 단양에서 4천여 명의 병사를 모아 전쟁에 참가했다.

군대가 용항까지 행군했을 때 반란이 일어났고, 모반을 일으킨 병사들이 한밤중에 돌연 조조의 장막에 불을 질렀다. 갑작스런 위기 상황에서 조조의 막사를 지키던 장병들은 당황하여 허둥댔지만 조조는 침착하게 검을 뽑아 수십 명을 죽이고 상황을 수습했다.

관도대전은 조조와 원소의 승패를 결정짓는 중요한 전투였다. 조조는 아군 다수의 반대 의견을 제압한 채 정예 부대를 이끌고 적 초소를 급습했다. 그렇지만 적진을 습격하여 격렬한 전투를 벌일 때쯤 원소의 지원군이 갑자기 들이닥치면서 상황이 급변했다. 조조의 부하들은 당황해 어찌할 바를 몰라 하며 병력을 분산해 대적하자고 제안했다. 그러자 조조가 소리쳤다.

"적이 배후에 있으면 보고하라!"

조조의 확고부동한 의지와 죽음을 각오한 신념은 곧바로 부하들의 마음에 불을 지폈고, 전군은 일당백의 각오로 전투에 임했다. 그 결과 조조군은 초소를 함락했고, 적장 순우경(淳于瓊)을 죽이며 원소를 무너뜨리기 위한 기반을 다지는 데 성공했다.

일반적 상황에서 거대한 외부 압력이 가해지지 않았다면 사람들은 얼마든지 정상적인 판단을 할 수 있다. 그러나 삶은 예상치 못한 순간에 다양한 위기 상황이 닥치게 마련이다. 그리고 갑작스럽게 변고가 닥쳤을 때 많은 사람이 갈피를 잡지 못한 채 오판을 하게 된다. 그 위기 앞에서 흔들림 없이 상황에 대처하는지, 아니면 어찌할 바를 모른 채 충동적으로 일을 처리하는지를 보면 한 사람의 그릇 크기를 가늠할 수 있다.

난처한 문제가 생기면 보통 사람은 판단력이 흐려지게 마련이다. 하지만 조조 같은 비범한 인물은 흔들림 없이 신속하게 대처하고, 더 나아가 그 상황을 자신에게 유리한 쪽으로 이끈다. 눈앞에서 태산이 무너져도 얼굴색 하나 변하지 않을 정도의 강한 기질을 가졌기에 그들은 천 리 밖의 승부를 좌지우지한다.

제갈량은 마속(馬謖)을 잘못 기용해 전략적 요지인 가정을 잃었다. 위나라 장군 사마의(司馬懿)는 그 기세를 타 15만 대군을 이끌고 제갈량이 주둔한 성으로 벌 떼처럼 몰려갔다. 당시 제갈량의 곁에는 무장이 한 명도 없었고, 오직 문관만 수두룩하게 포진해 있었다. 게다가 그가 거느린 병사 5,000명 중 절반이 군량 운반에 동원된 터라 성안에는 2,500명밖에 남아 있지 않았다. 이런 상황에서 사마의의 공격 소식이 전해지자 모두 대경실색했다. 그러나 제갈량은 성루에 올라 적의 동태를 살핀 후에 침착하게 명했다.

"그리 당황할 필요 없다. 나에게 사마의를 물리칠 계책이 있느니라."

제갈량은 싸울 수도 물러설 수도 없는 난감한 상황에서 명을 내려 모든 깃발을 숨기고 북을 울리지 못하게 했으며, 병사들이 자기 자리를 지키도록 했다. 만약 사사로이 외출을 하거나 큰 소리로 떠드는 이가 있으면 그 자리에서 목을 베겠노라 엄포를 놓았다. 그런 후 성문 네 개를 모두 열고, 각 성문마다 병사 스무 명을 배치해 백성들처럼 꾸민 뒤 청소를 시켰다. 제갈량 자신은 학창의(鶴氅衣, 도포)를 입고 청색실로 짠 두건을 쓴 다음, 성 위 적루(敵樓)에 올라 거문고를 탔다. 동자 두 명만이 그의 곁에서 함께했다.

성 아래 도착해 이 광경을 목격한 사마의의 선두 부대는 차마 성안으로 들어갈 수 없었다. 그들이 사마의에게 보고를 올리자 사마의가 웃으며 물었다.

"어찌 그럴 수 있단 말이냐?"

그는 상황을 파악하고자 혼자 성으로 향했다. 성에 다다르자 과연 제갈량이 성루에 앉아 온화한 미소를 지으며 거문고를 타고 있었다. 왼쪽에 있는 동자는 보검을 받쳐 들었고, 오른쪽에 있는 동자는 주미(麈尾, 고라니 꼬리털로 만든 먼지떨이)를 들고 있었다. 성문 안팎으로 백성처럼 보이는 사람들이 바닥을 쓰느라 여념이 없었다. 사마의는 그 모습을 보며 의심을 떨쳐버리지 못했으나 끝내 퇴각을 명령했다. 그러자 그의 아들 사마소(司馬昭)가 물었다.

"성안에 병사가 없을지 모릅니다. 그래서 일부러 저런 계략을 쓴 것일 텐데 어째서 퇴각하시려고 하는지요?"

사마의가 대답했다.

"제갈량은 평소 신중을 기하는 인물로, 위험한 계책을 쓴 적이 없다. 지금 성문이 활짝 열려 있다 해도 그 안에는 분명 매복을 심어두었을 것이다. 아군이 들어가는 순간 그의 계략에 걸려들게 되니 속히 철수하는 편이 낫다."

이것이 바로 그 유명한 제갈량의 '공성계(空城計)'다. 이런 계략은 제갈량처럼 위기의 순간에도 침착하게 대처할 줄 아는 인물만이 구사할 수 있다.

우리가 아는 위인들은 모두 위기가 닥쳤을 때 당황하지 않고 정확한 사고와 판단으로 상황을 자신한테 유리하게 조정할 줄 알았다. 위기의 순간에 외부의 간여에도 신념과 용기를 잃지 않으면 자기 내부의 잠재력을 끌어모아 난관을 극복하고, 더 나아가 수습이 불가능할 것처럼 보이는 상황조차 통제 가능한 영역 안에 안착시킬 수 있다.

위기 속에서 흔들림 없이 정확한 판단을 할 수 있는 사람은 인생을 살면서 겪은 실수나 고통스러운 경험을 가장 귀한 재산으로 여길 줄 아는 비범한 인물이다. 큰일의 성공 여부는 정확한 결정에서 나오고, 정확한 결정은 정확한 판단에서 나오고, 정확한 판단은 평소의 경험에서 나온다. 이 경험은 일상 속 실천에서 시작된다. 정확한 판단이 없다면 무수한 실패와 위기를 겪을 수밖에 없다. 승패를 결정짓는 위급한 순간에 냉철한 판단을 할 수 있다는 것은 그래서 매우 중요하다.

인생의 나침반
덩샤오핑은 "냉정하게 관찰하고, 침착하게 대처하며, 흔들림 없이 노선을 견지하라"라고 말했다. 이 말은 중국 국민이 위기를 돌파하는 좌우명이 되었다.

조직의 단결력을 끌어내라

미국의 자유당 지도자 데이비드 스틸은 말했다.
"협력은 모든 조직의 번영을 위한 근간이다."
협동심을 갖추고, 타인의 힘과 조직의 힘을 빌리는 데 능란한 사람이 되어야 약간의 도움으로 큰 성과를 내어 위대한 목표를 실현할 수 있다.

서기 210년, 조조는 승상이 된 후 인재를 발굴하기 위해 '구현령(求賢令)'을 공포했다.

예로부터 천명을 받아 왕이 되었거나, 중흥(中興)한 왕 중에 일찍이 현인(賢人), 군자(君子)를 얻어 그들과 더불어 천하를 다스리지 않은 자가 있었던가! 그러나 그런 인재를 구하려 애를 써도, 그들이 은거해 있는 곳을 나오지 않는다면 만날 수 없으니, 뛰어난 사람은 구할 수 없도다. 지금 천하가 아직 평정되지 아니하였으니, 특히 현인을 급히 구해야 할 때가 되었다. 『논어』에 이르기를, 맹공작(孟公綽)은 청렴하여 진나라 공경 조씨, 위씨의 가신이 되기에는 능력이 넘치고, 작은 나라인 등(滕)이나 설(薛)의 대부(大夫)가 되기에는 능력이 부족하다고 했다. 지금 천하에 강태공(姜太公)처럼 갈옷을 입고 옥 같은 마음을 품고서 위수(渭水)에서 낚시질하는 자가 왜 없겠는가? 만약 반드시 청렴한 선비라야 등용할 수 있다면, 제환공은 어떻게 관중을 등용해 천하를 제패할 수 있었겠는가? 그대들이 나를 보좌하고자 한다면 각지에서 인재를 구하되 오로지 재능에 의지해 천거하고, 그자가 인재라고 판단되면 내 반드시 그를 등용할 것이다.

서기 214년 12월, 조조는 다시 다음과 같은 명을 내렸다.

품행이 단정한 선비라 해서 반드시 진취적인 것은 아니고, 진취적인 인사라 해서 반드시 품행이 단정한 것은 아니다. 진평(陳平)을 보라. 어찌 품행을 중시하는 사람이라 하겠는가? 소진(蘇秦)을 어찌 신임할 만한 사람이라 하겠는가? 그러나 진평은 한나라 대업의 근간을 다졌고, 소진은 약소했던 연나라를 구했다. 이로써 알 수 있듯이 설사 선비의 품행이 바르지 않다 해서 어찌 그 재능마저 버릴 수 있단 말인가! 인재를 등용하는 관료들은 이 점을 명심해야 진정 쓸모 있는 인재를 놓치는 일이 없을 것이다.

서기 217년, 조조는 세 번째 구현령을 공표했다.

조조는 세 번이나 구현령을 발표하며 각급 관료들의 신중한 인재 추천을 종용했다. 그 결과 조조 휘하에 정치, 군사, 경제, 문화 등 각 방면에 통달한 인재들이 속속 모여들었다. 그들 중에는 노병 중에서 발탁한 우금(于禁)·악진(樂進)·전위(典韋) 등의 장령, 투항한 적군 출신의 장료·

서황(徐晃)·장합(張郃)·진림(陳琳)·가후(賈詡), 지방 탐관오리 중에서 기용한 이전(李典)·이통(李通)·허저(許褚)·장패(張覇), 동한 정부의 하급 관리 출신의 순욱·순유(荀攸)·왕랑(王郎), 평범한 사인들 중에서 기용한 곽가·정욱(程昱)·유엽(劉曄) 등이 포함되어 있었다. 이들은 모두 조조가 천하를 제패하는 과정에서 든든한 기둥 역할을 해주었다.

조조의 인재에 대한 욕심은 일시적인 말이나 서면으로만 그치는 것이 아니라, 다양한 인재 등용을 장기적 강령으로 삼을 정도였다. 실제로 그는 눈에 띄는 인재를 얻게 되면 그 기쁨을 감추지 못했다. 한번은 관도대전에서 원소의 책사 허유가 투항하러 왔는데, 그 소식을 전해 들은 조조는 너무 기쁜 나머지 신발을 신는 것조차 잊은 채 달려 나가 그를 맞았다.

조조는 '영웅호걸에게는 세 명의 조력자가 있고, 붉은 꽃도 푸른 잎이 받쳐줘야 더 아름답다'는 이치를 누구보다 잘 알고 있었다. 한 사람이 아무리 뛰어난 능력을 가졌다 해도 인생의 목표를 완성하는 데 필요한 모든 능력과 경험을 온전히 갖추고 있을 수 없다. 다른 사람의 힘을 하나로 모아야 비로소 불가능할 것처럼 보이던 임무를 완성할 수 있다.

만약 조조의 목표를 '대업을 이루고 천하를 제패하는 것'이라고 본다면 인재를 망라하는 행위는 자신의 '창업 군단'을 만드는 것이라 할 수 있다. 창업은 협력 파트너와 조력자들로 이루어진 군단이 힘을 쏟아부어 혼자서는 절대 해낼 수 없는 결과물을 만들어내는 것이기 때문이다.

1999년 리옌훙은 중국 포털 사이트에 검색엔진 기술을 파는 계획을 세웠다. 당시 그는 검색엔진의 사업모델이 있든 없든 검색은 여전히 중요하고 누구에게나 필요하니 자신의 기술에 문제가 없다면 돈을 조금이라도 벌 수 있을 거라고 생각했다. 그런데 리옌훙이 이 계획을 내놓기 무섭게 많은 벤처 투자자가 적극적으로 관심을 드러냈다. 리옌훙은 미국에서 비교 검토를 거쳐 최종적으로 반도기금과 인터그리티 파트너를 선택했다. 그들은 각각 60만 달러를 투자했다.

120만 달러의 벤처 투자금을 들고 귀국한 리옌훙은 그 돈으로 자금 문제를 해결했다. 이와 동시에 그는 험난한 가시밭길이 깔린 창업의 길이 자기 앞에 열렸음을 깨달았다. 이것은 혼자의 힘으로는 절대 끝까지 걸어갈 수 없는 길이었다. 창업 파트너를 찾아 자신의 사업 군단을 만드는 것이 급선무였다.

리옌훙은 먼저 한 사람을 떠올렸다. 그는 텐왕의 연구 개발자 류젠궈로, 당시 국내 유일의 검색엔진 전문가였다.

리옌훙은 그에게 이메일을 보내 검색엔진 개발에 관심이 있는지 의향을 물었고, 머잖아 설립할 회사 바이두에서 함께 일하고 싶다는 뜻을 전달했다. 두 사람은 일면식도 없는 상태에서 몇 차례 메일만 주고받았다.

결국 류젠궈는 여러 루트를 통해 리옌훙에 대해 알아본 후 과감하게 베이징대학을 그만두고 바이두로 들어왔다. 류젠궈는 창업주 리옌훙과 쉬융를 제외한 바이두의 첫 직원이 되었다.

그 후 보름이 안 되는 시간 동안 바이두는 검색엔진의 주요 설계자 레이밍, 추이산산, 왕샤오, 궈단 등을 초빙했다. 당시 그들은 능력에 따라 선물옵션을 받았다.

그 후 업무가 끊임없이 확장되면서 리옌훙은 연이어 더 많은 직원을 뽑아야 했다. 주식 시장 상장에 앞서 이미 지금의 바이두 CEO 주훙보, CFO 왕잔성과 사임한 지 얼마 안 된 전 부총재 량둥까지 가세했다.

그중 주훙보는 이곳에 오기 전까지 용유 기업 부총재, 소규모 소프트웨어 회사의 창업주, 한푸 자문 회사의 매니저를 거쳤기 때문에 관리, 기술, 영업 그리고 중국에 대해 누구보다 폭넓게 이해하고 있었다.

그리고 다국적 회계컨설팅 기업인 프라이스워터쿠퍼스의 아시아 지역 파트너 왕잔성의 투입은 바이두의 국제화를 이끌었다. 2004년 6월 PWC의 왕잔성은 헤드헌팅 회사로부터 스카우트 제의를 받았지만 정중히 사양했다.

그러나 그는 인터넷 검색엔진 회사라는 말을 듣는 순간 마음이 흔들렸고, 생각해보겠다는 뜻을 내비쳤다. 당시 구글은 이미 날개를 펼치고 시장에서 날아오를 준비를 하고 있었다. 중국 기업과 인터넷에 대한 관심이 남달랐던 왕잔성은 리옌훙과 대화를 나눠본 후 바이두의 CFO직을 수락했다.

펑황 위성 TV의 유명한 프로그램 진행자 량둥도 리옌훙이 스카우트한 직원이다. 그전까지 량둥은 광고기획 회사에서 일하고 있었다. 리옌훙은 그가 바이두에서 공적인 사무와 마케팅을 통해 브랜드 이미지를 널리 알려주기를 원했다.

2005년 연초에 이르러서야 해외 상장에 부합하는 조건의 경영진이 완성되었다. 리옌훙이 이 핵심 경영진을 구성하는 데 들인 시간은 무려 5년이었다.

인재를 끌어모아 자신의 경영진을 꾸리고자 한다면 협업 정신을 갖추어야 하는데, 이것이야말로 지금 사회가 가장 원하는 능력이다. 이 세상에 전지전능한 인재는 그 어디에도 없다. 현실 속에서 사람과 사람 간에는 서로 돕는 관계가 형성되어야 한다. 사람은 혼자 고립되어서는 존재할 수 없고, 협업 정신으로 뭉친 강력한 조직을 갖춘 사람만이 치열한 경쟁 사회에서 살아남을 수 있다.

인생의나침반

한 사람은 자신이 속한 조직에 완전히 융합되어야 비로소 가장 강력한 힘을 발휘할 수 있다. 이처럼 사람은 조직 속에 완전히 녹아들어야 그 잠재력과 재능을 최대한 충분히 방출할 수 있다.

정해진 틀에서 벗어나
오로지 능력만 보고 등용하라

청나라 시인 공자진(龔自珍)은 이런 시를 남겼다.
'세상에 생기가 넘치는 것은 비바람과 번개가 자극을 주기 때문인데 만 마리의 말이 일제히 벙어리가 되다니 참으로 슬프도다.
하늘이시여! 부디 정신을 차리시어 인재를 내리시려거든 한 가지 규격에만 맞추지 마시옵소서.'

조조가 살았던 시절에 인재는 효렴과 수재(秀才) 두 가지 방식으로 천거되었다. 그중 효렴으로 추천되는 것을 더 중히 여겼는데, 이는 평소의 품행에 주목했기 때문이다. 그렇지만 정치가 부패하고, 관료 사회의 법도가 무너지면서 '수재를 뽑았으나 글을 모르고, 효자를 뽑았으나 부모와 별거하는' 현상이 나타났다.

이렇게 혼란한 때 조조는 전례를 뒤집어 '덕(德)'보다 '재(才)'를 우선시하며 파격적으로 오로지 재능만을 보고 인재를 뽑겠노라 했다. 이 대담한 선포는 권문세가의 지위를 기준으로 인재를 채용하던 전통방식을 깨

그들의 세력을 약화시키고, 사회 각층에서 능력 있는 인재를 채용하자는 것이었다. 능력만 보고 조건을 따지지 않겠다는 관리 채용방식은 조위(曹魏)의 관리 사회를 비교적 투명하게 만들었고, 인척과 환관이 정치에 간여하던 풍토를 대대적으로 개선했다.

게다가 조조는 인재를 선발할 때 지난날의 악연에 연연하지 않고 관용을 베풀어 포용했다. 서흡(徐翕), 모휘(毛暉) 등은 일찍이 조조 휘하의 장군이었지만 연주반란 때 조조를 배신했다. 훗날 그들은 조조군에 잡혀 포로로 끌려왔지만, 조조는 지난 죄를 묻지 않고 그들에게 군수직을 맡겼다. 진림은 원소를 도와 방문(榜文)을 써 조조를 공격했다. 그럼에도 조조는 그에게 중임을 맡겼고, 훗날 군과 나라의 방문은 대부분 그의 손을 거쳐 나왔다. 관우는 어쩔 수 없이 조조에게 투항했지만 조조는 그의 충의를 높이 평가하며 시종일관 그를 예로써 대했다. 하지만 조조의 노력에도 유비에게 돌아가고자 하는 그의 마음을 되돌릴 수 없었다. 조조는 그를 떠나보내며 이렇게 탄식했다.

"그는 천하의 의사(義士)이거늘, 내게는 그를 곁에 둘 복이 없구나!"

이렇듯 조조는 인재를 알아보는 혜안이 있었고, 그들을 곁에 두기 위해 지난 과오를 묻지 않았다. 이런 그의 도량은, 속 좁은 사람은 절대 범접할 수 없는 경지라 할 만했다. 고정된 틀에서 벗어나 오로지 재능만 보고 인재를 등용하려는 조조의 정책은 숨어 지내던 인재들이 속속 그의 곁으로 모여들게 만들었다.

인재는 더 개방적이고 더 포용력이 있는 곳으로 흐르게 마련이고, 격식에 얽매이지 않고 오로지 재능만 보는 지도자한테 의탁하게 마련이다. 조조는 이 점을 누구보다 잘 알고 있었고, 이것을 천하의 인재를 얻는 비결로 삼았다.

　인재를 구할 때는 그 장점이 크다면 단점을 용인할 수 있어야 한다. 사람 쓰는 일은 그릇을 쓰는 것과 같아서 각기 그 장점을 취해야 한다. 현자(賢者)도 대현(大賢)과 소현(小賢)으로 나뉘니, 대현은 크게 쓰고 소현은 작게 써야 한다. 사실, 사람은 모두 인재라 할 수 있고 누구나 자신에게 맞는 자리를 찾아가면 마땅한 쓰임을 다할 수 있다. 관건은 그것을 알아보고 인재를 선발해 적재적소에 배치하는 능력이다. 서로 다른 사물을 받아들이고 보존한다는 의미의 '겸수병축(兼收幷蓄)'의 원칙하에 뛰어난 자질과 능력을 갖춘 인재를 선발하는 한편, 특정 방면에 전문적인 인재도 받아들일 줄 알아야 한다.

　춘추전국 시대 당시 각 나라는 모두 하나의 틀에서 벗어나 재능만으로 인재를 선발했고, '겸수병축'에 신경을 썼다. 이때는 인재를 거둘 때 국적에 제한을 두지 않았다. 예를 들어 건숙(蹇叔)은 본래 송나라 사람이지만 진나라의 대신이 되었고, 오자서(伍子胥)도 오나라 사람이 아니지만 오나라의 대장군이 되었다. 또한 각국은 인재를 뽑을 때 뛰어난 재주만 있으면 무슨 출신이든 모두 받아들였다. 당시 각국의 제후들 사이에는 천하의 인재를 모으는 것이 유행이었다. 비교적 유명한 인물로는 조나라의 평원군(平原君), 위나라의 신릉군(信陵君), 초나라의 춘신군(春申君)과 제나라의 맹상군(孟嘗君)이 있었다. 그들은 인재를 구하는 일에 치중했고, 일시에 빈객들이 그들에게 몰려들었다. 그중에는 세상을 깜짝 놀라게 할 만큼 뛰어난 인재도 있었지만, 어중이떠중이도 섞여 있었다. 하지만 그들조차도 위기가 닥치면 저마다 각자의 능력을 드러냈다.

　당나라 태종도 사람을 쓸 때 이 원칙을 지켰다. 그는 각 방면의 인재를 선발하는 데 주의하며 각자의 장점을 취하면서도 한 면에 치우치지 않고 재능을 고루 발휘하며 역량을 마음껏 펼칠 수 있게 했다. 그는 진경(秦瓊), 정교금(程咬金) 등 자기와 노선이 다른 집단의 인재를 연이어 중용했다. 특히 대신 위정(魏征)은 당태종 즉위 전에 태자 이건성(李建成)을 도와 황위 찬탈 계책을 세운 인물이었다. '현무문지변(玄武門之變)'이 일어난 후에도 이세민(李世民)은 위정을 중용했고, 위정 역시 훗날 직언으로 그 이름을 날렸다.

오늘날 사회의 분업화가 심화되면서 인재에 대한 통일된 평가 기준이 사라지고 있다. 나를 위해 일해줄 인재를 찾고 싶다면 세속적 관념의 구속에서 벗어나 모든 가능성을 열어두고 오로지 재능만으로 인재를 골라야 한다.

일본 자동차 제조업체 혼다의 사장 혼다 소이치로는 창업한 지 25년이 지나 나이 예순이 되었을 때 자신의 자리를 능력 있는 사람에게 물려줘야겠다고 생각했다. 그는 심사숙고한 끝에 사장 자리를 당시 마흔다섯 살이던 젊은 기요시에게 넘겼다. 10년 후 기요시는 자신의 후계자로 쉰한 살의 구메 다다시를 지목했다.

가족 경영체제가 아닌 전문 경영인에게 회사를 맡겼던 혼다 소이치로의 선택은 혼다를 키우는 탄탄한 기반이 되었다. 그 덕분에 혼다는 도요타, 닛산과 함께 일본 3대 자동차 제조업체로 발전했다. 혼다 소이치로는 자신의 아들을 후계자로 삼지 않은 이유를 이렇게 설명했다.

"가정은 가정이고, 사업은 사업입니다."

혼다 소이치로는 자신의 자리를 이어받을 사람에게 딱 한 가지 기준을 적용했다. 바로 그가 그 일을 감당할 능력이 있는지 여부였다. 그 기준에 부합하지 않는다면 자신의 아들도 그 자리에 앉을 자격이 없는 것이었다. 게다가 그는 전문 경영인에게 회사를 맡기기 위해 당시 상무이사로 있던 동생을 눈물로 설득해 함께 물러났다.

이처럼 지도자가 인재를 선발할 때는 모든 제약에서 벗어나 오로지 재능만을 보아야 하고, 다른 어떤 요소에도 휘둘려서는 안 된다. 그래야 공자진이 말한 것처럼 '말의 관상을 잘 보니 세상에 버리는 말이 없고, 선비의 관상을 잘 보니 세상에 버리는 인재가 없다'는 경지에 오르게 된다.

인생의 나침반

이사(李斯)는 『간축객서(諫逐客書)』에서 말했다.
'태산은 한 줌의 흙도 사양하지 않으므로 그렇게 높아질 수 있었고, 바다는 작은 물줄기 하나도 가리지 않았기에 그 깊이를 알 수 없게 된 것이다.'
인재를 선발할 때도 다양한 가능성을 열어두고 받아들이는 열린 마음가짐이 필요하다.

문을 활짝 열고
모든 것을 받아들여라

어느 장군이 이런 말을 했다.

"하찮아 보이는 인물이라고 해서 절대 그들의 역할을 무시하면 안 된다. 때때로 역사는 바로 그 이름 없는 이들이 바꾸기 때문이다."

하찮고 평범해 보이는 사람이라도 예를 갖춰 대해야 한다. 큰 인물도 한때는 '하찮은' 인물이던 적이 있었다. 혜안으로 흙 속에 묻힌 진주를 볼 줄 알아야 잠재력을 가진 하찮은 인물 또한 내 사람으로 만들 수 있다.

조조는 사람을 쓸 때 재능만 있으면 시정잡배이든 잔재주나 부리는 간사한 사람이든 모두 중용했다. 그래서 조조의 휘하에는 귀족 출신 뿐 아니라 비천한 출신도 적지 않았다.

조조는 사람을 잘 알아보고 잘 살폈기 때문에 거짓으로 속이기 어려웠다. 우금, 악진은 군대 안에서 찾아냈고, 장료와 서황은 도망친 죄인 중에서 발탁되었으나 모두 조조를 도와 공을 세우고 명장의 대열에 올랐다. 또한 미천한 신분으로 군수 등 지방관에 오른 인물도 부지기수다.

시정잡배 중에도 큰 인재가 될 재목이 숨어 있을 수 있으니, 오로지 혜안을 가진 자만이 그런 인물을 발굴해 자신의 대업을 위해 쓸 수 있다. 역사적으로 조조 못지않게 이런 혜안을 가진 이가 있으니 바로 한나라 고조 유방이다.

『사기·고조본기(高祖本紀)』에 이런 기록이 나온다.

유방이 물었다.
"짐은 얼마나 많은 군대를 거느릴 수 있을 것 같은가?"
한신이 대답했다.
"폐하께서는 십만 정도의 군사면 충분할 듯하옵니다."
유방이 물었다.
"그럼 경 같은 사람은 어떤가?"
한신이 대답했다.
"신은 많으면 많을수록 좋습니다."
유방이 웃으며 또 물었다.
"경은 많을수록 좋다면서 어찌 짐에게 붙잡힌 것인가?"
한신이 대답했다.
"군대를 통솔하는 능력은 저보다 못하오나 폐하께서는 장수들을 거느린 우두머리이십니다. 이것이 바로 신이 폐하의 포로가 된 이유입니다."

유방은 모략 측면에서 장량, 진평에 못 미친다. 군대를 이끌고 전쟁을 치르는 능력 면으로는 한신, 팽월(彭越)만 못하다. 나라를 다스리는 방면으로도 소하(蕭何)를 따라갈 수 없다. 그렇지만 유방은 장수를 수족처럼 부리며 천하를 손에 넣는 지혜를 가졌다. 물론 이 또한 유방의 '사람을 부리는 재주' 중 하나일 뿐이다.

　유방 역시 조조와 비견될 만큼 인재를 선발할 때 출신 성분과 지난 과오를 따지지 않았다. 유방의 대오 안에는 다양한 출신의 시정잡배들이 넘쳐났다. 그중 진평은 떠돌이, 대장군 번쾌(樊噲)는 백정, 관영(灌嬰)은 포목상, 누경(婁敬)은 마부, 팽월은 강도, 주발(周勃)은 거리의 악사였다. 또한 한신은 항우의 창잡이였을 뿐 아니라 가랑이 아래로 기어 지나간 일화 때문에 세상 사람들의 비웃음을 산 인물이었다. 누가 봐도 보잘것없던 이들은 그러나 유방에게 발탁된 후 놀라운 능력을 발휘하기 시작했다.

　보잘것없는 사람이라고 무시해서는 안 된다. 때로는 그들이 큰 인물보다 더 중요한 역할을 할 수도 있다. 게다가 세상은 끊임없이 변하고 있고, 변하지 않는 일은 어디에도 없다. '보잘것없는 사람'이 영원히 '작은 역할'만 할 리 없고, 어쩌면 그들도 언젠가 '대단한 위인'으로 변할지 모른다. 그러므로 하찮아 보이는 사람의 재능조차도 귀히 여겨야 한다. 그런 안목이야말로 중요한 용인술이다.

　'큰 인물을 중시하고, 작은 인물을 경시'하는 태도는 마치 암묵적으로 약속된 것처럼 사람들 안에 배어 있다. 사실, 지금은 하찮게 살고 있다 해도 언젠가 기회를 만나 자신의 능력을 마음껏 발휘하는 순간 그는 더 이상 '작은 인물'이 아니다. 한 사람의 미래는 누구도 장담할 수 없으니, 함부로 사람을 무시하는 것은 근시안적인 어리석은 판단이다. 인맥관리에 능통한 사람은 이 이치를 누구보다 잘 알기에 하찮아 보이는 사람과의 관계조차도 함부로 취급하지 않는다. 하물며 때로는 하찮은 인물에 대한 판단이 편견과 오해에서 빚어지기도 하므로 사람을 대할 때는 늘 신중을 기해야 한다.

갑자기 소나기가 쏟아지던 오후에 한 노부인이 비를 피해 필라델피아 백화점 안으로 들어왔다. 대다수 직원이 이 평범한 노부인에게 눈길조차 주지 않았다. 그녀는 딱 봐도 돈이 없어 보이는 몰골이었다. 그때 젊은 남자 직원 하나가 그녀에게 다가와 도움이 필요하냐고 친절하게 물었다. 노부인은 잠시 비를 피해 들어온 것뿐이라며 미안한 기색을 드러냈다. 직원은 불쾌한 기색을 드러내기는커녕 그녀가 편히 앉아서 쉴 수 있게 의자를 가져다주었다. 비가 그친 후 노부인은 직원에게 고맙다고 인사를 한 후 명함을 한 장 달라고 했다.

몇 개월 후 그 젊은 직원은 뜻밖의 편지를 한 통 받았다. 파트너 신분으로서 스코틀랜드에 가 인테리어 계약을 성사시켜달라는 내용이었다. 이 편지는 몇 개월 전 그가 도움을 주었던 노부인이 보낸 것이었고, 알고 보니 그녀는 미국 철강왕 카네기의 모친이었다. 그 직원은 그녀 덕에 천만 달러가 넘는 거액의 주문서를 따냈고, 사업이 번창하면서 백만장자이자 인테리어업계의 거물이 되었다.

다른 사람들한테 너무나 보잘것없던 노부인은 젊은 백화점 직원에게는 귀인이 되어주었다. 이를 두고 기회를 놓친 다른 직원들은 흙 속의 진주를 알아보는 혜안을 가지지 못한 자신을 탓해야 할 일이다. 젊은 직원은 누구나 차별 없이 대하는 훌륭한 인성을 가지고 있었는데, 바로 이 때문에 기회를 만날 수 있었다.

'배를 통째로 삼킬 만큼 큰 물고기는 작은 개울에서 노닐지 않고, 큰 바다는 세상의 모든 강을 받아들인다.'

이 이치는 사람에게도 똑같이 적용된다. 인간관계에서 큰 인물을 놓쳐서도 안 되지만, 하찮아 보이는 사람도 소홀히 대해서는 안 된다. 그렇게 할 때 잠재력을 가진 인재를 한 명도 놓치지 않고 한 그물 안에 거둬들일 수 있다.

인생의 나침반

보잘것없어 보이는 사람이라고 해서 무시해서는 안 된다. 때로는 그들이 큰일을 망치는 결정적 역할을 할 수도 있기 때문이다. 설사 그들을 내 사람으로 쓰지 않을지라도 함부로 그들의 마음을 상하게 하거나 미움을 사서는 안 된다. 당신이 별 볼 일 없다고 생각했던 인물이 언젠가 가장 결정적 순간에 당신의 운명과 앞길을 가르는 '큰 인물'이 되어 나타날지도 모를 일이다.

협소한 관계에서 벗어나 다양한 사람과 폭넓은 인연을 맺어라

사람은 비슷한 부류끼리 어울리게 마련이다. 모든 사람은 각양각색의 관계망 안에서 생활한다. 물론 이 관계망이 패거리 문화를 의미하는 것은 아니다. 현실 속에서 이 관계망은 각종 포럼, 동호회, 살롱, 파티 등으로 다양하게 만들어진다. 그러나 우리는 여러 관계망에 가입하는 동시에 그 안에 자신을 가둬두지 말고 더 넓은 세상으로 눈을 돌리는 노력을 끊임없이 해야 한다.

원소는 북방에서 패권을 잡은 후 족벌 체제를 구축했다. 그는 장자 원담(袁譚)을 청주 도독(都督)에 임명했다. 당시 선견지명이 뛰어난 책사 저수(沮授)가 원소에게 간언을 올렸다.
"이는 장차 분란의 불씨가 될 것입니다."
그러나 원소는 그의 충언을 무시하고 독단적으로 일을 처리했다.
"나는 나의 두 아들이 한 주씩 다스리도록 할 것이네. 그래야 내 마음이 편할 것 같아."

그 후에도 원소는 둘째 아들 원희(袁熙)를 유주태수에 앉히고, 외손자 고간(高幹)마저 병주태수로 임명했다. 상황이 이렇게 되자 저수가 다시 나서서 친인척 인선을 피하고 그들보다 더 재능 있는 이를 발탁해야 한다고 간언했다. 원소는 이번에도 그의 말을 한 귀로 흘려들었다. 그는 자기 아들들의 재능을 시험해보고자 기어코 그들에게 각자 주를 하나씩 통치하도록 할 계획을 세웠다. 저수는 그런 원소를 보며 재앙이 머지않았음을 예감했다. 과연 원소가 자기 가족들을 중심으로 족벌 체제를 만들어가자 장병들은 서서히 불만을 드러냈고, 수많은 책사와 무장이 앞다투어 그의 곁을 떠나갔다. 훗날 원소의 아들 간에도 형제의 난이 일어나 결국 패망의 길을 가게 되었다.

조조의 용인술은 원소와 정반대였다. 조조는 사람을 쓸 때 그 범위를 국한시킨 적이 없었다. 그는 처음 군대를 일으켰을 때만 자기 가문 출신으로 참모진을 구성했다. 그 후로는 문신과 무신을 막론하고 모두 전국 각지에서 다양한 출신 성분의 인재를 구했다. 조조가 사람을 쓸 때 '작은 범주를 뛰어넘어 더 큰 세상으로 눈을 돌리는' 박력을 보여주었기에 그의 휘하에는 늘 훌륭한 책사, 장수 들이 넘쳐났다.

철저하게 재능이 있는 사람을 널리 구해 자기 곁에 둔 조조. 그렇다면 지금을 사는 우리는 어떻게 해야 작은 범주에서 벗어나 바깥세상의 사람들과 소통하고 인연을 맺을 수 있을까?

나라 간의 관계를 처리할 때 사람들은 '다름을 인정하고 합일점을 찾는' 원칙을 늘 주장한다. 사실, 이 전략은 인간관계에도 효험이 있다. 점점 세분화되는 사회 속에서 자신이 속한 무리를 나누고 그 작은 범주에 머무는 것도 어찌 보면 우스꽝스럽다. 자신도 결국 고립된 섬이 될 가능성이 있기 때문이다.

앞에서 언급한 개구리 이야기를 다시 떠올려보면 그 개구리 역시 자신이 속한 작은 세계에서 늙어 죽고 싶지 않았다. 그래서 개구리는 자신의 세계에서 벗어나려는 노력을 멈추지 않았고, 마침내 그곳을 벗어나 더 큰 세상으로 나아갔다.

이처럼 자신이 본래 속해 있던 세계를 과감하게 뚫고 나와야만 운명을 바꿀 수 있다. 이미 습관처럼 익숙해져버린 공간을 계속 고수하며 벗어나기를 두려워한다면 영원히 그 협소한 세상의 틀을 깨고 나올 수 없다.

시인 육유의 시에 이런 구절이 있다.

'시를 배우고자 한다면 공부할 것은 시 바깥에 있다.'

어떤 분야에서 성공하고 싶다면 그 범주 안에 있는 사람의 도움도 필요하지만, '전문 영역' 외에 존재하는 범주 밖의 도움도 필요하다.

미국 실리콘밸리에는 'MBA와 MIT 박사로 구성된 벤처 기업은 벤처 투자를 받는 보증수표'라는 암묵적 규칙이 전해지고 있다. MBA는 경영학 석사이고, MIT 박사는 모두 이공계 전공으로 둘 사이에는 접점이 전혀 없다. 그러나 이 두 그룹의 누구라도 창업에 성공하고 투자자의 투자를 받고 싶다면, 최우선적으로 자신의 전문 분야를 뛰어넘어 함께 힘을 합칠 사업 파트너 군단을 서로에게서 찾아야 한다는 의미다.

지금 우리는 다원화된 사람과 세계 앞에 직면해 있다. 이 모든 것에 제대로 대처하기 위해서는 다원화된 능력과 인맥이 필요하다. 따라서 내가 속한 그룹의 한계를 깨고 그 바깥세상 사람들과의 인연을 적극적으로 맺어 나아가는 것이야말로 나의 발전에 꼭 필요한 조건이다.

인생의나침반

'뛰는 놈 위에 나는 놈 있다'라고 했다. 끊임없이 자신이 머무는 공간에서 벗어나 더 큰 세상으로 눈을 돌리고 다양한 부류의 사람을 만나야 한다. 그럴 때 또 다른 관점으로 문제를 해결하는 혜안을 키워 자신을 발전시킬 수 있다.

완벽한 환경과 대우로 인재를 사로잡아라

자신을 대하듯 타인을 대하라는 말이 있다. 이 말은 상사와 부하 직원의 관계에서도 똑같이 적용된다. 부하 직원의 마음을 이해하고 잘 대해주는 상사야말로 직원의 신뢰와 존경을 얻을 수 있다.

조조는 용인술의 귀재였다. 특히 그는 아랫사람을 대우하는 능력이 탁월했다. 그는 전선에서 적진을 뚫고 승리를 이끈 장병들의 공을 칭찬하고 그에 걸맞은 상을 내렸다. 막후에서 계책을 모의하는 문신, 책사 들에게도 마찬가지로 후한 상과 작위를 내렸다. 심지어 투항한 장수들도 소홀히 대하는 법이 없었다.

서기 214년, 한나라 말기 군웅 중 한 명이던 장로(張魯)가 일가를 이끌고 남정으로 돌아가 조조에게 귀순했다. 당시 조조는 그 소식을 듣자마자 장로가 도착하기도 전에 먼저 사신을 보내 장로를 맞이했다. 장로는 생각지도 못한 상황에 놀라 식솔들을 모두 이끌고 나가 바닥에 엎드려 절하며 사신을 영접했다. 조조는 사신을 통해 한헌제의 명의로 그를 진남(鎭南)장군으로 삼고, 낭중후(閬中侯)에 봉했으며, 식읍 1만 호를 하사하는 등 예로써 그를 대했다. 장로의 다섯 아들과 염포(閻圃)도 '열후(列侯)'에 봉해졌다. 또한 조조는 자신의 아들 조우(曹宇)를 장로의 딸과 혼인시키기까지 했다.

조조는 공을 세운 부하들에게 벼슬을 내렸고, 물질적으로도 상응하는 보상을 했다. 조조가 군대를 이끌고 서주를 정벌할 때 후방을 지키던 진류태수 장막과 진궁(陳宮)이 반란을 일으켰다. 당시 많은 주와 현에서 들고 일어나 그들에게 동조했고, 조조군의 후방은 한순간 위태롭게 흔들렸다. 다행히 그때 후방에 남아 있던 책사 순욱과 정욱이 대책을 강구하여 상황이 진정되었다. 조조는 후에 순욱, 정욱의 공을 치하했다.

"만약 그대들이 애써주지 않았다면 이렇게 돌아오지 못했을 것이네."

조조는 곧바로 정욱을 동평상(東平相)으로 봉해 범성을 지키도록 했다.

이처럼 조조는 공을 세운 신하에게 벼슬을 내리고 물질적 보상을 하는 동시에 그들에게 격려와 칭찬을 아끼지 않아 진심으로 존중받고 있다는 느낌을 주었다. 또 하나의 예로, 조조는 탁월한 전공을 세운 명장 서황을 높이 평가하며 이렇게 말했다.

"적의 참호와 녹각이 열 겹으로 둘렸는데도 장군은 모든 난관을 이겨내고 적의 포위를 무너뜨렸으며, 적군의 목을 베고 포로를 잡아들였소. 내가 용병(用兵)한 지 삼십 년이 되었고, 예전부터 용병술에 능한 자들의 이야기를 익히 들어 알고 있지만, 먼 길을 달려가 직접 적의 포위망을 뚫고 들어간 자는 일찍이 없었소. 게다가 번성과 양양이 포위된 상황은 거(莒)와 즉묵(卽墨)보다 심했으니 장군의 공은 손무(孫武)와 사마양저(司馬穰苴)를 뛰어넘었다 할 것이오."

서황의 공로가 손무와 사마양저보다 뛰어났다는 조조의 칭찬은 그의 휘하 장령들에게 무한한 영광이었고, 더 분발하여 충성하는 계기가 되었다.

그 외에도 조조는 인재를 더 효과적으로 끌어모으기 위해 수차례 관직과 봉작을 대대적으로 내렸다. 조조의 이런 조치는 민심을 끌어안는 한편 바깥 세상에 자신의 도량을 보여주는 것이기도 했다. 승상 조조가 있는 곳에 유능한 인재들이 넘쳐나고, 공을 세우면 그에 합당한 상을 받을 수 있다는 말이 돌기 시작했다. 그 결과 다양한 분야와 지역의 사람들이 재능을 펼치기 위해 더 많이 그의 주위로 몰려들었다.

이렇게 해서 조위는 당시 각 지역과 각 분야를 총망라한 인재들이 기꺼이 충성을 바치기 위해 제 발로 모여드는 꿈의 땅이 될 수 있었다.

『사기』의 '화식열전(貨殖列傳)'에 이런 명언이 나온다.

> 천하가 떠들썩하니 많은 이가 이(利)를 위해 오고, 세상이 와자지껄하니 모든 사람이 이를 위해 간다.

이익은 인류의 모든 활동의 영원한 주제다. 사실, 조조가 아랫사람에게 관직과 상을 내리고 예로써 대하며 칭찬을 아끼지 않았던 것도 따지고 보면 이익의 범주에 속한다. 실질적 이익을 보장할 때 아랫사람의 적극적인 충성을 이끌어내고, 그들이 기꺼이 공을 세우도록 당위성을 부여할 수 있다. 한 사람을 움직이는 가장 실질적 동력 중에 이익만 한 것이 없기 때문이다.

이 때문에 지도자의 자격을 갖춘 리더라면 인재를 두루 구하고, 그들이 능력을 마음껏 발휘할 수 있는 환경과 대우를 보장해야 한다.

1960년대 초반 미국 정부는 백악관에서 헝가리 출신의 미국 항공역학자 테오도르 폰 카르만을 초청해 시상식을 거행했다. 여든한 살의 폰 카르만은 관절염이 심해 시상식 단상에서 자리로 돌아가는 도중에 그만 다리를 삐끗하고 말았다. 케네디 대통령이 그 상황을 눈치채고 재빨리 앞으로 나가 그를 부축했다. 그때 폰 카르만이 말했다.

"대통령께서는 물리학의 상식을 아셔야 할 것 같습니다. 대체로 물체가 아래로 떨어지면 어떤 부력도 소용이 없지요. 오로지 위로 올라갈 때만 부축과 도움이 필요할 뿐입니다."

이것은 지극히 평범한 이론이었다. 자연계뿐 아니라 사회 속에서도 이 이론은 그대로 적용된다. 인생의 계단을 오를 때 누구나 부축이 필요하다. 적극적으로 나서서 아랫사람을 부축하고, 대우를 잘해주는 것은 상사의 중요한 자질 중 하나다.

때때로 부하 직원의 만족감, 성취감은 좋은 업무 환경에서 온다. 예를 들어 개인 사무실(전망이 좋은 큰 창, 편안한 소파 포함), 전담 비서 및 전용 주차장 등 고용 조건이 갖춰져야 한다. 이런 방면으로 구글을 가장 좋은 사례로 꼽을 수 있다. 구글은 직원들에게 헬스클럽, 요가 과정, 게임기 등 각종 편의 시설과 풍부한 오락거리를 제공한다. 사무 공간도 아주 넓고, 각자 자신의 취향에 맞춰 개인 사무 공간을 꾸밀 수 있으며, 업무 분위기도 인간적으로 자유롭다. 직원들은 각자의 개성에 맞춰 옷을 입고 출근한다.

구글 본부는 각기 다른 스타일의 뷔페 식당을 공짜로 운영한다. 미니바에는 간식, 과일, 음료 등이 모두 갖추어져 있는데, 이 또한 공짜다. 심지어 자신이 키우는 애완동물과 함께 출근할 수 있다. 대다수 직원이 출근 후에도 답답함이나 일상과 단절된 듯한 느낌을 받지 않도록 최대한 배려하는 셈이다.

이처럼 구글은 최고의 업무 환경을 제공함으로써 인재들이 온전히 일에 집중하고 최상의 컨디션으로 능력을 발휘하며 가치를 창조하도록 유도한다.

이제는 전통적 수단에만 의지해서는 이익을 추구하는 직원들을 만족시키기 힘들다. 그렇기 때문에 심리적, 정서적으로 고차원적인 만족감을 주는 전략이 필요하다.

전문 CEO 탕쥔은 마이크로소프트 중국 사장직을 맡았을 때 천여 명에 달하는 직원들의 이름을 모두 기억하고 불러주었다. 직원들은 사장이 자신의 이름을 불러주는 것만으로도 소속감과 함께 존중받는 기분을 느꼈다. 확실히 탕쥔은 마음을 공략하는 경영관리법에 일가견이 있었다.

"매년 중추절이 오면 골치가 이만저만 아픈 게 아니었습니다. 그때가 되면 가장 흔한 게 위에빙(月餠, 중국 사람들이 추석에 만들어 먹는 둥근 밀가루 과자)이지만 선물로 못 받으면 또 서운해지는 게 위에빙이죠. 그래서 직원들은 위에빙을 안 보내면 고작 위에빙을 가지고 회사가 쩨쩨하게 군다고 불만을 터뜨립니다. 당시 나는 아이디어를 내서 모든 직원에게 위에빙을 어디로 보내면 좋을지 알려주면 빠른 시간 안에 받아볼 수 있도록 해주겠다고 했죠. 별거 아닌 말 같지만 효과는 아주 좋았습니다. 다들 평소 신경 쓰지 못했던 사람들을 떠올릴 수 있었으니까요. 당시 나는 위에빙 안에 축하카드를 하나 넣고, 내 명의로 '명절을 맞아 우리는 한시도 여러분을 잊은 적이 없습니다'라는 글귀를 써 넣었죠. 또한 그들에게 해당 직원이 지난 일 년 동안 거둔 성과에 대해서도 알려주었습니다. 많은 직원의 부모는 선물을 받은 후 이 카드를 거울 틀 사이에 꽂아두셨죠. 그들에게 위에빙은 중요하지 않았습니다. 친척들이나 지인들이 왔을 때 이 축하카드를 자랑스럽게 보여주며 우쭐한 기분을 느끼는 것으로 충분했으니까요."

탕쥔이 직원들을 대하는 방식은 인간미와 더불어 상당한 파급력을 보여주었다. 이로 인해 더 좋은 관리 효과를 거뒀으니, 그야말로 더 고차원적인 '직원 돌보기' 전략이 아닐 수 없다.

인재를 잘 관리하거나 혹은 인재의 전면적 지지를 얻고 싶을 때 가장 중요한 것은 개방적인 마음가짐, 넓은 도량으로 인재를 대접하는 처세술이다.

인생의 나침반

위대한 리더는 늘 인간미가 넘치고, 조직원을 이해하고, 관심을 가지고, 대우하는 능력이 뛰어나다. 그런 리더만이 가장 높은 고도까지 조직을 이끌고 올라갈 수 있다.

큰 것에 착안하되,
작은 것부터 시작하라

『채근담』에 이런 말이 나온다.

'작은 일에도 소홀하지 않고, 남이 보지 않는 곳에서도 숨기거나 속이지 않으며, 일에 실패한 경우에도 게을리하거나 포기하지 않는 그런 사람이 진정한 영웅이다.'

시인 육유도 말했다.

"책에서 얻은 지식은 끝내 그 깊이가 얕으니, 제대로 알려면 몸소 실천해야 한다."

일을 할 때는 큰 그림에서 착안하되, 작은 것부터 착수해 들어가야 한다. 작은 문제부터 차근차근 해결해야 그 결과물이 쌓이고 쌓여 큰 난관을 헤쳐 나아갈 수 있다. 동서고금을 막론하고 성공한 사람들은 모두 이 원칙을 지켰다.

'공허한 말은 나라를 망치고, 실제적 행동은 나라를 흥하게 한다.'

조조의 뜻은 천 리 밖에 있으니 군사와 나라의 대계를 세울 때 멀리 내다보며 정확하게 대세를 파악하고 큰 그림을 그렸다. 또한 말과 행동에 그치는 것이 아니라 행동으로 옮기며 작은 일부터 착수해 나아갔다.

한번은 조조가 대장장이와 함께 군용 단도를 만들고 있었다. 그때 예주 자사를 지낸 손빈석(孫賓碩)이 지나가다 그 광경을 보고 빈정거렸다.

"대군을 모아 대사를 도모해야 할 분이 어찌 대장장이와 함께 칼이나 만들고 계신 것입니까?"

조조가 대답했다.

"작은 일을 잘해내야 큰일도 잘할 수 있는 법이거늘 뭐가 문제란 말인가?"

대장장이와 함께 단도를 만드는 것이 하잘것없는 일처럼 보일지 몰라도 조조는 '작은 일을 할 수 있어야 큰일을 할 수 있다'고 여겼다.

이 일을 통해 우리는 말뿐 아니라 실제로 행동하고, 큰일과 작은일 사이의 관계를 명확히 조율 및 규정짓는 조조의 확고한 원칙을 엿볼 수 있다.

알려진 바에 의하면 조조는 활로 하루에 꿩을 63마리나 잡고, 직접 반란군 수십 명을 죽일 정도로 무예가 뛰어났다. 조조는 군사 이론가로도 손색이 없어 『손자약해(孫子略解)』, 『병서접요(兵書接要)』 등의 저서를 남겼다. 또한 그는 군사 실천가로서 매번 정벌전이 있을 때마다 직접 전선으로 나가 실제 상황을 파악하고 적절한 전략적 배치를 시행했다.

이렇게 조조는 책략을 강구하고 직접 실천하는 것을 중시했다. 그는 크게는 둔전을 시행하고, 수리 사업을 재정비하고, 농경을 장려하고, 군대를 거느리고 전쟁을 치르는 등 치국의 방책을 실행했다. 또한 작게는 직접 칼을 만들며 멀리 내다보고 신중을 기하는 치밀한 성격을 드러냈다.

옛말에 '앉아서 도를 논하면 삼공이요, 일어나서 그것을 행하면 사대부라 불렀다'라고 했다. 지위와 명망이 높은 사람은 입만 놀리면 그만이었다. 그들은 무녀, 의원, 악장, 도공 등 몸을 움직여 기술로 먹고사는 사람들을 늘 경시하고 차별했다. 그러나 조조는 그런 일반적 인식에 구애받지 않고, 많은 일을 직접 나서서 처리했다. 그렇게 함으로써 그는 큰일과 작은 일을 고루 살피고, 작은 일을 통해 큰일을 보는 혜안을 길렀다. 더 나아가 부하들에게 솔선수범의 귀감이 되었고, 최전선에서 누구보다 빠른 상황 파악으로 정확한 전략과 전술을 수립했다.

노나라 애공이 공자에게 바른 정치의 도에 관해 가르침을 청했다. 애공이 공자에게 물었다.
"어떻게 해야 훌륭한 왕이 될 수 있겠소?"
공자가 대답했다.
"백성들의 군주가 되려면 지혜, 인덕, 용기를 모두 갖추셔야 합니다."
애공은 그 말에 일리가 있다고 생각했다. 그러나 그는 어떻게 해야 이 세 가지 덕목을 모두 갖출 수 있는지 알지 못했다.
다음 날 애공이 또 공자에게 묻자 공자가 대답했다.
"성인(聖人)은 몸으로 알고, 배움을 좋아하면 지(知)에 가까워지고, 애써 행하면 인(仁)에 가까워지고, 부끄러움을 알면 용(龍)에 가까워집니다. 열심히 배우고 발전하면 학식이 생기고, 직접 나서서 일을 행하면 인애(仁愛)가 생기고, 부끄러움을 알면 용기가 생기는 법이지요."
애공이 탄복하며 말했다.
"선생의 말이 다 옳소! 그 말을 들으니 내 어찌해야 할지 깨우치는 바가 아주 크오!"
역사적으로 성공한 인물들 중 크게 생각하고 작은 일에서부터 시작하지 않은 예가 없다. 그런 과정을 통해 사고의 폭과 시야를 넓히고, 이성적인 판단으로 실천할 때 위대한 성공이 따라온다.

500년 전, 콜럼버스의 마음속에 위대한 탐험 계획이 싹텄을 때 그는 절대 충동적으로 항행을 감행하지 않았다. 그는 아주 세세한 부분부터 시작해서 철저히 항행을 준비했다. 그는 5년 동안 선원으로 살았고, 그다음 5년은 학자로, 마지막 5년은 사방을 돌아다니며 후원금을 모았다. 그런 지난한 과정을 거친 후 그의 탐험대가 마침내 탐험길에 올랐고, 그들은 8개월 후 신대륙을 발견했다.

제2차 세계대전 중에 감행된 노르망디 상륙작전. 이는 전쟁 판세를 뒤엎고 연합군 승리의 발판이 되어주었다. 이 대규모 상륙작전의 성공은 사령부의 철저한 준비 과정이 있었기에 가능했다. 전투가 벌어지기 전에 연합군은 일의 대소를 가리지 않고 철두철미하게 준비했고, 미리 실전 훈련을 수차례 진행했다. 그 과정에서 상륙의 방향, 장소, 시간 및 공격 시 필요한 모든 것을 결정했다. 그렇게 실제 작전이 펼쳐졌을 때 상륙 시간과 계획했던 시간은 고작 몇 초 차이밖에 나지 않았다.

위대한 성공 뒤에는 위대한 구상, 계획, 실천 등 각 세부 사항의 치밀한 준비 과정이 있었다. 한마디로 '큰 그림에 착안하고, 세부적인 것에서부터 착수하는' 전략의 승리였다.

'천하의 어려운 일은 반드시 쉬운 것에서 시작되고, 천하의 큰일은 반드시 작은 것에서 비롯된다.'

지금 우리는 '지엽적인 문제가 승패를 결정'하는 시대에 살고 있고, 그래서 더 '큰일에 착안해 세부적인 것에서부터 착수'하는 습관을 철저하게 들여야 한다. 우리가 하는 일은 모두 작은 일, 지엽적인 것들이 모여 만들어지므로 그런 일을 소홀히 하고 대충 처리해서는 안 된다.

　오늘날 많은 사람이 높은 지위를 동경하며 천지를 뒤흔들 만큼의 대단한 업적을 이루고 싶어 한다. 장군이 되고 싶지 않은 병사는 훌륭한 병사가 아니라는 말도 있듯, 이런 원대한 꿈은 높이 살 만하다. 그러나 진정으로 원대한 꿈을 이루고 싶다면 작은 일에서부터 시작해서 그 일을 최고 경지로 끌어올리려는 각오가 필요하다.

　1961년 4월 12일, 구소련의 유리 가가린은 보스토크 1호에 탑승해 89분간 우주를 비행함으로써 최초의 우주비행사가 되었다. 당시 많은 사람은 가가린이 어떻게 수많은 후보자를 물리치고 선발되었는지 궁금해했다.
　우주비행사 최후의 일인을 선발하기 일주일 전, 우주선 총 책임설계사이자 우주비행사인 시험교관은 사소하지만 놀라운 한 가지 사실을 발견했다. 우주선을 탈 때 유독 가가린 혼자 신발을 벗고 양말만 신은 채 캡슐에 들어간 것이다. 가가린의 이 작은 행동은 교관의 마음을 움직이는 데 결정적 역할을 했다. 더 나아가 교관은 자신이 설계한 우주선을 소중히 여기고 규칙을 엄격하게 따르는 모습에 호감을 느꼈다. 사실, 다른 우주비행사 후보자들도 모두 수차례의 관문을 거쳐 올라온 엘리트였고, 능력 면에서는 거의 차이가 나지 않았다. 그런 가운데 가가린은 작은 부분마저도 놓치지 않고 완벽을 기하는 태도로 교관의 낙점을 받았다.

　사실 우수한 사람과 평범한 사람의 차이는 아주 미미하고, 사람과 사람 간의 지능과 체력의 차이 역시 그렇게 크지 않다. 누군가 할 수 있는 일은 또 다른 누군가도 해낼 수 있다. 다만, 결과물의 차이가 있을 뿐이다. 잘 완성된 일은 하나하나의 작은 부분이 결합되어 만들어지는데, 그

작고 단순한 일을 제대로 해내는 것은 생각처럼 쉽지 않다.

다른 사람보다 뛰어나고 싶다면 원대한 목표를 가지고 작은 일에서부터 차근차근 시작해 나아가야 한다. 그렇게 할 때 비로소 성공을 만날 수 있다.

인생의 나침반

맥도날드 창업주 레이 크록은 말했다.
"나는 작은 일의 중요성을 늘 강조해왔습니다. 만약 훌륭한 경영자가 되고 싶다면 가장 기본이 되는 일부터 완벽하게 해낼 줄 알아야 합니다."
어쩌면 간단한 일을 완벽하게 해낼 수 있는 것이야말로 가장 어려운 일일지도 모른다.

멀리 내다보고
후계자를 선발하라

덩샤오핑은 말했다.

"후계자를 키우는 일은 군대 건설과 향후 반침략전쟁의 전반적 정세와 관련이 있는 만큼 반드시 해결해야 할 문제입니다. 젊은 간부를 잘 선출하기 위해 그들이 바로 서도록 앞장서서 이끌어주고 학교교육을 강화한다면, 장차 미래를 충분히 이끌어갈 수 있습니다. 우리처럼 나이든 간부들은 이 문제에서 좀 더 먼 미래를 내다보고, 적극적으로 나서서 핵심 역량을 발휘해 후계자를 선출하고, 또 잘 이끌어가야 합니다."

후계자를 잘 선출하는 일이야말로 지도자의 중요한 직책이라 할 수 있다.

『세설신어·문학편(世說新語·文學篇)』에는 이런 내용이 나온다.

위나라 문제(文帝)가 그의 아우 동아왕(東阿王)에게 일곱 걸음 안에 시를 한 수 짓지 못하면 큰 벌을 내리겠다고 했다. 동아왕은 그 말이 떨어지기 무섭게 시를 한 수 지었다.

'콩을 삶는데 콩깍지로 불을 때니, 콩이 가마솥 속에서 우는구나. 원래

한 뿌리에서 태어났거늘 어찌 이리 서로를 괴롭힐까?'

이는 문제, 즉 조비(曹丕)가 자신의 아우 조식(曹植)을 해하려 할 때의 이야기다. 그렇다면 왜 형제간의 싸움이 서로를 죽음으로 몰아갈 만큼 격화된 것일까? 그 이유를 따져보면 당시 조조가 후계자를 선택하기까지의 과정이 조비의 증오심과 질투심을 키웠기 때문이다.

조조는 자손에 대한 기대감을 이런 말로 드러냈다.

"아들을 낳으려면 손중모(孫仲謀, 손권) 정도는 되어야지. 유경승(劉景升, 유표)의 아들 유종(劉琮)은 개돼지에 불과하다."

그리고 훗날 조조의 이런 바람대로 그의 아들들은 너무나 똑똑하고 잘난 아들로 자라주었다. 특히 조식은 시재가 당대 대가들로부터 칭송이 자자할 만큼 출중했다. 그래서 조조는 셋째를 더 총애했다. 하지만 바로 이 점 때문에 조조는 후계자를 고를 때 쉽게 선택을 하지 못했다.

자신의 후계자를 선택할 때 조조가 중요하게 본 것은 재능이었고, 적장자가 당연히 자신의 뒤를 이어야 한다는 전통적 사고의 틀에 얽매이지 않았다. 사실, 조조가 가장 마음에 들어 한 적임자는 심히 영특했던 조충(曹沖)이다. 하지만 유감스럽게도 조충은 어린 나이에 일찍 죽고 말았다.

그 뒤 조조의 마음이 조식에게 기울었지만 문제는 맏아들 조비가 조정 내부에서 꽤 덕망이 높았고, 씨족 원로의 전폭적인 지지를 받고 있었다는 점이다. 조비의 주위로 강력한 정치적 세력이 버티고 있는 셈이었다.

이때부터 조비와 조식의 막료들은 각자의 주인을 보호하는 데 혈안이 되었다. 조비와 조식을 위해 계책을 가장 많이 내놓은 사람은 각각 사마의와 양수였다. 양측은 자신들이 모시는 주인이 대권을 계승할 수 있도록 끊임없이 견제하며 뺏고 뺏기는 싸움을 이어갔다.

두 세력의 대립을 철저히 무너뜨리기 위해 조조는 단 한 수로 이 문제를 완벽하게 해결했다. 바로 조식의 스승이자 참모인 양수를 죽인 것이다. 양수를 따르던 막료들은 조식의 세력이 이미 기울었음을 깨닫고, 자연스럽게 마음을 바꿔 조비를 추대할 수밖에 없었다.

조조가 조비를 후계자로 선택한 것이 과연 옳은 판단이었는지를 두고 지금까지도 갑론을박이 진행되고 있다. 어쨌든 조조가 후계자를 선택한 기준과 그 선택을 관철하기 위해 보여준 태도에 좀 더 집중해보자. 그는 전통적 제도와 규칙에서 벗어나 오로지 능력을 중시했고, 후계자를 둘러싼 잠재된 우환을 과감히 제거하여 모든 사람이 자신의 선택을 따르도록 만들었다.

반면, 조조와 동시대를 살았던 원소는 후계자 문제를 형편없이 처리해 후환을 남겼다. 명망 높은 가문 출신인 원소는 당시 70만 대군을 거느리고 있었는데, 기주·청주·유주·병주를 다스리며 그 땅을 마음대로 주물렀다. 그렇지만 그의 아들들은 계승권을 둘러싼 다툼을 끊임없이 벌였고, 형제는 마치 물과 기름처럼 대립하며 원씨 집단의 세력을 약화시켰다. 원소 본인도 후계자를 세우는 문제에서 중심을 잡지 못한 채 지나치게 우유부단한 모습을 보여주었다. 그는 막내아들 원상에게 자신의 자리를 물려주고 싶어 하면서도 다른 아들들을 소홀히 대하고 싶지 않았다. 그래서 그들에게 주(州)를 하나씩 맡겨 적잖은 실권을 쥐게 했는데, 이것이 바로 화근이 되었다. 어느 정도 자리를 잡고 나자 다들 후계자 자리에 욕심을 내 갈등의 불씨를 키웠다. 결국 조조의 대군이 코앞까지 들이닥쳤을 때도 그들은 왕위 문제를 두고 내부 갈등을 멈추지 않았다. 덕분에 조조는 그 기회를 틈타 잇속을 차렸다.

'무릇 모든 일은 준비되면 이루어지고, 준비가 안 되면 실패한다.'

후계자를 선택하고 키우는 일은 이르면 이를수록 좋다. 그렇지 않으면 훗날 반드시 문제를 일으키게 되어 있다. 이것은 기업을 경영하는 사람들도 심각하게 고민해야 할 문제이다.

중국계 미국인 왕안이 설립한 왕안컴퓨터는 한때 인기를 끈 브랜드였다. 창업주 왕안 역시 미국 5대 부호 안에 이름을 올릴 정도로 기적적인 성공을 거두었다. 그렇지만 왕안은 후계자 문제를 처리할 때 심각한 실수를 저질렀다. 그가 선택한 후계자는 바로 그의 아들 왕례였다. 그러나 왕례는 기업을 이끌 재목이 아니었고, 그의 부친이 이룩해놓은 제국은 그의 손에 넘어가는 순간 아주 짧은 시간 안에 파멸의 낭떠러지까지 밀려나고 말았다.

왕안컴퓨터 사례를 통해 후계자 선정이 얼마나 중요한 문제인지 새삼 깨닫게 된다. 한때 세계 시장을 호령했던 컴퓨터 회사가 그렇게 빨리 무너진 것은 자격이 없는 사람을 조타수 자리에 세워놓은 탓이었다. 바다를 항해하는 배가 무능한 조타수를 만나 방향을 잘못 잡고 암초를 만나 전복한 셈이다.

이 방면으로 팡타이 그룹의 창업주 마오리샹의 태도는 높이 평가할 만하다.

1995년, 마오리샹은 경영권을 아들 마오중췬에게 넘겨줄 결심을 했다. 그는 아들에게 후계자 수업을 시켰고, 일찍부터 의도적으로 그를 가족 기업의 핵심 경영진으로 흡수시켰다. 그는 '3년을 이끌어주고, 3년을 도와주고, 3년을 지켜보는' 전략을 썼다. 즉, 처음 3년 동안은 제품의 개발권을 아들에게 넘겨줘 기업 경영에 익숙해지도록 했고, 그 과정에서 자신의 사람들을 만들어내길 기대했다. 다음 3년 동안은 위탁 판매권을 넘겨 업계와 시장의 인정을 받도록 했다. 마지막 3년은 경영권을 넘겨 기업을 잘 관리하도록 전권을 주었다.

결과적으로 마오중췬의 노력은 결실을 거두었고, 마오리샹의 판단이 옳았음이 증명되었다. 마오중췬은 팡타이 그룹의 수장이 된 후 아버지의 기대를 저버리지 않았고, 팡타이 그룹을 전혀 새로운 발전 공간으로 이끌고 들어갔다.

후계자 문제는 평소 아무런 준비도 없다가 번갯불에 콩 볶아 먹듯 해치울 수 있는 문제가 아니다. 마오리샹처럼 철저한 계획하에 후계자 구도를 서서히 완성해가는 준비가 필요하다.

훙치 그룹의 사장 겸 CEO 스전룽은 자신의 은퇴 계획을 세우면서 적합한 후계자를 찾기 위해 10년을 투자했고, 왕전탕을 찾아냈다. 훗날 스전룽은 말했다.

"우리의 후계자 계획은 아주 특별하고 훌륭했습니다. 특히 중국인이 경영하는 기업에게는 더 그랬죠."

후계자를 키우는 문제에서 롄샹의 창업주 류촨즈의 말은 깊은 울림을 준다.

"내가 롄샹을 처음 만들었을 때의 느낌을 떠올려보니 가장 중요한 가르침을 얻게 되더군요. 예리한 통찰력과 전략적 판단 능력도 필요하지만 인재를 키우고 나를 대신할 사람을 선택하는 것이야말로 기업 경영자의 가장 중요한 임무가 아닐까 싶었습니다.

초창기 롄샹은 살아남는 데 급급했습니다. 나는 창업을 함께한 동료들보다 기업의 생리에 대해 조금 더 깊이 알고 있었고, 시장의 변화를 알아채는 감각도 꽤 좋았습니다. 그래서 그때 나 혼자 독단적으로 결정을 내리는 상황이 많았습니다. 그렇게 시간이 흐르고 나니 살아남는 문제는 어느 정도 해결이 됐지만 장기적으로 봤을 때 기업의 발전만이 진정으로 살아남을 길이라 판단했죠. 이때부터 나는 후계자를 키우는 문제에 주목했습니다.

내가 양위안칭과 궈웨이를 후계자로 키운 방식은, 그들이 경영 결책과 관리에 점차적으로 참여하도록 하는 것입니다. 한편으로는 가치관, 사고 방식 심지어 업무 능력 등 모든 방면으로 하나가 되는 것이고, 또 한편으로는 그들이 수동적으로 의견을 받아들이고 전달하는 '기어'가 아니라, 주동적으로 생각하고 창조적으로 집행하는 '엔진'이 되기를 바랐지요. 나는 그들을 진두지휘할 수 있지만 절대 그들을 대신하지 않는 식이죠. 또 하나는 바로 먼저 책임·권리·이익에 대해 분명히 인식시키고, 그런 후 그들에게 기회와 무대를 주고, 실질적 업무 속에서 단련 및 성장할 수 있게 만드는 것입니다.

지금 롄상의 후계자 문제는 비교적 원만하게 해결되었습니다. 먼저 양위안칭, 궈웨이를 시작으로 해서 주리난, 천궈둥, 자오링환이 우리의 기대를 충족시켰고, 그 뒤로도 후계자 그룹이 역량을 키워나가고 있습니다. 이처럼 롄상은 백년 기업의 안정적인 경영과 발전을 위해 두터운 인재층을 이미 확보해두었고, 그들이야말로 롄상의 미래입니다."

후계자 선정 문제는 조직의 미래와 발전에 결정적 영향을 미친다. 인재 양성 전문가 위스웨이는 말했다.

"류촨즈가 양위안칭을 선택하지 않았다면 그가 후방으로 물러나 전략과 전술을 짤 수 있었을까요? 왕스가 후계자를 제대로 선택하지 못했다면 그렇게 큰 기업을 내버려두고 에베레스트산을 등정하고, 남극도 탐험

할 수 있었을까요?"

인생의나침반

덩사오핑은 훌륭한 혜안을 가지고 후계자 문제를 바라보았다.
"지금 원로 여러분은 책임져야 할 일이 많습니다. 그중 첫 번째 책임이 무엇인지 아십니까? 바로 최선을 다해 후계자를 선발하는 일입니다."

가지고 싶다면
먼저 주어야 한다

낚시를 할 때 가장 먼저 해야 할 일은 미끼를 던지는 것이다. 그래야 물고기를 잡을 수 있다. 모든 일은 지불한 만큼 얻게 되어 있으니, 작은 손해를 보더라도 큰 이득을 얻을 수 있어야 한다. 문제와 맞닥뜨렸을 때 '이익으로 상대를 유혹하는' 계책을 잘 쓸 줄 안다면 들인 노력에 비해 큰 성과를 거둘 수 있다.

조조가 군대를 이끌고 나가 백마에서 안량의 군대에 포위되어 있던 유연(柳延)을 구했다. 조조가 철수 채비를 할 때 하북의 명장 문추가 안량의 목을 벤 관우에게 복수를 하기 위해 대군을 이끌고 황하를 건너 추격해 온다는 소식이 들려왔다.

조조는 그 소식을 듣자마자 군량과 군수품을 먼저 이동시키고 병사들은 그 뒤를 따르며 문추의 공격에 맞서도록 했다. 장병들은 조조의 갑작스러운 군대 배치 명령에 의아해했다. 오로지 책사 순유만이 그의 의중을 알아채고 말했다.

"이렇게 해야 적을 유인할 수 있기 때문이네."

과연 조조는 문추가 적을 얕잡아 보고 전진 공격을 하도록 유인했다. 조조의 양식과 말을 손에 넣는 데 성공한 문추는 이 작은 승리에 도취해 기고만장해졌다. 하지만 그의 경계심과 군대의 기강이 흐트러진 순간 조조는 기습 공격을 했고, 문추의 군대는 사방으로 흩어져 도망치기에 급급했다. 문추 역시 말머리를 돌려 달아났고, 곧바로 추격해 온 관우의 손에 목이 베이고 말았다.

조조는 눈앞의 이익에 눈이 멀어 뒤를 돌아볼 줄 모르던 문추의 약점을 이용했고, '유인책'으로 완벽한 승리를 거두었다.
『손자병법·허실편(孫子兵法·虛實篇)』에 이런 글귀가 나온다.

> 작전을 잘 펼치는 사람은 적을 끌어들이지, 적에게 끌려다니지 않는다. 적군이 스스로 오게 하려면 이로움으로 적을 유인하며, 적군이 오지 못하도록 하려면 해로움을 보여준다.

춘추전국 시대 때 초나라가 군대를 일으켜 교나라를 공격했다. 초나라 병사 수만 명이 신속하게 움직여 어느새 교나라의 성 아래까지 치고 들어가 포위했다. 교나라는 성을 나가 맞서봤자 이로울 것이 전혀 없다 판단했고, 끝내 성을 지키며 한 발짝도 밖으로 나가지 않았다.

교성은 지세가 험해 수비에는 유리하나 공격이 쉽지 않은 곳이었다. 초나라는 여러 차례 맹공을 퍼부었지만 아무런 성과도 거두지 못했다. 그렇게 양군은 한 달이 넘도록 대치상태를 이어갔다. 초나라 대부 막오굴하(莫敖屈瑕)가 쌍방의 상황을 분석한 후 힘만으로 교성을 공략할 수 없다는 결론을 내리고, 초왕에게 계책을 올렸다.

"성을 함락하려면 유인책만 한 것이 없습니다."

뒤이어 그는 유인책을 내놓았다.

"교성이 포위된 지 한 달이 넘어가니 성안에 땔감이 부족할 것입니다. 그러니 병사들을 나무꾼으로 변장시켜 산에 올라가 나무를 해 오도록 하고, 돌아오는 길에 교나라 병사들이 땔감을 빼앗도록 하는 겁니다. 며칠 동안 이런 일이 반복되면 그들은 작은 이익에 현혹되어 땔감을 빼앗기 위해 대놓고 성 밖으로 나올 테지요. 그때 우리는 병사들을 매복시켜 퇴로를 막고 맹공을 펼쳐 성을 함락하면 됩니다."

초왕은 곧바로 병사들을 나무꾼으로 변장시켜 산으로 보냈다. 과연 교나라 제후는 땔감을 쉽게 구할 수 있다는 생각에 빠져 점점 경계심이 흐트러졌고, 성을 나와 땔감을 빼앗아 가려는 병사 수도 점차 늘어났다.

엿새째 되는 날 교나라 병사들이 평소처럼 우르르 성을 나와 약탈했고, 나무꾼들은 그들을 보자마자 줄행랑을 쳤다. 교나라 병사들은 그들을 잡으려다 어느새 초나라 군대가 매복해 있는 곳까지 발을 들여놓고 말았다. 잠시 후 그들은 사방에서 튀어나오는 매복병을 보고 혼비백산했지만 퇴로마저 막힌 탓에 결국 몰살당했다. 초왕은 즉시 성을 공격했고, 교나라 제후는 투항할 수밖에 없었다.

교나라는 작은 이익을 탐하려다 적이 쳐놓은 올가미에 걸려들었고 결국 망국의 대가를 치르게 되었다. 손자는 훗날 행군을 할 때면 늘 '작은 이익을 탐하지 마라'라고 거듭 강조했다.

'상대를 이익으로 유혹하는' 계책은 전쟁에만 국한되는 것이 아니다. 우리가 일을 할 때도 '상대가 원하는 것'을 준다면 가로막혔던 걸림돌을 제거하고 일을 좀 더 쉽게 성사시킬 수 있다.

20세기 초, 석유 회사 엑슨 모빌이 중국 시장에 진출하기 위해서 소비자를 대상으로 석유램프와 석유 500그램을 증정하는 행사를 열었다. 석유램프는 콩기름 등보다 훨씬 밝았고, 게다가 공짜로 쓸 수 있으니 다들 그것을 받자마자 집에서 사용했다.

공짜로 받은 석유는 금세 바닥이 났다. 하지만 이미 석유램프의 장점을 알아버린 중국인들은 다시 어둡고 불편한 콩기름 등을 쓰고 싶지 않았기에 엑슨 모빌의 석유를 구입할 수밖에 없었다. 이렇게 해서 엑슨 모빌은 순조롭게 중국 시장에 진출할 수 있었다.

엑슨 모빌은 소비자의 심리적 약점을 포착해 중국 시장에 안착할 수 있었다. 인재를 얻고, 일을 성사시키는 것 역시 이런 이치에서 벗어나지 않는다. 투자를 해야 수확이 있고, 주는 게 있어야 얻는 것도 생기는 법이다.

인생의 나침반

비우고 또 비워라. 비워야 비로소 채울 수 있다. 미끼를 던지는 데 인색하지 않아야 '적'이 미끼를 물도록 유인할 수 있고, 원하는 바를 이룰 수 있다.

승리를 위해
교묘한 속임수도 불사하라

『군주론(君主論)』에서 마키아벨리는 놀라운 관점을 제시했다.
'군주는 사자의 힘과 여우의 간계를 가져야 하며, 정치적 목표에 도달하기 위해 수단과 방법을 가려서는 안 된다.'
보통 사람들이 일을 처리할 때도 마찬가지다. 물론 반드시 수단과 방법을 가리지 말아야 하는 것은 아니지만 필요에 따라 약간의 기교, 수단, 계책이 필요할 때가 있다.

한번은 조조가 17만 대군을 이끌고 원소와 대치했다. 군영의 양식은 일찌감치 바닥을 드러냈고, 조조는 굶주린 병사들이 무슨 변고라도 일으킬까 봐 전전긍긍했다. 그는 식량 창고를 관리하던 왕후(王垕)를 불러 대책을 논의했다. 왕후가 말했다.
"식량을 작은 되로 나누어주어 잠시나마 급한 불을 끄시옵소서."
조조는 괜찮은 생각이라 판단하여 그렇게 하도록 했다.
그러나 이런 눈속임은 오래가지 못했다. 군영 안에서 불평불만이 터져

나왔고, 심지어 조조가 부하들 먹이는 것조차 아까워하니 더는 그를 위해 싸울 이유가 없다는 말까지 돌았다. 이런 상황에서 조조는 과연 어떤 조치를 취했을까?

조조는 왕후를 다시 불러 말했다.

"오늘 내가 자네의 머리를 빌려 성난 군심을 잠재우려 하니 너무 아까워하지 말게."

왕후가 소스라치게 놀라 대답했다.

"승상, 소인은 아무런 죄가 없나이다!"

조조는 눈썹 하나 까딱하지 않았다.

"물론 자네는 죄가 없네. 그러나 지금 자네를 죽이지 않으면 성난 군심을 잠재울 길이 없네. 자네가 죽고 나면 자네 식솔들의 생활과 앞길은 내가 잘 돌봐줄 터이니 너무 걱정하지 말게."

조조는 그를 끌고 나가 목을 치라 명했다. 조조는 왕후의 머리를 장대 끝에 매달고, 피가 뚝뚝 떨어지는 그의 머리에 친필 글을 붙여 병사들에게 알렸다.

'왕후가 일부러 작은 되를 이용해 나눠주는 수법으로 군량미를 훔쳤으므로 군법에 따라 참수하노라!'

조조는 군량미 부족의 책임을 모두 왕후에게 전가했고, 병사들은 그제야 조조에 대한 오해와 원망을 풀었다.

무고한 왕후를 죽여 병사들의 분노를 잠재운 일을 통해 조조의 간교하고 악랄한 성격이 적나라하게 드러났다. 하지만 '수단은 부수적인 것일 뿐, 진짜 중요한 것은 목적이다'라는 기준에서 본다면 최선의 처리방식이라 할 만하다. 전쟁에서 군대를 이끌어가야 할 조조가 더 많이 고려해야 할 대상은 한두 사람의 목숨이 아니라 승리를 향한 대국이다. 이처럼 때로는 몇몇의 이익을 희생해서라도 대국의 이익을 지키는 결단이 필요하다. 이것은 간계(奸計)에 속하지만 처세의 도이자 수완이기도 하다.

손자는 '전쟁은 속임수다'라고 했다. 손자는 용병을 '교묘하게 적을 속이는 행위'로 보았다.『한비자·난일(難一)』에서도 '조그만 일에서 군주는 모름지기 충성과 신의를 다하지만, 전쟁을 할 때만큼은 상대를 기만하는 술책도 마다하지 않아야 한다'고 쓰여 있다.

원나라 말기 진우량(陳友諒)이 강주를 점거한 후 병력을 이끌고 강을 따라 아래로 내려가 주원장을 공격했다. 1360년 진우량의 대군이 채석과 태평 두 곳을 점령했고, 뒤이어 수군을 이끌고 응천을 압박했다.

대군이 국경을 압박하자 주원장의 부하 장수들은 모두 위기감을 느끼며 긴장했다. 진우량의 수군 병력은 주원장 병력의 열 배가 넘는 데다 수중전에 강했으므로 위기감이 더 강할 수밖에 없었다. 당시 적잖은 장수가 철수 혹은 투항을 주장했다. 그러나 주원장은 유기(劉基)의 제안을 받아들여 적을 깊숙이 유인하고 매복을 두어 기습하기로 결심했다.

주원장은 강무재(康茂才)를 보내 거짓 투항을 하게 했다. 강무재는 원래 원나라에서 투항해 온 장수로, 진우량의 옛 벗이기도 했다. 그야말로 거짓 투항을 진짜로 믿게 할 적임자였다.

강무재는 주원장의 명에 따라 편지를 한 통 써 내려갔다.

'건의하건대 군사를 세 갈래로 나눠 응천을 공격하면, 무재의 군대가 응천성 밖에 있는 강동교에 주둔해 있다 합류할 것이네. 그때 성문을 열어 사령부를 공격해 주모를 사로잡으시게.'

그는 노복 편으로 그 편지를 전달했다. 진우량은 강무재의 투항서를 받아들고 흥분을 감추지 못한 채 즉각 노복에게 말했다.

"속히 돌아가 무재에게 알리게. 내가 당장 군사를 세 갈래 길로 나눠 응천을 공격할 테니 그때 우리 사이의 암호를 '노강(老康)'으로 정할 것이라 전하게. 그런데 무재가 지키는 다리가 나무다리인가 돌다리인가?"

노복이 대답했다.

"나무다리입니다."

다음 날, 진우량은 직접 배 수백 척을 이끌고 강을 따라 내려갔다. 하지만 선두 부대가 대승항에 도착했을 때 맹렬한 공격 탓에 도저히 기슭에 배를 댈 수 없었다. 게다가 항도가 협소해 대오의 이동도 원활하지 못했다. 그는 어쩔 수 없이 강무재와 회합하기 위해 강동교로 곧장 가는 방법을 택했다. 수군 부대가 강동교에 도달했을 때 진우량은 돌다리를 하나 발견했고, 순간 한가닥 의심이 머릿속을 스쳤다. 원래 이 다리는 나무다리였지만 주원장이 강무재의 거짓 투항이 진짜가 되는 것을 막기 위해 전날 밤 강동의 다리를 돌다리로 바꿔놓은 것이다.

진우량은 황급히 부하를 시켜 '노강'이라고 외치게 했지만 아무런 대답도 들리지 않았다. 그제야 계략에 걸려들었음을 알아챈 진우량은 급히 진우인(陳友仁)에게 수군을 이끌고 용만으로 돌진하라 명했다. 전함 수백 척이 용만의 수면 위에 집결했고, 진우량은 1만 정예 부대에게 배를 버리고 뭍으로 올라가 방어 시설을 짓도록 명했다. 이는 수륙으로 함께 힘을 합쳐 응천에 맹공을 펼치기 위함이었다.

그때 노룡산 꼭대기에서 노란 깃발이 나부끼고, 북소리가 울려 퍼졌다. 잠시 후 주원장 휘하의 대장군 서달(徐達)과 상우춘(常遇春)이 각각 군대를 이끌고 좌우에서 돌격해 들어왔다. 진우량의 부대는 갑작스러운 공격에 대오조차 이루지 못한 채 사방으로 뿔뿔이 흩어졌다. 진우량이

고함을 치며 장병들을 저지했지만 1만 정예 부대는 속수무책으로 당했다. 적잖이 죽고 다치는 가운데 진우량의 정예 부대는 오합지졸이 되어 강가로 돌아와 서둘러 배에 올랐다. 진우량은 급히 배를 움직이라 명했지만 이미 썰물이 되는 시각이라 100여 척의 전함이 모두 좌초했다. 서달과 상우춘은 그 틈에 상선하여 추격했고, 진우량은 대오를 수습하지 못한 채 작은 배로 갈아탄 뒤 도망쳤다.

진우량과의 대전에서 주원장의 실력은 분명 한 수 아래였다. 하지만 그는 거짓 투항 계책을 써 적을 유인했고, 적군의 선두 부대를 전멸시켜 전투 의지를 꺾는 동시에 아군의 사기를 끌어올렸다. 이를 계기로 전세는 역전되었고, 주원장은 주도권을 쥐게 되었다.

'전쟁은 속임수다'라는 말은 비단 전쟁이 횡행하던 시대에만 적용되는 것이 아니다. 지금은 비록 평화 시대지만 이 말은 다양한 곳에서 광범위하게 적용되고 있다.

현실적 문제 처리에서 '전쟁은 속임수다'를 부정적 의미로만 보아서는 안 된다. 그것은 우리가 일을 처리할 때 참고해야 할 수완이다. 또한 교묘한 수단이자 계책에 능하고 융통성과 빠른 대처 능력을 의미하기도 한다. 만약 합리적이고 합법적인 '속임수'로 목표를 원만하게 달성할 수 있다면 그보다 더 훌륭한 처세술이 또 있을까?

인생의 나침반

원하는 바를 이루고자 한다면 멀리 보는 혜안과 통찰력을 키워야 하고, 완벽한 준비가 갖춰져 있다면 때로는 모략과 술책을 교묘히 이용할 줄도 알아야 한다.

사업 발전에 영향을 주는 불리한 요소와 절대 타협하지 마라

풍도(馮道)는 『권경(權經)』에서 '적을 엄하게 다스려라'라고 말했다. 적과 이분자(異分者)를 대할 때는 엄혹한 수단을 사용해야 하고, 이런 문제를 처리할 때 절대 사사로운 정에 이끌려서는 안 된다. 그렇지 않으면 화를 자초하여 우환이 그치지 않게 된다.

조조는 한헌제를 데려와 허창으로 도읍을 옮겼고, 삼공제(三公制)를 승상제로 바꾼 뒤 승상직에 올라 대권을 손에 넣었다. 그러나 당시의 조조는 아직 안심할 단계가 아니었다. 비록 천자를 꼭두각시로 만들었지만 어가를 모시고 온 기존 동한의 문무 대신들이 여전히 잠재적 위협으로 남아 있었고, 한나라 황실에 충성하면서 조조와 대립하는 세력이 도처에 존재했다. 자신의 지위와 권위를 지키기 위해서 조조는 이 반대 세력을 제거하는 데 조금의 자비도 베풀지 않았다. 조조가 반대 세력으로 간주한 전형적 인물은 양표(楊彪), 공융(孔融), 순욱 등이다.

동한의 노신이자 충신인 양표는 조조의 행동을 멸시하고, 한나라를 대신해 위나라를 세우는 것을 줄곧 반대했다. 조조가 한헌제를 모시고 허창으로 왔을 때 양표는 승상에 상당하는 상서령(尙書令)이었고, 이미 조조에 대해 불만을 품고 있었다. 조조도 이 때문에 양표에게 앙심을 품었고, 그를 제거해 후환을 없애고자 했다.

훗날 원술이 황제를 참칭하자 조조는 양표의 부인이 원술의 딸이라는 것을 이유로 그를 제거하고자 했다. 하지만 당시 조정에서 조조의 기반이 안정되지 않은 탓에 이 또한 그의 뜻대로 이뤄지지 못했다. 양표는 공융 등 관료들의 도움으로 위기를 넘겼고, 한나라 황실이 점점 쇠락하는 것을 지켜보며 병을 핑계로 더 이상 문 밖 외출을 하지 않았다.

공융은 공자의 20대 자손이자 건안칠자(建安七子) 중 한 명이다. 양표 사건이 일어났을 때 공융은 그를 제거하려던 조조의 계획을 강력히 반대하여 조조에게 미운 털이 박혔다. 공융은 양표와 마찬가지로 조조의 위나라 건립을 시종 반대했다. 또한 천자를 숭상하고, 군주의 권한을 확대하고, 제후의 권세를 약화시킬 것을 주장하며 상주문을 올렸다. 공융은 한나라 황실의 종친인 유비를 토벌해서는 안 된다고 주장하였는데, 그 의도는 한나라 황실의 종친 세력을 남겨 조조를 제어하려는 것이었다. 훗날 결국 조조는 공융을 제거했다.

순욱은 조조의 중요한 모신(謀臣, 지모가 뛰어난 신하)이었다. 조조의 책략 중 대부분이 그의 입을 통해 나왔다고 해도 과언이 아니다. 조조 역시 처음에는 그를 높이 평가하며, 한고조의 명신 장량(張良)에 비유하기도 했다. 순욱은 나중에 조조가 위공(魏公)의 자리를 욕심내어 황제에게 구석(九錫, 천자가 특히 공로가 큰 신하에게 하사하는 아홉 가지 물품을 이르던 말)을 받으려 하는 것을 알고 '신하의 도리'가 아니라며 극렬히 반대했다. 이 일을 계기로 순욱은 조조의 미움을 샀다. 그 후 한 차례 정벌전에서 조조는 순욱을 파견해 군대를 위로하도록 요청했다. 임무가 끝난 후에도 순욱은 조정에 돌아오지 못한 채 군중에 계속 남아 있어야 했는데, 결국 시름이 깊어져 죽고 말았다. 물론 순욱의 죽음을 두고 다른 의견도 있지만 그의 죽음이 조조와 관계가 있다는 것만큼은 변함없다.

조조는 걸핏하면 잔혹한 수단으로 반대 세력을 제거했는데, 이는 인의에 어긋나는 행위였다. 그러나 안으로는 반대 세력이 그를 압박하고, 밖으로는 열강이 호시탐탐 그를 노리던 비상 상황에서 '안정, 정확, 단호'한 태도는 자신을 지키는 최상의 처세술이었을 것이다. 역사를 쭉 돌이켜봐도 '반대 세력의 제거'는 동서고금을 통틀어 언제 어디서나 가장 효과적인 통치 수단이었다.

반대 세력 제거는 잔인해 보이기도 하지만 사실, 절대 그렇지 않다. 만약 그 부분에 자비를 두어 제때 제거 작업을 하지 않는다면 상대가 한숨 돌리고 다시 대오를 정비한 순간 반격할 가능성이 높다. 그렇기 때문에 '반대 세력을 단호하게 제거'하는 것이야말로 생존과 통치를 위해 꼭 필요한 수단이다.

인생의 나침반

반대 세력을 상대할 때 잔혹한 수단은 피할 수 없는 필수 조건이자 가장 효과적인 수단이다. 진짜 적은 내 편으로 만들기 힘들고, 그들에게 호의를 베풀거나 약한 면을 보인다고 해서 근본적인 문제가 해결되지는 않는다. 권력의 득실 관련 문제와 직면하면 태도와 의지가 확고해야 하고, 행동 역시 신속히 해야 한다. 위기는 적을 상대로 마음이 약해지거나 방심하는 순간 찾아오기 때문이다.

상벌을 분명히 하라

귀곡자(鬼谷子)는 말했다.

"상을 주려면 신용을 잃지 말아야 하고, 벌을 주려면 그 벌이 공정해야 한다."

상벌은 분명해야 하는데, 이는 그것을 판단하고 행하는 사람이 그 자리에 앉아 있을 만한지 판단하는 기준이 된다.

조조는 "명군은 공이 없는 신하와 전장에 나가 싸우지 않은 병사에게 상을 내리지 않는다"라고 했다. 상벌이 분명하고 합당했던 것 역시 조조의 리더십 중 하나였다.

서기 207년, 조조는 '봉공신령(封功臣令)'에서 이렇게 말했다.

'내가 의병을 일으켜 난폭한 무리를 주벌하며 십구 년의 세월을 보냈다. 싸우면 반드시 승리하고, 공격하면 반드시 이기고, 정복하면 적을 굴복시켰던 것이 어찌 나의 공이겠는가? 이 모든 것이 현명한 사대부의 덕이었다. 천하가 아직 혼란하니 나는 앞으로도 현 사대부들과 더불어 천하를 평정해야 할 것이다. 그러나 그 공로를 나 혼자 누린다면 어찌 내 마음이 편하겠는가! 시급히 그 공에 합당한 작위를 주도록 하라.'

이처럼 조조는 문무 관원의 공로를 인정했고, 아울러 그들을 공신으로 대거 임명했다.

상만 주고 벌을 내리지 않는다면 사람들의 경각심을 불러일으킬 수 없고, 자신의 위엄을 드러낼 방도가 없다는 점 또한 조조는 누구보다 잘 알고 있었다. 그래서 그는 군을 엄격히 다스리기 위해 다음과 같은 명을 반포했다.

'공로만 포상하고 죄를 처벌하지 않는 것은 국법에 부합하지 않는다. 지금 여러 장수에게 출정을 명하니 싸움에 패한 군사는 죄를 받게 되고, 나라에 손실을 가져오는 자는 관직과 봉작을 빼앗기게 될 것이다.'

죄를 처벌할 때 조조는 엄격하고 공정했으며 조금도 주저하지 않았.

한번은 하후돈(夏候惇)이 이끄는 조조의 직속 부대가 퇴각하는 과정에서 승세를 타고 고향으로 내려가 민가를 약탈했다. 우금이 군의 기강을 바로잡고 민심을 달래기 위해 노략질을 일삼는 하후돈의 부대를 소탕하기로 결심했다. 이 사실을 알게 된 하후돈의 부대는 미리 선수를 쳐 조조를 찾아가 우금이 모반을 일으켜 자신들을 함정에 빠뜨리려 한다고 읍소했다. 조조는 급히 군대를 이끌고 가서 그 죄를 물었다.

그런데 뜻밖에도 우금은 변명 대신 적 방어를 위한 진영을 설치하며 묵묵히 자신의 일에 최선을 다했다. 그가 진영을 설치한 후 얼마 되지 않아 장수(張繡)의 대군이 두 갈래 길로 공격해 들어왔다. 우금은 곧바로 군대를 이끌고 나가 적을 물리치고 승리를 거두었다.

모든 일을 마무리한 후 우금은 그제야 조조에게 전후 상황 보고를 올렸고, 조조는 굳은 신념을 가진 우금을 옛 명장만큼 뛰어나다 칭찬하며 상을 내리고 제후에 봉했다. 조조는 유언비어를 듣고 마음이 흔들렸지만 한 발짝 물러나 사건의 정황을 살핀 후 모든 것이 분명해진 후에야 상벌을 결정했으니 이 또한 가히 탄복할 만하다.

권력을 가졌다고 해서 반드시 권위가 있는 것은 아니다. 권위는 상벌을 분명히 하고, 그 모든 것을 공평무사하게 처리했을 때 비로소 얻어진다. 조조는 공정하게 상과 벌을 내려 부하들의 마음을 얻었고, 자신의 권위를 세웠다.

『한서·장창전(漢書·張敞傳)』은 말한다.

'장창(張敞)은 일 처리가 신속하고 상벌(賞罰)이 분명하여 평판이 매우 좋은 인물이었다.'

한나라 선제(宣帝) 때 발해와 교동 일대에 도적이 창궐했고, 그들은 악행으로 현지 백성들의 생활을 어지럽혔다. 그래서 한헌제는 장창을 보내 그곳을 다스리라 명했다. 장창은 그곳으로 떠나기 전에 헌제에게 도적을 잡아 온 자들에게 상을 내리고, 도적을 엄히 처벌할 수 있게 요청했다. 그가 부임한 후 상벌을 확실히 처리하자 관리들은 앞다투어 도적을 잡으려고 혈안이 되었다. 장창의 신속하고 효과적인 일 처리 덕분에 발해와 교동 일대의 사회질서가 빠르게 회복되었다.

춘추 시대 진(秦)나라 혜공(惠公)이 죽은 후 나이 어린 출자(出子)가 즉위했다. 군주의 나이가 어리다 보니 당시 태후가 국정을 돌봐야 했다. 태후는 엄변(奄變)을 중용했지만 그의 사람됨이 간교하여 얼마 되지 않아 나라가 난장판이 되었다. 그로 말미암아 백성들의 통곡이 끊이지 않았고, 현인들도 은거한 채 세상과 등을 돌렸다.

진나라 공자 연(連)은 위나라를 떠돌던 중 때가 무르익었다 판단하여 진나라로 돌아가 정권을 탈취하고 출자를 대신해 군주 자리에 오를 계획을 세웠다.

그는 일단 정소 요새로 향했다. 그런데 수문장 우주연(右主然)은 연의 통과를 허가하지 않았을 뿐 아니라 요새의 방어를 더 강화했다. 그는 연에게 말했다.

"부디 양해해주십시오. 속담에 이르길, '충신은 두 임금을 섬기지 않는다'라고 했습니다. 그러니 속히 이곳을 떠나주십시오!"

연은 어쩔 수 없이 언씨 요새로 방향을 틀었다. 그곳 요새의 수문장 균개(菌改)는 연을 보자마자 바로 통과시켜주었다. 태후와 엄변은 연이 돌아온다는 소식에 대경실색하여 황급히 병사를 보내 그를 잡아들이라 명했다. 하지만 명을 받고 연을 잡으러 간 병사들은 일찌감치 태후와 엄변의 집정에 불만을 품고 있던 터라, 중도에 돌연 반기를 들었다.

"우리는 적을 잡으러 가는 것이 아니라 군왕을 모시러 가는 것이다!"

이렇게 해서 연은 군대를 이끌고 나라의 도읍으로 돌진해 들어왔고, 궁지에 몰린 태후는 스스로 목숨을 끊었다. 연은 군주 자리에 올라 진헌공(獻公)이 되었다.

진헌공은 왕위에 오른 뒤 공적을 따져 상을 하사했다. 그는 특히 언씨 요새의 수문장 균개의 공을 높이 사 큰 상을 내리려 했다. 또한 우주연의 행동에 분개하며 그를 엄벌하고자 했다. 그때 대신 감돌(監突)이 서둘러 간언을 올렸다.

"그리하시는 건 타당치 않사옵니다. 우주연의 처사는 그의 직무에 충실한 옳은 것이었습니다. 그런 그를 처벌하신다면 민심이 싸늘하게 식어버리는 결과를 초래할 수 있습니다. 게다가 지금 타지에 나가 있는 진나라 공자들이 적지 않습니다. 변경을 지키는 수문장들이 앞으로 그들을 통과시킨다면 결국 왕께서 불리해지십니다."

진헌공은 감돌의 간언에 따라 우주연을 사면하였다. 아울러 균개에게 관대부의 작위를 내리고, 요새를 지키던 병사 각자에게 스무 석의 쌀을 하사했다.

상벌은 정확히 공정하게 처리해야 하고, 단순히 좋고 나쁨을 기준으로 판단해서는 안 된다. 당사자의 행동이 상을 받을 만한지, 벌을 받아야 마땅한지, 상벌을 내린 후 어떤 결과가 초래될지를 면밀히 봐야 하는 것이다. 절대 기분에 좌우되어 결정해서는 안 된다.

1944년 연합군이 노르망디 상륙작전을 펼치기 전날, 미국의 유명한 작가 헤밍웨이는 종군기자의 신분으로 취재를 왔고, 패튼 장군의 부대에 배치되었다. 그런데 뜻밖에도 헤밍웨이는 부대에 도착해 상륙작전이 시작된 후 바로 병사들과 함께 전투에 참가했다. 그 후에도 파리해방전투에 참가하며 수차례 전공을 세웠다.

하지만 패튼은 이 일에 분개하며 그가 '제네바협약'의 규정을 어겼다고 맹비난했다. 협약에 따르면 종군기자는 전투 상황을 보도하는 기자 역할만 할 뿐 직접 전투에 참여할 수 없다. 패튼은 헤밍웨이를 처벌하기 위해 군법기관에 이 일의 조사를 명했다. 그러나 그 즈음의 헤밍웨이는 대중적 지지와 명성을 얻고 있었고, 패튼의 처사는 많은 사람의 불만을 야기해 한순간 여론이 들끓었다. 군법기관도 난처하기는 마찬가지였다.

시간이 흐른 후 연합군 최고사령관 아이젠하워가 이 일에 대해 입장을 밝혔다.

"여태까지 자신의 상상력을 이용해 승리를 거둔 사람에 대해 그 죄를 추궁하지 않겠습니다. 다만, 이 일은 단 한 번의 예외일 뿐이며 이후 똑같은 일이 반복된다면 군법으로 엄히 처벌할 것입니다. 군법기관이 공평무사하게 일을 처리하려 한 점을 높이 평가하며, 다만 지금은 비상시국인 만큼 군법기관도 나치를 소탕하는 데 더 힘을 기울여야 할 것입니다."

아이젠하워는 헤밍웨이의 개인 공로를 인정하는 동시에 군법기관의 일 처리 역시 타당했음을 강조했다. 그는 군의 기강이 흐트러지지 않도록 배려했을 뿐 아니라 양측이 모두 받아들일 수 있는 판결로 일을 무사히 잠재웠다.

예로부터 상과 벌은 사람을 관리하는 양날의 칼로써 지도자가 부하를 통솔하고 인재를 부리는 중요한 수단이었다. 손무는 '법과 명령이 제대로 수행되는지, 상벌이 분명한지'가 승패를 가르는 중요한 조건이라고 여겼다. 상벌의 올바른 운용은 동서고금을 막론하고 모든 용인술의 기본 원칙이다. 그러니 절대 원칙 없이 마음 가는 대로 이를 행해서는 안 된다.

인생의 나침반

『채근담』에서 '위(威)는 명(明)에서 기원한다'라고 했던 것처럼, 리더의 권위는 상벌을 분명히 하는 데서부터 시작된다.

유연하고 다양한
관리 스타일

일찍이 상나라 시대부터 '진실로 날마다 새로워지고, 나날이 새로워지고, 또 날로 새로워지게 하라'는 말이 전해지고 있다. 공자는 이 말을 특히 마음에 들어 하며 "매일 새로워지는 것이 진짜 덕이다"라고 했다. 리더의 관리 스타일 역시 매일 혁신을 거듭하는 가운데 세상의 변화를 살피면서 그 흐름을 타고 함께 발전해가야 한다.

조조의 치국 도는 법가(法家)에 치우쳐 있다고 평가된다. 그 이유는 조조가 형벌과 법률을 가혹할 만큼 엄격히 시행했기 때문이다. 이런 견해는 일리가 있지만 모든 부분에서 들어맞는 것은 아니다. 조조의 관리 능력은 늘 변화무쌍하고 융통성이 있었기 때문에 필요시 법가 사상뿐 아니라 유가(儒家) 사상의 도움을 받기도 했다.

조조는 효렴으로 천거되어 관리 사회에 발을 들여놓자마자 탐관오리를 파면시켰고, 그릇된 풍조를 바로잡았다. 이 과정에서 법가 사상이 아주 큰 영향을 미쳤다.

서기 192년, 조조는 연주목에 부임해 그곳을 근거지로 삼아 군권을 점진적으로 장악해 들어갔다. 서기 196년, 조조는 헌제를 데리고 허창으로 가 그곳을 도읍으로 삼았다. 그 후 조조는 자신의 군정제(軍政制)를 확립하고 동한 정부의 권력을 무력화시켰다.

법가에서는 나라가 잘 다스려지는 이유로 법·믿음·권력을 이야기한다. 이로부터 조조가 군권을 통해 정권을 취하려 할 때, 법가 사상의 영향을 받았음을 미루어 짐작할 수 있다.

서기 203년, 조조는 '수학령(修學令)'을 반포했다.

'상란이 일어난 지 이미 십오 년이 흘러 후생들은 인의와 예양(禮讓)의 풍속을 보지 못하였을 테니 참으로 안타깝도다. 군국(郡國)은 각자 학문을 닦고, 현(縣)은 500호당 교관을 두어 그 마을에서 가장 뛰어난 이를 선발해 학문을 가르치라. 그리하면 선왕의 도가 계속 이어져나갈 것이고, 천하에 도움이 될 것이다.'

'수학령'의 반포만 봐도 조조는 백성들에게 예교(禮敎, 예의에 대한 가르침)를 퍼뜨릴 결심을 했음을 알 수 있다. 조조의 예교 관념은 원환(袁渙)의 영향을 받았다. 원환은 조조에게 귀순한 초기에 간언을 올렸다.

"무릇 무기란 상서롭지 못한 것이니 어쩔 수 없는 경우에만 써야 합니다. 전쟁을 하려면 도덕에 입각해 격려하고, 인의로써 정벌하며, 아울러 백성들을 어루만져주고, 그들에게 해가 되는 것을 제거해줘야 합니다."

다만, 당시 내우외환이 끊이지 않고 전시 상황이라 조조는 구체적인 예교 법령을 내놓지 못했다. 위나라가 세워진 후 이미 낭중령(郎中令)의 자리까지 오른 원환은 또 한 번 간언을 올렸다.

"지금은 천하를 위험에 빠뜨렸던 재난에서 벗어났으니 문신과 무신을 나란히 등용하는 것이 국가를 오래 지속시키는 방책입니다. 서적을 많이 수집하고, 성현의 가르침을 밝혀 백성들이 보고 들으며 쉽게 접할 수 있게 하고, 온 세상 사람이 그 가르침을 따르도록 해야 합니다. 그리하면 먼 곳에 있는 사람들도 문덕(文德)으로 왕을 대할 것입니다."

이번만큼은 조조도 원환의 건의를 받아들였다.

예로써 백성을 가르치고, 덕으로써 백성을 교화하는 것은 유가의 중요한 가르침이었다. 따라서 조조의 이 정책은 유가 사상의 구현이라고 할 수 있다.

조조의 치세 도는 왕도(王道)와 패도(覇道)로써 밖으로는 덕을 보이고, 안으로는 법 집행을 엄격히 하는 것이다. 조조는 천하를 평정했을 때 법가의 수단을 더 많이 사용해 강력히 다스렸다. 그 후 형세가 안정되자 유가 사상으로 신하와 백성을 교화해 통치 기반을 공고히 했다.

조조는 통치방식 역시 때, 장소, 일, 사람에 따라 달라져야 한다고 여겼다. 그래야 지도자의 통치방식이 정형화되지 않고 흐름에 순응할 수 있기 때문이다. 기존의 관리방식에 다른 지도 이념을 융합시킬 때 비로소 변화와 발전을 이끌어낼 수 있다.

인생의 나침반

장쩌민은 말했다.
"혁신은 민족을 진보하게 하는 영혼이고, 국가 발전을 이끄는 마르지 않는 동력이자, 정당에 끊임없이 생기를 부여하는 원천입니다."
이처럼 혁신은 지도자에게 활력을 불어넣어주는 원천이다. 언제나 혁신을 추구해야 비로소 순발력 있게 관리방식을 조정할 수 있다.

사람을 쓸 때 의심하고,
의심스러운 사람도 등용하라

옛말에 '의인물용 용인물의(疑人勿用 用人勿疑)', 즉 의심 가는 사람에게 일을 맡기지 말고 일단 맡겼다면 의심하지 말라 했다. 또한 '남을 해치려는 마음을 가져서는 안 되지만, 남을 경계하는 마음은 가져야 한다'는 말도 있다. 조조는 의심이 아주 강한 사내였고, 그런 성격 때문에 다들 그가 사람을 쓸 때 지나치게 의심한다고 여겼다. 사실, '의심 가는 사람에게 일을 맡기지 말고, 일단 맡겼다면 의심하지 말라'는 것은 이성적인 용인술에 해당된다.

조조를 간웅(奸雄)으로 부르는 데는 의심이 많고 간교한 성격 탓이 크다. 그의 이런 성격은 사람을 쓸 때도 적나라하게 드러났으니, 사람을 쓸 때 의심하고 의심스러운 사람도 기용했다.

당시 조조의 의심증은 모르는 사람이 없을 정도로 유명했다. 그는 자신의 부하를 경계했고, 곁에 있는 사람이나 가족과 벗들에게도 의심의 눈초리를 풀지 않았으며, 느낌이 심상치 않으면 누구라도 제거하여 후환을 없애려 했다.

동탁이 조정의 기강을 어지럽혔을 때 조조는 동탁을 죽이려 했다. 하지만 사전에 이 사실이 발각되어 도망쳐야 했고, 나중에 중모현 현령 진궁에게 붙잡혔다. 진궁은 조조와의 첫 만남에서 그가 범상치 않은 인물임을 직감했기에 관직을 버리고 과감히 조조와 함께 도망쳤다.

그들이 성고에 도착했을 때 날이 이미 저물어 어둑어둑했다. 그때 조조는 아버지와 의형제를 맺은 여백사(呂伯奢)가 성고에 살고 있음을 떠올렸고, 그의 집에서 하룻밤 묵어가기로 했다. 그들이 찾아온 이유를 설명하자 여백사는 두 사람을 반갑게 맞아주었다.

"내 집에서 편히 쉬다 가시게. 우리 집에 대접할 만한 좋은 술이 없어 좀 사 올 테니 방에 들어가 잠시 쉬고 있게."

그는 서둘러 문을 나섰다.

조조와 진궁이 한참을 기다리는 사이 홀연 밖에서 칼 가는 소리가 희미하게 들려왔다. 조조가 의심스러운 눈초리로 진궁을 보며 말했다.

"여백사는 나의 혈육도 아니고, 아까 나가서 아직 돌아오지를 않고 있네. 설마 우리가 속고 있는 건 아니겠지?"

두 사람이 조심스레 문을 열고 마당으로 나오자 안쪽에서 누군가의 목소리가 들려왔다.

"묶은 다음에 죽이는 게 어때?"

그 말에 조조는 다짜고짜 안으로 달려들어가 여백사의 식구 여덟 명을 모두 죽여버렸다. 정신을 차리고 보니 부엌 한구석에 있는 돼지 한 마리가 눈에 들어왔다. 진궁도 당황한 기색을 감추지 못했다.

"공연한 의심으로 선한 사람들을 죽게 만들었습니다!"

두 사람은 황급히 말에 올라타고 길을 떠났다. 그런데 얼마 못 가 술을 사서 돌아오는 여백사와 딱 마주치고 말았다. 그는 두 사람을 보자마자 놀란 눈으로 물었다.

"돼지를 잡아서 대접하려 준비하고 있는데 하룻밤도 안 묵고 가는 겐가?"

조조는 여백사의 만류를 뿌리치고 갈 길을 재촉했다. 그러다가 조조는 다시 돌아가 여백사를 죽여버렸다. 진궁은 깜짝 놀라 물었다.

"좀 전에 사람을 죽인 건 실수라 쳐도, 지금은 왜 그러신 겁니까?"

조조는 할 일을 했다는 눈빛으로 그를 쳐다봤다.

"내가 세상 사람들을 저버릴지언정, 그들이 나를 저버리게 하진 않겠네."

진궁은 더 이상 아무 말도 할 수 없었다.

자신을 보호하고 혹시나 생길지 모를 우환을 제거하기 위해서 조조는 조금의 주저함도 없이 부친의 의형제를 죽였다.

조조는 세상에 '완벽한 사람이 있을 수 없고, 흠 없는 금덩어리도 있을 수 없다'는 말을 누구보다 잘 알고 있었다. 그래서 설사 부족한 점이 있고, 심지어 의심 가는 구석이 있다 해도 통제할 만한 범위 내에 있는 사람이라면 반드시 그를 중용했다.

'의심 가는 사람에게 일을 맡기지 말고, 일단 맡겼다면 의심하지 마라.'

이 말은 누구나 아는 전통적인 용인술이고, 긍정적 효과를 발휘하기도 했다. 사실, 이런 관리방식은 독특한 시대적 배경과 무관하지 않다. 그것은 '장수가 전장에 있을 때는 왕명을 꼭 받들 필요가 없다'던 고대 사회에서 나온 말이다. 당시는 정보 전달이 원활하지 않았고, 전장에 나간 대장군이 조정과 소통하려면 엄청난 시간이 걸렸기 때문에 자칫 승리의 기회를 놓칠 우려가 높았다. 이런 문제를 해결하기 위해서 '의심 가는 사람에게 일을 맡기지 말고, 일단 맡겼다면 의심하지 마라'는 용인술이 생겨

났다. 이런 관점에서 볼 때 조조의 용인술은 선경지명이 있었고, 감계(鑑戒)로 삼기에 충분하다.

물론 지금은 예전과 다른 시대다. 하이얼 그룹의 CEO 장루이민은 '의인물용 용인물의'라는 식의 관념은 소농경제의 산물이고, 시장경제를 거스르는 전통문화의 부산물일 뿐이라고 여겼다. 프랑스 계몽 사상가 몽테스키외도 "한 사람이 권력을 독점할 때 부패가 일어난다"라고 했다. 마찬가지로 사람을 쓸 때 단지 '의심'의 여부 하나만으로 그 사람을 쓰고 안 쓰고를 정하는 절대적 기준으로 삼는다면 기대와 전혀 다른 결과를 낳을 수 있다. '의인물용 용인물의'에 집중하는 리더는 하수에 해당된다. 진짜 고수는 의심 가는 사람을 과감하게 쓰고, 자신을 위해 그 능력을 마음껏 발휘하도록 만들 줄 안다.

'사람을 써도 의심하고, 의심 가는 사람도 쓴다.'

중국 베텔스만 유한 회사의 지한빈 전 사장은 이 관점을 적극 찬성했다.

가혹한 형법과 법률을 신봉했던 상앙(商鞅)과 제갈량은 나라의 기강을 바로잡으며 통치를 했습니다. 현대 경영이론 중 인성에 관한 X이론과 Y이론을 살펴보면 인성 자체에 대해 전혀 다른 관점을 제시했지요.

사실 성공한 기업의 경영 과정을 살펴보면 직원을 상대로 엄격한 감시통제 시스템을 구축하고, 인재에 대해 엄밀한 감시망을 가동합니다. 내가 보기에 모든 경영 체제의 출발점은 사람에 대한 의심입니다. 예로부터 인성을 두고 성선설과 성악설이 존재했고, 늘 서로 대립해왔습니다. 역사를 돌아봐도 사람의 선을 절대적으로 믿으면 신뢰가 방임으로 전락하고, 결국 기업에 엄청난 손실을 초래하게 됩니다.

뒤집어 말하자면 모든 사람이 의심의 대상이 된 셈이니, '의심 가는 사람'

의 채용도 필연적인 일이 될 수밖에 없습니다. 인재를 의심의 틀에 가두고 배제시킨다면 재능을 발휘할 수 없게 만드는 셈이 되니까요. 비록 의심이 가도 인재를 써야 한다면 조사, 관찰, 감시망을 가동하면 됩니다. 유방은 한신의 능력을 의심하면서도 대장군에 임명했고, 이세민은 적진의 위정을 직접 발탁했고, 닉슨은 대통령이 된 후 키신저를 자기 진영으로 끌어들였죠. 그리고 그들은 기대 이상의 효과를 거두었습니다. 이처럼 사람을 쓰고자 한다면 일단 믿어야 하고, 시간이 흐르면서 그들의 본성, 지식, 능력, 충성도는 결국 모두의 주목을 받게 될 것입니다. 설사 의심할 만한 일이 있다 해도 도덕적으로 큰 문제가 되지 않는 일이라면 모든 것을 감수하고라도 능력 있는 인재를 곁에 두어야 합니다. 관리자가 믿음과 의심의 관계를 어떻게 조율하는지에 따라 기업의 운명이 갈리기도 하는 겁니다.

니콜라스 리슨은 1995년 영국 베어링은행을 파산시킨 주범이다. 그는 28세에 영국 베어링은행 싱가포르 지점의 파생금융 상품 딜러가 되었다. 그는 은행의 허가 없이 대량의 선물주식을 매입했고, 무려 3년간 거짓 장부를 만들어 본점을 속이며 약 13억 달러의 손실을 입혔다. 이로 인해 200년 역사의 금융기관은 파산 선고를 하고, 단돈 1달러에 매각되는 수모를 겪어야 했다.

사람을 쓰면서 한 치의 의심도 하지 않는다는 것은 감시와 관리감독 시스템이 없다는 의미다. 이는 기업의 경영에 치명상을 안길 수 있는 지극히 위험한 경영방식이다. 사람을 쓰는 과정에서 '의심'을 완전히 배제한다면 효과적인 관리가 이루어질 수 없고, 결국 베어링은행처럼 파산의 재앙이 초래될 수 있다.

　의심이 가는 사람도 써야 한다는 말은 그 사람을 곁에 두는 순간 모든 의심을 거두라는 말이 결코 아니다. '의심'은 대국을 안정시키고, 나쁜 일이 아직 경미할 때 더 이상 커지지 못하게 방지하는 하나의 수단이다. 이것은 통상적으로 생각하는 미행, 뒷조사, 추적 등을 의미하지 않는다. 다만 그 사람의 상황에 맞춰 일어날 수도 있는 일에 초점을 맞추고, 그에 맞는 관리감독 시스템을 만드는 것이다. 그렇게 해서 그들은 자신이 권리를 누리는 동시에 조직의 제약을 받고 있음을 각인하게 된다.

인생의 나침반

'사람을 쓰려면 의심해야 하고, 의심 가는 사람도 내게 필요하면 써야 한다.'
이 말은 현실적이면서도 책임감 있는 용인술이라 할 수 있다. 사람을 쓸 때 의심하는 태도를 갖는 것은 인재의 인성과 능력을 전반적으로 이해하고 파악하는 과정이기도 하다. 관리자는 늘 의심을 거두지 말고 자신의 사람을 주시해야 한다. 그리고 그 의심이 공정하고 효율적일 수 있도록 노력해야 한다.

늑대와 춤을 추려면
먼저 늑대가 되어야 한다

하이얼 그룹의 CEO 장루이민은 늑대와 함께 춤을 추려면 먼저 스스로 늑대가 되어야 한다고 말했다. 늑대처럼 강한 적 혹은 경쟁자를 만났을 때 함께 싸우거나 경쟁할 자격을 얻고 싶다면, 먼저 실력을 키워 자신도 늑대가 되어야 한다.

조조는 벼슬길에 처음 올랐을 때만 해도 세력이 미미하고 기반이 약했다. 그럼에도 그는 동탁과의 전투에서 패했을 때조차 전혀 흔들림이 없었다. 당시 그는 동탁이 더 이상 민심을 얻지 못하고 실패할 거라 이미 확신했기 때문이다. 또한 조조는 군웅이 할거하던 그 시대에 오로지 자신의 능력에 의지하여 세력을 확장했다.

훗날 조조는 동탁을 죽이려다 실패하면서 쫓기는 신세로 전락했다. 조조는 수배령을 피해 도망 다니다 어렵게 진류로 돌아왔다. 진류에서 조조는 가산을 모두 팔아 말을 사고 병사들을 모아 수천 명 규모의 대오를 꾸렸다. 그는 이 병력을 기반으로 반동탁 연합을 만들어 거병하려 했다.

하지만 관동 지역의 군(郡)들이 모두 이를 거부했고, 조조 홀로 동탁 토벌전을 벌이며 연이은 패배와 더불어 점점 고립되었다.

조조가 동탁 토벌전에 전력을 기울일 때 청주 일대의 황건적과 하북의 흑산군이 맹렬한 기세로 세력을 확장했고, 전 동군태수 왕굉(王肱)은 그들의 위세를 감당할 방도가 없었다. 결국 그는 겁을 집어먹고 연주목 유대에게 도망갔다. 왕굉의 부재는 조조에게 기회였다. 원소가 조정에 표를 올려 조조를 천거했고, 조조는 동군태수에 임명되었다. 그는 하남, 산동 일대의 세력을 확장할 절호의 기회를 꽉 잡고 놓치지 않았다. 이쯤 되면 원소가 왜 이런 '좋은 자리'를 조조에게 맡겼는지 의아해질 수밖에 없다. 사실, 원소의 눈에 비친 동군은 '뜨거운 감자' 같은 존재였다. 그의 속셈은 조조를 그곳으로 보내 봉기군을 상대하게 하고, 자신의 관할지 기주를 봉기군의 직접적 위협에서 벗어나게 하려는 것이었다.

다만, 원소는 조조가 봉기군을 진압하는 과정에서 또 하나의 감투를 쓰게 될 줄을 전혀 예상하지 못했다. 원래 조조가 태수로 부임했을 때 봉기군은 이미 여러 지역을 연이어 함락했고, 연주 등 그 주변 지역의 관원들은 한순간 공포에 휩싸였다. 그들은 조조가 나타나자 마치 구세주라도 만난 듯 별 고민 없이 그를 연주목에 앉혔다. 당시 연주는 땅이 넓고 인구가 많았으며 물자가 풍부했다. 조조는 흔쾌히 그들의 제안을 받아들였고, 군대를 이끌어 창읍으로 출동했다.

황건적과 초반에 대치할 때만 해도 조조의 출발은 그리 순탄하지 않아 연이어 패배를 맛봤다. 그러나 그는 남다른 배포와 책략으로 황건적을 몰아붙였고, 결국 100만 명이 넘는 황건적이 그에게 투항했다. 조조는 그중 대다수 병사에게 농사를 짓게 해 농업 생산량을 늘렸고, 전투 능력을 갖춘 남은 10만여 병사들의 대오를 새롭게 재편해 '청주군', 즉 조조의 주력 부대로 재탄생시켰다. 이때부터 조조는 자신의 근거지와 더불어 무기를 갖게 되었고, 주변 호강 세력과 어깨를 나란히 할 자격이 생겼다.

　늑대와 함께 춤을 추고 싶다면 먼저 자신을 늑대처럼 강하게 만들어야 한다. 그렇지 않으면 단지 늑대의 사냥감으로 전락할 뿐이다. 조조는 발 빠른 대처와 적극적인 노력으로 단기간에 '양'에서 '늑대'로 탈바꿈할 수 있었다. 그는 늑대와 춤을 출 자격이 생기고 난 후 곧바로 자신의 날카로운 이빨을 드러내며 사방으로 출격해 먹잇감을 사냥했다.
　중국이 세계무역기구(WTO)에 가입하기에 앞서, 머지않아 중국에 진출할 외자 기업이 합자, 합병, 혹은 사무소와 서비스기구를 설립하는 등의 형식으로 중국 시장 진출을 단단히 벼르고 있었다. 당시 사람들은 모두 "늑대가 나타났다!"라며 놀라 소리쳤고, 중국 기업 역시 그들의 적수가 될 수 없다는 생각에 두려워했다.
　하지만 하이얼 직원들은 달랐다. 그들은 늑대와 춤을 추려면 먼저 나부터 늑대가 되어야 한다는 마음으로 이 사태를 지켜봤다. '늑대가 되자'는 말은 하이얼 CEO 장루이민이 개혁개방과 글로벌 경쟁 시대에 직면해 외친 구호였다. 하이얼 양몐몐 총재는 말했다.
　"해외 다국적 기업의 진출전략은 매우 간단합니다. 승자가 모든 것을 독식하고, 비교적 약한 대상은 합병이 되는 것이죠. 그들의 목표는 시장과 본거지를 하나도 남겨두지 않는 것입니다. 늑대와 춤을 추기로 한 이상 기업은 반드시 늑대가 되어야 합니다. 만약 자신이 양이라고 생각해서 약자의 위치에 머문다면 생존의 자격을 잃게 될 겁니다."
　중국이 WTO에 가입한 후 하이얼의 경영전략은 모두 '늑대가 되자!'로 전환되었다. 해외 브랜드가 기세등등하게 중국 시장으로 진출한 후 하이얼도 모든 방면에서 타격을 받았다. 해외 동종업계는 기술 수준과 내부관리 및 자금 회전 측면에서 크게 우위를 점했고, 이들과의 경쟁에 직면한 하이얼은 다각화전략과 국제화전략 등을 세웠다.

하이얼은 장루이민의 주도하에 품질, 서비스, 기술력을 높인 혁신 제품으로 세계 선진국 시장을 향해 나아갔다. 그들은 '하이얼, 메이드 인 차이나'를 당당하게 외쳤고 중국 가전업계 수출 제품 중 종류와 수량이 가장 많은 기업이 되었다.

그 사이 수많은 유명 중국 가전 기업이 연이어 도산 혹은 합병되면서 토종 브랜드가 시장에서 자취를 감췄다. 하지만 중국 가전업계의 거물 하이얼 그룹은 여전히 태산처럼 버티며 해외 자본 유명 브랜드와 동일한 무대에서 함께 춤을 추고 있다.

하이얼의 성공은 기업의 '늑대 정신'에 기인한다. 훗날 장루이민은 이런 말을 했다.

"드넓은 초원에 사는 동물들의 생존 백태는 시장경쟁의 원칙이 무엇인지 적나라하게 보여줍니다. 경쟁과 변화는 늘 있게 마련이고, 누구도 경쟁을 피해 갈 수 없으니 그 안에서 살아남아야 합니다. 사실 늑대와 양은 모두 생존을 위해 싸우고, 그 과정을 거치며 진화하게 되죠. 늘 강자만이 살아남고, 그렇지 못한 종은 도태되는 겁니다. 만약 당신이 경쟁에서 도태된다면 그건 경쟁이 잔혹해서가 아니라 당신이 경쟁에 적응하지 못한 탓이라 할 수 있습니다."

그래서 늑대처럼 강해지거나 혹은 더 강해져야 비로소 늑대와 함께 춤을 출 자격을 얻게 되고, 더 나아가 늑대의 먹잇감이 되는 불상사를 피할 수 있다.

모든 포유동물 중 늑대만큼 근성과 승부욕이 강한 맹수도 없다. 늑대

무리의 가장 중요한 생존 기술은 바로 포획하고자 하는 목표물에 모든 힘을 집중하는 것이다. 그것들은 한 번 목표를 조준하면 잡기 전까지 절대 포기하는 법이 없다. 늑대의 이런 특성 때문에 사람들은 강한 적수를 늑대에 비유하거나 자신을 늑대에 비유하곤 한다.

중국 통신 네트워크업체 화웨이의 런정페이 회장은 기업 경영 과정에서 특히 '늑대 근성'을 높이 샀다. 화웨이는 늑대의 근성이야말로 기업이 본받을 정신의 상징이라고 여겼다.

화웨이의 늑대 근성은 경쟁에서 수단과 방법을 가리지 않고 사업을 확장하는 배포와 경쟁 상대를 밀어붙이는 추진력으로 표현된다. 화웨이의 이런 '늑대 근성'은 동종업계에서도 혀를 내두를 정도다. 2002년 화웨이는 미국의 영향력 있는 여러 매체에 아주 공격적인 광고를 게재했다. 샌프란시스코 금문교를 배경으로 한 사진 속의 유일한 광고 문구는 '그들과의 유일한 차이는 가격뿐!'이었다. 원래 화웨이의 주요 경쟁사 시스코 시스템스의 로고가 바로 금문교를 따서 만들어졌고, 이 광고를 보는 순간 누구나 시스코를 떠올릴 수밖에 없었다.

내부 경영에서도 화웨이는 적자생존, 약육강식의 경쟁 시스템을 강화했다. 회사 경영진은 밤낮없이 일했고, 휴일조차 거의 반납할 정도였으며, 24시간 휴대전화를 켜놓고, 문제가 발생하면 언제 어디서라도 처리할 수 있게 늘 신경을 곤두세웠다. 화웨이의 연구개발원은 회사에서 매트리스를 준비해놓고, 낮잠을 자거나 야근을 할 때 매트리스를 깔고 눈을 붙였다가 다시 일어나 바로 일했다. 한 직원은 회사에 들어온 첫날부터 누구나 자신의 두뇌와 체력을 최대치로 끌어올리기 위해 노력했다고 말했다. 이곳에서 야근은 개인의 업무 실적을 심사하는 일부분이었다.

화웨이에서 '늑대 근성의 경쟁'을 거부하는 사람은 영원히 두각을 나타낼 수 없다.

화웨이의 '늑대 근성'을 이끌어내는 경영 방침을 부정적으로 보며 문제 제기를 하는 사람들도 없지 않다. 하지만 바로 이 늑대 근성이 있었기에 불과 20여 년 된 중국의 기업은 2010년 세계 혁신기업 순위에서 통신설비 분야의 거두 알카텔-루슨트와 지멘스를 뛰어넘을 수 있었다. 화웨이는 연 매출이 215억 달러에 달하는 세계 2위 통신설비 기업으로 성장했고, 최근 노르웨이 글로벌 통신사와 4G에 대한 협약을 맺어 업계를 깜짝 놀라게 했다.

인생의 나침반

나아갈 때는 물론 물러설 때를 알고, 드러나는 것을 두려워하지 않고, 감추고 위장하는 데도 일가견이 있다. 혼자 싸우는 것뿐 아니라 무리와 함께 진격하는 법도 누구보다 잘 알고, 숲과 황야에서 살아남기 위한 싸움의 법칙에 능통하니, 절대 지는 법이 없다. 이렇게 '늑대의 도'에 정통해야 비로소 늑대처럼 일할 수 있다.

절대 후환을 남기지 마라

옛말에 호랑이를 산으로 돌려보내면 후환이 남는다고 했다. 마오쩌둥의 시에도 이런 구절이 나온다.

'남은 용기로 궁지에 몰린 적을 추격해야 마땅하고, 명예를 탐하여 패왕을 배워서는 안 된다.'

적대 세력, 악한 세력을 상대할 때는 마땅히 그 화근을 철저히 없애야 한다. 만약 마음이 약해져 우유부단하게 군다면 분명 후환이 남는다.

서기 200년, 조조는 자신을 모해하려 했던 동승, 오자란(吳子蘭), 종집(種輯) 등을 죽이고 삼대를 멸했다. 한헌제의 귀인 동씨도 그녀의 부친 동승의 죄에 연루되어 죽음을 맞이했다. 당시 동귀인은 임신한 상태였고, 헌제가 그녀와 아이를 지키기 위해 백방으로 애썼지만 결국 화를 면하지 못했다. 이 일은 한헌제와 황후 복씨에게 엄청난 충격을 안겨주었다. 복황후는 자신도 동귀인의 말로와 다르지 않을 거라는 두려움이 앞섰다. 그녀는 당시 둔기교위(屯騎校尉)였던 아버지 복완(伏完)에게 비밀리에 서신을 보내 조조의 잔혹한 면을 낱낱이 알리며 모든 방법을 강구해 조조를 죽여달라 부탁했다. 하지만 복완은 죽음을 맞을 때까지 조조를 죽일 엄두조차 내지 못했다.

훗날, 이 일이 조조에게도 알려졌다. 사실 이미 10여 년의 세월이 흘렀고, 복완도 이 세상 사람이 아니었으며, 복황후 역시 조조에게 위협적인 존재가 되지 못했다. 그럼에도 조조는 노여움을 감추지 못한 채 복황후를 폐위시키도록 헌제를 핍박했다.

그러고는 마침내 헌제의 명의를 빌려 그녀를 폐위시키는 조령을 내렸다. 이 조령에는 복황후를 질책하는 내용으로 가득했고, 그녀를 폐위할 수밖에 없는 명분이 담겨 있었다. 과연 민심은 금세 조조의 편에 섰고, 조조는 곧바로 복황후를 유폐시켜 죽였다. 황자 역시 독살되어 죽임을 당했다. 또한 복씨 종친들도 이 일에 연루되어 백여 명이 죽었고, 그녀의 어머니 등 열아홉 명이 탁군으로 강제 이주를 당했다.

'악'을 완벽하게 제거하고 후환을 남겨두지 않는 것은 간웅 조조가 잠재적' 위협에 대처하는 자세였다. 화근을 철저히 없애는 것을 부정적 의미로 바라보는 사람이 많은 이유는 지나치게 잔인하고, 수단과 방법을 가리지 않기 때문이다. 하지만 일부러 적에게 관용을 베풀면 후환이 남게 되고, 결국 그 화를 고스란히 떠안을 가능성이 높아진다.

이는 일을 미루는 습관을 이야기할 때도 한 번쯤 생각해볼 가르침을 준다.

일을 완벽하게 처리하지 않고 미루는 습관은 나태, 태만, 무관심, 건망증, '대충주의' 등으로 포장된다. 그러나 이런 포장을 벗겨내면 보통 딱 하나의 감정이 드러나는데, 그것은 바로 일을 두려워하는 마음이다. 두려움 때문에 일을 미루게 되고, 일이 지연되면 그 두려움은 더 깊어져 악순환이 반복된다. 일을 미루는 사람은 일의 난이도에 지레 겁을 먹고, 도저히 해낼 방도가 없다 걱정하고, 결국 무의식중에 더 미룬다.

1989년 3월 24일, 대형 유조선 엑손 발데즈호가 알래스카에서 좌초되면서 대량의 원유가 바다로 유출되어 주변 생태 환경을 파괴했다. 엑손모빌은 사고가 터진 후 곧바로 외부에 합리적인 해명과 대책을 내놓지 못한 채 일을 차일피일 미뤘고, 결국 전 세계의 공분을 샀다. 그들의 행태는 '반엑손 운동'을 불러일으켰다. 그 일을 제때 처리하지 못해 초래된 손실액이 수억 달러에 달했고, 회사 이미지 역시 심각한 타격을 입었다.

문제에 직면했을 때 미루는 습관은 문제를 해결하는 데 전혀 도움이 되지 않고, 단지 문제를 더 복잡하게 만들어 심각한 피해로 이어지게 할 뿐이다.

일을 미루는 습관은 효율 저하와 경쟁력을 떨어뜨리는 주범이다. 자질구레한 일이 해결되지 않는다면 일에 효율적으로 몰입할 수 없다. 그리고 계획을 반복해서 수정하는 일종의 완벽주의 경향을 가진 사람은 즉각 처리해야 할 일도 '완벽주의 병' 때문에 집착하게 된다. 이는 결국 다른 일에까지 영향을 미친다. 결심을 즉각 행동으로 옮기려 하지만 그 방법을 찾지 못한 채 미적거리다 문제가 차일피일 미뤄지게 한다. 또한 정신이 멍한 상태로 어떤 일에도 흥미를 갖지 못하고 되는대로 살아간다. 미루기 병의 가장 큰 위험은 미루는 일 자체가 아니다. 그것이 사람의 의지와 영혼을 갉아먹고, 추진력과 잠재력 발휘에 걸림돌이 되는 데 있다. 일 처리 능력, 업무 능력을 높이려면 '미루기 병'을 극복하고 한 번 시작한 일을 제시간 안에 철저히 마무리하는 습관을 들여야 한다.

이 방면으로 하이얼의 OEC 관리이론이 전형적 사례라 할 수 있다. OEC는 'Overall Every Control and Clear'의 약칭이다. 그중 'Overall'은 전방위를 의미하고, 'Every'는 'Everyone, Everything, Everyday(모든 사람, 모든 일, 매일)'를 가리킨다. 'Control and Clear'는 제어와 완료를 의미한다. 이 말을 다 합치면 '모든 사람이 매일 하는 모든 일을 전방위적으로 제어하고 완료한다'이다. 그 본질은 모든 직원이 매일 하고 있는 모든 것의 종합적 통제로, 모든 직원이 날마다 주어진 일과를 끝내고, 전날 했던 작업보다 조금 더 일하는 것이다. 이런 경영관리이론은 기업, 직원 및 업무가 자기 통제, 자기 발전, 양성 순환의 궤도에 들어가게 하기 위한 세분화된 관리 방법에서 나왔다.

OEC 관리이론은 세 가지 시스템 '목표→통제→인센티브'로 구성되며, 그들 간의 상호 견제 및 상호 보완의 관계를 유지한다. 먼저 목표를 세워 하루 목표량을 완수하고, 개방적인 공정 인센티브 제도로 동기부여를 한다.

OEC 관리모델을 바탕으로 기업 내부의 경영진부터 말단 직원까지 누구나 하루 업무 목표를 아주 구체적으로 정해야 한다. 예를 들어 매일 무엇을, 얼마나, 어떤 기준에 맞춰, 어떤 효과에 도달할 만큼 해야 하는지 상세하게 계획하고 그날의 임무 및 문제점도 당일에 해결해야 한다.

이 OEC 관리모델은 1991년 하이얼 내부 조직에서 처음 시작되었다. 1993년 하이얼의 판매 수입은 1991년과 비교해 배로 뛰었고, 이윤 또한 두 배로 껑충 뛰었다. 1994년이 되자 하이얼의 판매 수입과 이윤 또한 전년에 비해 각각 10억 위안과 1억 위안으로 증가했다. 이것만 봐도 이 관리모델이 업무 효율을 대폭 상승시키는 데 중요한 역할을 했음을 알 수 있다.

만약 그저 그런 평범한 생활에서 벗어나 더 멋진 인생을 살고 싶다면 지금 할 일을 미루지 말고 완벽하게 처리하는 습관을 들여야 한다.

인생의 나침반

명나라의 화가이자 시인이었던 문가(文嘉)의 시 '금일가(今日歌)'에 이런 구절이 나온다.
'오늘 다시 오늘, 오늘이 어찌 이리 짧은가?
오늘 다시 하지 못하면, 이 일 언제 마칠 것인가?
인생을 백 년 가까이 살면서 오늘은 몇 번이나 있었을까?
오늘 이루지 못하면 참으로 아까운 것이니,
내일 아침은 또 내일 아침에 할 일이 따로 있네.'
우리 모두는 지금 주어진 시간을 잘 이용해 후회를 남기지 말아야 한다.

거침없이 거절하라

한때 '남들이 다 YES라고 할 때 NO를 외치는 용기가 필요하다'라는 말이 유행했다. 옳은 것을 옳다 하고, 옳지 않은 것을 아니라고 말하는 것은 용감한 사람만이 할 수 있는 일이다. 이런 사람이 많아져야 사회와 국가의 발전도 가능해진다. 정치, 경제, 사회, 국제관계뿐 아니라 개인적으로도 일을 처리할 때 'NO'를 외치는 기술을 익혀야 한다.

서기 194년, 조조는 여포(呂布)를 토벌하기 위해 군사작전에 돌입하지만 연이은 패배만 맛보았을 뿐 여포 진영에 심각한 타격을 입히지 못했다. 설상가상으로 그해 조조의 근거지 연주 일대에 대규모 가뭄과 병충해가 발생했다. 단기간에 역량을 다시 끌어모아 여포를 공격할 방도가 없어졌고, 식량 부족의 위험마저 도사리고 있었다. 결국 조조는 그해 9월 업성에서 철수했다.

업성에 도착하기 무섭게 원소가 보낸 세객(說客, 중재인)이 조조를 알현하러 왔다. 원소는 조조의 이번 출정이 불리하게 돌아가는 것을 보고 곧

바로 그를 끌어들일 계획을 세웠고, 그와 결맹을 맺고자 했다. 사실, 조조가 위기에 처한 틈을 타 그 세력을 삼킬 속셈이었다. 게다가 원소가 내건 결맹 조건은 조조를 견제하기 위해 그의 식솔들을 인질로 삼는 것이었다.

당시 조조가 직면해 있던 상황은 너무 열악했다. 장병들의 사기는 땅에 떨어졌고, 식량 보급도 위태로웠으며, 적잖은 병사가 부대를 이탈했다. 그런 상황에서 원소와 결맹을 맺으면 난관을 넘길 수 있겠지만 행동 제약은 심해질 것이었다. 이런 이유 때문에 조조는 쉽게 결정을 내리지 못했고, 정욱의 만류와 충고 덕에 비로소 자신의 용맹스러운 본성을 드러내며 원소의 미끼를 단호히 거절했다.

강자는 약자에게 거절하는 것을 당연시한다. 그러나 약자가 강자에게 거절하려면 상당한 용기와 배짱이 필요하다. 특히 약자가 위기 상황이라면 더욱 쉬운 일이 아니다. 업성에서 철수한 후 조조는 바로 이런 상황에 처해 있었고, 한순간 흔들리기도 했지만 어찌됐든 그는 상대의 결맹 요구를 단호히 거절했다.

당당하게 거절하고 "NO"라고 말할 수 있는 사람은 보편적으로 자신감이 있고, 독립적 사고가 확고해 타인의 영향을 쉽게 받지 않는다. 그들이 거절하는 이유는 상대가 내건 조건이 자신의 요구에 못 미치기 때문이다. 이런 고자세는 상당한 실력과 강인한 자아를 갖춘 강자만이 드러낼 수 있는 것이다.

유명 마케팅 기획 회사의 예마오중 사장에게 한 기자가 질문을 했다.
"기획자와 기업 고객은 어떤 관계인가요?"
예마오중이 가볍게 농담하듯 대답했다.

"기획자는 기녀와 비슷합니다. 돈을 받으면 바로 바지를 벗고, 그 돈의 액수가 많아질수록 벗는 속도가 빨라지죠."

예마오중은 이 말을 통해 현실 속에서 기획자가 겪는 고충, 다시 말해서 아랫사람(가난한 사람, 을, 직원 등)의 대다수가 겪는 애환을 드러냈다. 강자의 입장에 서 있는 '사장', '갑', '상사'와 마주했을 때 그들은 그의 명에 따라 움직일 뿐 불만을 드러내거나, 반박하거나, 무리한 요구를 감히 하지 못한다.

그러나 어느 정도 강한 파워를 지닌 '아랫사람'이라면 이런 상황은 완전히 뒤집어진다. 중국의 유명한 성공학자 왕즈강은 말했다.

"늘 우리와 함께 사장의 비위를 맞추며 일하는 업계 사람들이 불만스럽게 묻곤 합니다. '다 똑같은 을인데, 그쪽 사람들은 어떻게 사장한테 그렇게 당당하게 구는 겁니까? 우리는 사장한테 욕을 먹는 게 일상이고, 누구 하나 나서서 따지고 바른말을 하는 사람이 없는데 말입니다.' 그럴 때마다 나는 웃으며 말합니다. '우리는 을이 아니라 병이니까요'라고 말이죠!"

왕즈강은 병을 이렇게 정의했다.

"사실, 병은 특수한 의미의 을입니다. 병은 갑의 눈치를 보며 일할 필요가 없고, 다른 을처럼 사장의 부속품이 아니라 독립적인 지위를 가지고 있으며, 고객의 신뢰와 존중을 받는 존재입니다."

사실 왕즈강의 기획사는 을이고, 기업 고객은 그의 '의식주를 책임지는 부모'이다. 하지만 그는 뜻밖에도 자신을 '병'이라 규정했고, 네 가지 규칙을 정했다. 첫째, 갑의 주머니에서 나오는 돈으로 밥을 먹고 내 돈으로 식사 대접을 하지 않는다. 둘째, 다른 사람의 대접은 받되 내가 대접하지는 않는다. 셋째, 상대방에게 수수료를 주지 않고 요구하지도 않는다. 넷째, 상대와 동등한 입장에서 일한다.

왕즈강은 말했다.

"병의 지위와 역할은 세 가지 차원의 관념을 전달합니다. 첫째, 생활 태도입니다. 독립적 인격, 존엄 및 지위를 지키며 세상의 잘못된 잣대에 휘둘리지 않는 거죠. 둘째, 남다른 생존방식입니다. 본래는 을이지만 갑으로부터 전에 없는 대우와 존중을 받아내야 합니다. 셋째, 정신적 자부심입니다. 제 입장에서 이것은 일을 할 때 제가 정한 마지노선입니다. 만약 사장이 나에게 오라 가라 시키며 함부로 굴고, 마치 자식 대하듯 욕을 한다면 절대 그런 사람과는 일을 하지 않습니다."

왕즈강은 어떻게 갑 앞에서도 당당하게 'NO'를 외칠 수 있었을까? 그의 이력, 능력도 당연히 한몫했다. 그러나 더 중요한 요인이 있으니, 바로 그가 말했던 '독립적 인격, 존엄 및 지위'에 근거한 자신감과 배짱이었다.

베이징의 한 부동산 회사 사장이 이런 말을 한 적이 있다.

"국내 건축사들은 너무 쉽게 자기 입장을 바꾸는 경향이 있어요. 한 가지 방안을 두고 개발업체에서 어떻게 바꾸라고 하면 바로 바꾸고, 상대의 요구에 절대 복종합니다. 개발업체의 눈 밖에 나면 수주를 받지 못할까 봐 겁이 나서겠죠. 하지만 외국의 경우는 다릅니다. 특히 유명한 건축 거장들은 아주 고집스럽고 자부심이 대단하죠. 그들은 일을 못하게 되는 한이 있어도 자신의 디자인을 쉽게 바꾸지 않습니다. 아주 작은 부분이라도 양보란 없죠. 그런 이유 때문에 해외 건축 거장들이 남긴 건축물은 더 완벽하고 개성 넘치는 작품들이 많습니다. 작품의 가치를 인정받았으니 그들의 명성도 날로 커지고, 몸값도 부르는 게 값이 되어가는 거죠. 반면, 중국 건축사들은 자신의 생각을 개발업체의 수준에 맞추니 보잘것없는 결과물이 나올 수밖에 없습니다. 작품의 수준도 낮고, 그걸 만든 사람의 수준도 그것으로 판가름 나게 되니 몸값이 올라가는 일은 불가능하다고 봅니다. 그러니 큰 규모의 프로젝트는 늘 해외 건축사들이 차지하게 되고, 우리는 그저 눈앞에서 우리 밥그릇이 날아가는 것을 빤히 보고만 있어야 하는 겁니다."

이런 엄청난 차이는 프로 정신과 일 처리방식의 차이에서 비롯된다고 할 수 있다. 해외 건축사는 자신의 전문 지식에 대한 자부심과 확신이 있기 때문에 설사 진행 중인 사업을 포기하는 일이 있어도 절대 자신의 입장을 바꾸지 않는다. 그러나 중국 건축사들은 개발업체의 인가를 받아내기 위해 자신만의 아이디어를 포기하고, 타협하는 모습을 보여준다. 이것은 프로답지 않은 일 처리이고, 그들 스스로 자신의 수준을 하향 평가하거나 혹은 자신의 작품에 대한 자신감 결여라고밖에 보이지 않는다.

그래서 현실 속에서 일을 할 때 "NO"라고 말하며 거절할 줄 아는 능력은 반드시 필요하다. 다만 그에 앞서 자신에게 거절할 자격이 있는지, 실력이 충분한지 확신이 있어야 한다. 그렇지 않으면 단지 감정에 휩쓸려 일을 처리하는 것과 같으니, 일을 망치다 못해 상황을 더 수습하기 어렵게 만들 뿐이다.

인생의 나침반

'거절'이라는 초특급 무기를 안전하고 효율적으로 사용하려면 행위자는 다음 두 가지 조건 중 하나를 갖춰야 한다. 첫째, 충분히 우위를 점해야 하고, 상대의 입장에서 볼 때 자신의 이익과 얽혀 쉽게 포기할 수 없는 희귀 자원을 가지고 있어야 한다. 둘째, 눈앞의 기회가 자신에게 중요하지 않거나 혹은 협상이 결렬되어도 그 결과를 감당할 능력이 있어야 한다.

긍정의 힘으로
역경을 버터내라

토머스 에디슨은 말했다.
"우리의 최대 약점은 포기하는 것입니다. 성공하는 가장 확실한 방법은 항상 한 번 더 도전해보는 것이죠."
나폴레옹은 말했다.
"인생의 최대 영광은 한 번도 실패하지 않는 것이 아니라 넘어질 때마다 다시 일어서는 데 있다."

조조는 복양에서 여포의 계책에 말려들어 수염, 머리카락이 불에 그을리고 팔다리에 화상을 당하는 등 하마터면 목숨까지 잃을 뻔했다. 부하 장수가 조조의 안부를 물으러 왔을 때 그는 전혀 동요하지 않은 채 도리어 고개를 젖히고 호탕한 웃음을 터뜨렸다.
"보잘것없는 놈의 계략에 걸려들었구나! 내 기필코 오늘 당한 것을 갚아줄 것이다!"
뒤이어 조조는 상대방의 계략을 역이용하여 상대를 공격할 계책을 내놓았다. 그는 자신이 화상을 입어 죽었다는 거짓 정보를 흘렸고, 병사들을 매복시킨 후 여포가 공격해 오기를 기다렸다. 과연 여포는 계책에 걸려들었고, 조조는 그를 습격해 물리치는 데 성공했다.

서기 208년 겨울, 조조의 80만 대군은 적벽에서 패해 큰 타격을 입었다. 협공을 피해 간신히 빠져나가던 조조는 오림에 이르러 주위를 둘러보았다. 그곳은 지세가 험준하고 산림이 빽빽했다. 조조는 하늘을 올려다보며 호탕하게 웃음을 터뜨렸다. 장수들이 그 연유를 묻자 조조가 대답했다.

"제갈량과 주유(周瑜)의 지모가 고작 이 정도일 줄은 몰랐구나. 만약 내가 용병술을 썼다면 일찌감치 이곳에 매복을 두었을 것이다. 그랬다면 적을 속수무책으로 만들었겠지!"

과연 그의 말이 끝나기 무섭게 조자룡(趙子龍)과 한 무리의 군대가 조조를 추격해 왔고, 조조는 서둘러 도망쳤다. 얼마 후 조조군은 호로구에 이르러 지친 몸을 추스르며 한숨 돌렸다. 그때 조조는 또 한바탕 웃음을 터뜨렸다. 장수들이 그 연유를 묻자 조조가 대답했다.

"제갈량과 주유의 지모를 비웃은 것이다. 만약 나라면 이곳에도 매복을 심어두고, 적이 숨을 돌리고 있을 때 기습으로 타격을 입혔을 것이다."

그 말이 떨어지기 무섭게 산 입구에서 장비가 병사들을 이끌고 돌진해 왔다. 혼비백산해 달아나던 조조는 화용도를 지나게 되었다. 그때 조조는 또다시 호탕한 웃음을 터뜨렸다. 그는 이렇게 험준한 곳에는 몇백 명의 매복만 심어둬도 적을 사로잡을 수 있었을 거라며 주유와 제갈량의 무능함을 비웃었다. 그러자 이번에는 관우가 군사를 이끌고 나타났다. 조조는 관우의 의리에 호소하여 간신히 목숨을 부지할 수 있었다.

조조는 패배 앞에서도 호탕하게 웃으며 적의 무능함을 비웃었다. 극단적 상황에서도 이런 배포를 보일 수 있는 사람이 세상에 과연 몇이나 될까? 조조의 웃음은 패배를 인정하지 않는 것이자, 언젠가는 패배를 만회하겠다는 강한 의지를 드러낸 것이었다.

성공학의 거장 나폴레온 힐이 제시한 성공 법칙 17개 중 하나가 바로 실패 앞에서도 웃을 수 있는 여유다. 그는 사람들에게 이런 충고를 아끼지 않았다.

"운명의 수레바퀴는 끊임없이 돌고 있고, 그것은 우리에게 때로는 불행을, 때로는 행운을 가져다줍니다."

보통 좌절을 당했을 때 사람들이 보여주는 태도는 크게 세 가지다.

첫째, 실패로 타격을 받은 후 다시는 일어서지 못한다.

둘째, 실패 후 지난 경험을 바탕으로 반성을 할 줄 모르고 오로지 혈기에 못 이겨 곧장 다시 적을 향해 진격한다.

셋째, 실패 후 상황을 객관적으로 파악하고 실력을 재정비한 후 시기가 무르익었을 때 다시 출격하여 재기를 노린다.

조조는 그중 세 번째 부류에 해당된다. 그는 자신의 실패를 놓고 단지 일시적일 뿐, 절대 영원할 리 없다 믿었다. 이런 믿음 덕분에 그는 전략을 조정하고 힘을 재정비해 승리를 이끌어냈다.

1831년 첫 사업 실패

1832년 실직. 주의회 선거 낙선

1833년 두 번째 사업 파산

1834년 의회 진출 성공

1835년 약혼녀의 갑작스런 사망

1836년   신경 쇠약으로 입원

1838년   주의회 의장 선거에서 패배

1843년   하원의원 선거 낙선

1846년   하원의원 선거 당선

1848년   하원의원 재선거 낙선

1855년   상원의원 선거 낙선

1856년   부통령 후보 지명 선거 낙선

1858년   상원의원 선거 낙선

1860년   대통령 선거 당선

이 사람은 바로 미국인이 가장 존경하는 대통령 에이브러햄 링컨이다. 많은 사람이 실패 앞에서 '한 번' 무너지고 나면 다시 시도해볼 엄두를 내지 못한다. 이 때문에 성공의 아름다움을 만끽하기 어려울 수밖에 없다. 그러나 링컨은 수차례 실패하면서도 도전했고, 자신은 성공한다는 믿음과 용기를 잃지 않았다. 결국 마지막 순간에 웃는 사람은 바로 이런 부류다.

에디슨은 14,000번이 넘게 실험을 반복하고 나서야 전등을 발명했다. 기자가 에디슨에게 물었다.

"이렇게 많은 실패를 반복하면서도 어째서 이 일을 계속한 겁니까?"

에디슨이 대답했다.

"나는 만 사천 번 넘게 실패한 것이 아니라 이렇게 하면 전구가 발명되지 않는다는 것을 만 사천 번이나 발견한 것입니다."

에디슨의 인생에 '실패'라는 두 글자는 존재하지 않았고, 지난 시도는 그것이 성공으로 가는 길이 아님을 알려주는 신호일 뿐이었다.

실패는 단지 일시적 지체이자 잠시 먼 길을 돌아간 것에 불과하다. 실패 속에서 교훈을 얻을 수 있다면 그 실패는 충분히 가치롭다. 성공한 사람 대부분은 실패를 겪었고, 실패를 통해 더 현명해졌으며, 실패로써 자신들이 가야 할 방향을 찾았다.

인생의 나침반
우리 인생의 가장 큰 영광은 실패하지 않는 데 있는 것이 아니라, 실패할 때마다 다시 일어서는 데 있다.

공자에게 사람됨을 배우고
조조에게 일하는 법을 배우다

1판 1쇄 발행 2018년 2월 10일
1판 4쇄 발행 2020년 3월 20일

지은이 | 천모
옮긴이 | 홍민경
펴낸이 | 최윤하
펴낸곳 | 정민미디어
주 소 | (151-834) 서울시 관악구 행운동 1666-45, F
전 화 | 02-888-0991
팩 스 | 02-871-0995
이메일 | pceo@daum.net
홈페이지 | www.hyuneum.com
편집 | 미토스
표지디자인 | 김윤남
본문디자인 | 디자인 [연;우]

ⓒ 정민미디어

ISBN 979-11-86276-54-9 (03320)

※ 잘못 만들어진 책은 구입처에서 교환 가능합니다.